Neandertal,
NOSSO IRMÃO

Uma breve história do homem

Silvana Condemi | François Savatier

Neandertal,
NOSSO IRMÃO

Uma breve história do homem

1ª edição
1ª reimpressão

TRADUÇÃO DE FERNANDO SCHEIBE
ILUSTRAÇÕES DE BENOÎT CLARYS

VESTÍGIO

Copyright © 2016 Flammarion, Paris
Copyright © 2018 Editora Nemo/Vestígio

Título original: *Néandertal, mon frère*

Todos os direitos reservados pela Editora Vestígio. Nenhuma parte desta publicação poderá ser reproduzida, seja por meios mecânicos, eletrônicos, seja via cópia xerográfica, sem a autorização prévia da Editora.

EDITOR RESPONSÁVEL
Arnaud Vin

EDITOR ASSISTENTE
Eduardo Soares

ASSISTENTE EDITORIAL
Pedro Pinheiro

PREPARAÇÃO
Cristina Antunes

REVISÃO
Eduardo Soares

CAPA
Diogo Droschi
(sobre ilustração de Smetek/Science Photo Library/Cosmos)

DIAGRAMAÇÃO
Larissa Carvalho Mazzoni

Dados Internacionais de Catalogação na Publicação (CIP)
Câmara Brasileira do Livro, SP, Brasil

Condemi, Silvana
  Neandertal, nosso irmão : uma breve história do homem / Silvana Condemi e François Savatier ; ilustrações de Benoît Clarys ; tradução de Fernando Scheibe. -- 1. ed.; 1. reimp. -- São Paulo : Vestígio, 2019.

Título original: *Néandertal, mon frère.*

ISBN 978-85-8286-451-7

1. Evolução (Biologia) 2. Evolução humana 3. Homem de Neandertal 4. Paleoantropologia I. Savatier, François. II. Clarys, Benoît. III. Scheibe, Fernando. IV. Título.

18-12192   CDD-576.8

Índices para catálogo sistemático:
    1. Biologia evolutiva   576.8
    2. Evolução : Biologia   576.8

A **VESTÍGIO** É UMA EDITORA DO **GRUPO AUTÊNTICA**

São Paulo
Av. Paulista, 2.073, Conjunto Nacional, Horsa I
23º andar . Conj. 2310-2312 .
Cerqueira César . 01311-940 São Paulo . SP
Tel.: (55 11) 3034 4468

Belo Horizonte
Rua Carlos Turner, 420
Silveira . 31140-520
Belo Horizonte . MG
Tel.: (55 31) 3465 4500

www.editoravestigio.com.br

Sumário

Introdução	7
1. Neandertal, filho da Europa e do frio	13
2. A emergência da linhagem neandertal	27
3. Um atleta atarracado de punhos poderosos	43
4. Neandertal: um corpo adaptado ao frio?	63
5. Neandertal: comedor de carniça, caçador e canibal	75
6. Carne, carne, carne e... tâmaras	89
7. Neandertal não devia nem ter sobrevivido	119
8. Uma vida cultural complexa	137
9. A chegada do perturbador Sapiens na vida de Neandertal	157
10. E se Neandertal dormisse em nós?	183
O testamento de Neandertal	199
Quadro dos MIS	205
Notas	207

INTRODUÇÃO

■ Um dia de verão em 2010. São 13 horas no *Café Madame*. Espero Silvana. Ainda não a conheço. Redator da revista *Pour la Science*, já escrevi sobre suas pesquisas. Com duas colegas, ela descobriu a existência das três subpopulações neandertalenses, cada uma com seu tipo físico. Uma delas, a mediterrânea, vivia na costa sul da Europa.

Jornalista científico, gozo do raro privilégio de ter acesso aos pesquisadores. Aproveito assim para aprender um bocado com eles. Sempre que posso, peço para encontrá-los e faço perguntas. Hoje é a vez de Silvana, e estou especialmente feliz em encontrá-la, pois a paleoantropologia, de que trato em *Pour la Science*, é uma paixão que carrego desde criança.

Enquanto espero Silvana, lembro da magnífica montanha da região de Varois aos pés da qual tive a sorte de ser criado. É uma montanha repleta de cavernas habitadas em todas as épocas. Uma delas, situada no fundo de um vale florestal escarpado, foi escavada nos anos 1970. Eu, ainda garoto, ia visitá-la escondido. Três metros abaixo da entrada, admirava as escavações e observava com imensa curiosidade os ossos de animais, os fragmentos de carvão de madeira e os sílex talhados presos nas paredes.

Já então grande conhecedor da pré-história, perguntava-me se aqueles utensílios de pedra eram musterienses, aurignacianos ou gravetianos... A resposta – os três! – só obtive mais de trinta anos depois, no dia em que finalmente encontrei um artigo consagrado à caverna em questão.

Fiquei perplexo: então, bem no fundo das valas, nos sedimentos mais antigos, encontravam-se utensílios musterienses. Raspadores e facas que, bem antes da última glaciação, 20.000 anos atrás, um Neandertal mediterrâneo moldou sob a magnífica abóboda de rochas vermelhas marcadas pela fumaça dos fogos feitos diante daquele vale tão familiar para mim...

Vou pensando nisso enquanto examino os clientes que entram no *Café Madame*. Será que ela já está aqui? No telefone, ela se descreveu dizendo apenas que tinha traços tipicamente neandertais: olhos claros e estatura baixa. Será também tão peluda quanto um Neandertal? Se for assim, vai ser moleza identificá-la!

Embora cubra a pré-história há anos, nesse dia em que encontro Silvana me sinto perdido. Os progressos no conhecimento do Homem de Neandertal nas últimas décadas provocaram uma espécie de explosão científica que me desorienta. Tenho tantas perguntas a fazer!

Sempre examinando as "neandertais" que entram no *Café Madame*, mergulho no final do século XX a fim de avaliar o caminho percorrido pela ciência. Naquela época, não tão distante, os paleontólogos acreditavam já ter compreendido o essencial da história evolutiva da humanidade e, portanto, também a história do Neandertal, isto é, da espécie *Homo neanderthalensis*. Para eles, essa espécie humana, que nos precedeu na Europa, tinha sido eliminada por Sapiens – a espécie *Homo sapiens*, a nossa. Sapiens, esse conquistador que saiu da África há cerca de 100.000 anos, entrou na Europa uns 40.000 anos antes do dia em que eu estava no *Café Madame*, à espera de uma paleoantropóloga de características supostamente neandertais...

A ideia de poder estudar os genes neandertais parecia ficção científica naquela época. Quanto à cultura dos Sapiens pré-históricos, ela só poderia ter sido mais poderosa – portanto, mais refinada e mais eficaz – que a dos Neandertais. Se não, como explicar a evidência: Neandertal desapareceu bruscamente com a chegada dos homens modernos?

De lá para cá, os conhecimentos a respeito de Neandertal não pararam de se desenvolver, e devo me reconhecer desorientado. Uma coisa é certa: seu mundo era complexo. Mas será que realmente se pode reconstruir a vida de uma população que nos deixou apenas seus dejetos alimentares e utensílios abandonados? Já temos dificuldade em reconstituir a vida no Egito faraônico... Sendo assim, como pretender reconstituir esse mundo pré-histórico sem escrita? Quanto mais fico sabendo sobre esse antigo habitante da Europa, mais tenho a sensação de uma complexidade bem maior do que podia imaginar o garotinho que apanhava fragmentos musterienses no fundo de uma vala. E isso me perturba: acreditava já conhecer bem o Homem de Neandertal, já que, ainda criança, eu o tinha encontrado no fundo da minha floresta...

É por isso que quero falar com Silvana, que examinou praticamente todos os fósseis conhecidos de Neandertais: para compreender por que a palavra "Neandertal" – que geralmente evoca um bicho grosseiro – já não evoca nada disso para mim.

A principal razão de minha perturbação? O fato de que estava ficando cada vez mais claro que os Neandertais e os Sapiens tinham se encontrado e, provavelmente, convivido. Isso mudava tudo! Não estando muito bem informado, eu achava que os paleoantropólogos estavam convencidos de que as duas espécies não tinham se misturado, já que, no final dos anos 1990, a análise do sequenciamento do DNA mitocondrial de Neandertal revelou ser este diferente do de Sapiens. A conclusão só podia ser que Neandertal não tinha contribuído para o fundo genético sapiens...

Era o que eu pensava, pois, como vim a saber, já então a maior parte dos biólogos considerava impossível que uma estrutura tão frágil e tão fina quanto o DNA nuclear tivesse podido atravessar incólume tantas dezenas de milhares de anos. De fato, com seus 16.569 pares de bases, o DNA das mitocôndrias é bem pequeno, enquanto, com seus 3,2 bilhões de pares de nucleotídeos, o DNA contido nos núcleos das células humanas é imenso. Sendo assim, como imaginar que, dezenas de milhares de anos após a morte de um organismo, e depois de seu corpo ter sofrido o assalto de milhões de microrganismos necrófagos, possa restar DNA nuclear suficiente para reconstituí-lo? Impensável, impensável, impensável! E em 2010, sentado no *Café Madame*, eu ainda não conseguia acreditar...

No entanto, o impensável tinha acabado de acontecer: em junho de 2010, os paleogeneticistas da equipe de Svante Pääbo, do Instituto Max Planck de Leipzig, publicaram 60% do DNA nuclear neandertal! Com uma tecnologia incrível, eles tinham criado um método para identificar os microfragmentos do DNA neandertal deixados nos ossos pela decomposição, decifrá-los e reuni-los... Além disso, esse milagre científico levou a uma conclusão inesperada: cada habitante da Eurásia – especialmente os europeus – trazia em si de 1 a 4% de genes neandertais. Neandertal era mesmo nosso ancestral!

Assim, o encontro entre as duas espécies irmãs tinha mesmo ocorrido... Essa novidade inaudita me perturbava, e era disso que eu tinha vontade de falar no momento em que, no *Café Madame*, eu esperava uma dama...

Erguendo os olhos, percebi então uma mulher castanha de olhos azuis. Ei, eu pensava que os neandertais fossem quase sempre ruivos ou loiros... Silvana, você tentou me enganar?

Começamos a conversar sobre todas as falsas ideias que circulam a respeito de Neandertal. E isso levou tanto tempo, que marcamos outra conversa ali mesmo, depois no restaurante *Polidor*, depois em outro lugar, e outra vez, e mais uma...

Eu buscava certezas, mas Silvana nunca respondia minhas perguntas de maneira simples. Tudo o que ela fazia, sabia fazer e queria fazer era descrever suas dúvidas, as dela e as de seus pares, e ainda as que, segundo ela, eles não tinham mas deveriam ter, por causa de resultados... inconclusivos. Acabei me inteirando da importância, dos detalhes, das formas, das cores de todas as dúvidas que alguém pode ter sobre os Neandertais quando os conhece profundamente. Compreendi que, para não ter dúvidas a respeito deles e continuar acreditando que foram meros bichos, é preciso não conhecê-los.

Paradoxalmente, a partir de todas essas dúvidas, um retrato cada vez mais vivo e preciso de Neandertal emergiu progressivamente diante de meus olhos. Então descobri um personagem estranho, pois, sob muitos aspectos, Neandertal é realmente diferente de nós; ao mesmo tempo, descobri um ser que, no essencial, estava tão próximo de nossos ancestrais sapiens, era tão comparável a eles, que quem surgiu foi um irmão humano. Desse irmão, de nosso irmão neandertal, estamos bem mais próximos do que imaginamos. Além disso, esse membro da família conheceu muito bem nossos ancestrais e tudo indica que os influenciou muito.

À medida que Silvana ia expondo o estado da arte na pesquisa sobre os Neandertais, uma questão foi se delineando. Pouco a pouco, percebi a importância relativa de cada informação de que dispúnhamos sobre ela, *a* Neandertal, e ele, *o* Neandertal. Gradualmente, identificamos problemáticas pouco tratadas e constatamos com fascinação que podíamos, ao menos em parte, oferecer respostas. Embora não tivéssemos certeza de... nada, é claro! Com o passar dos anos e com novas descobertas, concluímos uma pesquisa exaustiva, e isso nos levou a refletir sobre o que os Neandertais têm a dizer sobre nós, isto é, sobre o *Homo sapiens*.

Em suma, este livro foi conversado antes de ser escrito. E foi todo tecido a partir de dúvidas. Mas, se o ler com paciência, você encontrará nele um retrato de nosso irmão neandertal. Confiável, provavelmente...

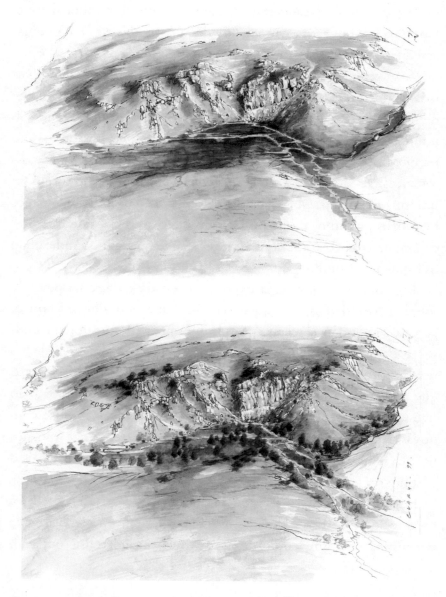

Figura 1-1: Os períodos glaciais e interglaciais se sucederam na Europa. No alto, os arredores do sítio pré-histórico de Neandertais da caverna de Goyet, na Bélgica, restaurados de uma fase glacial durante um verão; pois, no inverno, a zona ficava recoberta por uma grossa camada de neve; abaixo, o mesmo local no início de um período interglacial, com a vegetação se reconstituindo.

I

NEANDERTAL, FILHO DA EUROPA E DO FRIO

"O tempo é sábio, ele revela tudo."
Tales de Mileto[1]

■ *Ela é ruiva e tem os olhos verdes. É chamada de Noiva ruiva desde que chegou à idade de ter um parceiro. Está com frio. Encolhida diante do fogo que não chega a aquecer o interior do abrigo de ramos cortados e peles, tenta se distrair ouvindo os uivos da nevasca. De repente, escuta passos ao redor do abrigo. Tremendo, já não mais de frio e sim de medo, pega silenciosamente sua lança e, bem devagarinho, levanta pouco a pouco a pele que serve de porta... Através dos flocos de neve, distingue um... urso das cavernas. O que ele está fazendo ali? pergunta a si mesma: afinal, em pleno inverno, devia estar hibernando. Calça as botas e está pronta para sair correndo em direção ao rio quando o urso se transforma subitamente num homem jovem e risonho, coberto de sangue, que dança debaixo de uma pele.*
O Noivo do Norte voltou vivo. E matou um urso. Sozinho!

Os jovens Neandertais imaginários que evocamos aqui poderiam ter vivido durante o período glacial que, cerca de 50.000 anos atrás, recobriu a Europa com um frio intenso. Nós os imaginamos acampando na floresta que hoje rodeia Vergisson, perto de Mâcon, na Borgonha. Lá se encontram alguns dos sítios pré-históricos neandertais estudados por Silvana. Foi numa das numerosas cavernas dessa região que o Noivo do

Norte surpreendeu um urso em hibernação e o matou para obter sua preciosa pele. Nascidos em dois clãs vizinhos, a Noiva ruiva e o Noivo do Norte praticavam uma tradição neandertal imaginária mas verossímil – e mesmo provável: aproximando-se da idade adulta, os jovens Neandertais ganhavam a liberdade de ir e vir de um clã ao outro, e de se acasalar por uma estação com os "noivos" dos clãs vizinhos, quando havia clãs vizinhos... As crianças de genes mistos assim produzidas eram recolhidas como preciosidades pelo clã, cuja vitalidade era aumentada por elas. Os animais que vivem em hordas na natureza, como os lobos, têm comportamentos reprodutivos que favorecem as trocas genéticas entre clãs. Talvez acontecesse o mesmo entre os Neandertais.

Contudo, a dificuldade de se reproduzir não foi o principal problema encontrado pelos Neandertais. Seu pior inimigo, que tinham de combater dia e noite, como fazia a Noiva ruiva, certamente era o frio. Se pudéssemos observar as técnicas de sobrevivência no frio dos Neandertais, ficaríamos surpresos e provavelmente teríamos muito a aprender. Mas a habilidade técnica não explica por si só sua resistência ao clima gelado: seus corpos também eram adaptados para conservar o calor interno. Tudo indica que os Neandertais suportavam muito melhor o frio que nossos ancestrais, os primeiros Sapiens saídos da África.

A prova disso? Quando nossos ancestrais encontraram Neandertais pela primeira vez no Oriente Próximo[2], em vez de explorar a Europa, o continente que estendia os braços para eles, preferiram seguir para o leste. Dirigindo-se para a Ásia[3], chegaram à Austrália antes de avançar para o norte, tendo levado mais tempo para transpor os cinco mil quilômetros que os separavam da Europa do que os quinze mil quilômetros de desertos, florestas, montanhas, planícies e mares que os separavam do continente australiano! Por quê? Porque eram homens "tropicais".

Hoje, por certo existem Sapiens vivendo em condições polares – os inuítes, por exemplo –, mas a sobrevivência desses povos do frio só se tornou possível graças a uma longa adaptação de seus ancestrais aos climas da Ásia setentrional. Como os primeiros Sapiens que lá chegaram aprenderam a sobreviver ao frio? Por uma sucessão de tentativas e erros, naturalmente, mas também, provavelmente, imitando os Neandertais.

De fato, é provável que os primeiros clãs sapiens que se aventuraram em direção ao norte tenham suscitado a curiosidade dos Neandertais. Um clã perdido numa natureza imensa, na qual o deslocamento é difícil e não se encontram com frequência outros grupos humanos, necessariamente se interessa por outro bando, e o fato de que seja um bando sapiens não pesa muito diante da curiosidade e das vantagens da troca, especialmente de genes! Eis por que os Sapiens levaram mais tempo para atingir a Europa que a Austrália: porque precisaram antes se fraternizar o bastante com o... frio, mas sobretudo com aqueles que já sabiam enfrentá-lo.

Pois os Neandertais, sim, eram gente do frio. Se os Sapiens os encontraram no Oriente Próximo, isso só ocorreu porque cerca de 120.000 anos[4] atrás, durante um período temperado, ao longo do qual a alimentação era abundante, os Neandertais se multiplicaram e saíram de seu berço europeu. Estenderam então seu território até a Mesopotâmia e a Ásia central. Antes disso, as populações neandertais viviam ao oeste da Eurásia, na península europeia, na qual oscilavam ao ritmo da grande sanfona glacial.

Um Mis na variação climática

A história evolutiva dos Neandertais, portanto, é europeia e muito longa: a espécie viveu e se diversificou durante os quatrocentos mil últimos anos do Pleistoceno, o período geológico que começou há 2,6 milhões de anos e terminou 12 mil anos atrás. Ora, as formas vivas são adaptadas e selecionadas pelas condições que reinam em seu habitat. Sendo assim, compreender a biologia e o modo de vida dos Neandertais e de seus ancestrais é impossível se não se levar em conta, no mínimo, o que foi o ambiente europeu no último milhão de anos.

De fato, o lento surgimento da linhagem neandertal e do que a singulariza é um exemplo espetacular da maneira como o clima modela os seres vivos. O clima da Europa no fim do Pleistoceno era instável:

durante as vinte mil gerações que nos interessam (vinte anos por geração, provavelmente menos), ou seja, 400.000 anos, três grandes ciclos glaciais-interglaciais, entrecortados por flutuações climáticas rápidas, se sucederam, afetando o habitat neandertal. Na escala do continente, conhecemos essa história climática apenas em suas grandes linhas. Contudo, ainda que 160 anos de pesquisas sobre os Neandertais tenham feito deles o grupo humano fóssil que melhor conhecemos, os fósseis neandertais são raros, incompletos, espalhados por todo o fim do Pleistoceno e por todo o continente europeu. Não se pode, pois, tirar nenhuma conclusão de seu estudo se não se souber situá-los corretamente no tempo. Isso nos remete a um problema central em pré-história: a datação dos fósseis e dos acontecimentos que determinaram a história climática. Como os pesquisadores procedem quanto a isso?

Para datar os acontecimentos que constituem a história climática do nosso planeta durante os 400.000 anos da neandertalização, ou seja, durante o período em que se pode acompanhar os processos evolutivos e adaptativos que produziram os Neandertais, os pré-historiadores empregam hoje a cronologia isotópica. Esse sistema utiliza a noção de estágio isotópico marinho do oxigênio, designada pela sigla MIS (do inglês *Marine Isotopic Stage*). Foi ela que permitiu retraçar a história climática de cada região do planeta, a começar pela Europa.

Assim, estamos hoje bem longe do tempo em que um professor e seus alunos, ou um pré-historiador amador ou um erudito local escavavam espontaneamente um sítio pré-histórico, datando-o unicamente a partir de sua estratigrafia – identificando as camadas sucessivas do solo – e das faunas associadas a ela. Hoje, uma escavação arqueológica parece uma colmeia em que trabalham todos os tipos de especialistas. Estes recolhem nos sedimentos os pólens, carvões, artefatos, vestígios fósseis, etc., e vão estudá-los ou solicitar seu estudo em laboratórios por vezes distantes, nos quais se encontram todos os instrumentos de precisão necessários. Isso diz respeito especialmente às datações e aos microrganismos que fornecem indicações climáticas.

Mas chegar a esse ponto não foi nada fácil, pois a ideia de que o clima também tem um passado permaneceu inexplorada pelos estudiosos até o século XIX. Não esqueçamos que, até então, empregava-se a cronologia bíblica, segundo a qual nosso planeta deve ter um pouco mais de 4.000 anos... Quando, finalmente, os estudiosos admitiram que a Terra tinha mudado desde o Dilúvio, estabeleceram uma escala de períodos cronológicos: a cronologia alpina. Esta permaneceu onipresente até os anos 1970, e continuou sendo utilizada até hoje com tanta frequência que vamos contar sua gênese e explicar sua recente substituição pela cronologia isotópica.

Criaturas de antes do dilúvio

Foi Jacques Boucher de Perthes, o pai francês da ciência pré-histórica, o primeiro a compreender que a Terra tem uma história geológica. Quando, em 1828, estava trabalhando no incremento de um museu local, esse diretor da alfândega identificou espessos depósitos sedimentares no vale do Rio Somme. Neles, foram encontradas "pedras de raio", curiosos sílex com a forma simétrica de grandes lágrimas. Boucher de Perthes ousou lançar a ideia de que essas pedras, chamadas hoje de bifaces, eram utensílios modelados por "homens antediluvianos". Ele defendeu sua concepção com perseverança, chegando a aventar que aqueles humanos tinham convivido com os grandes animais desaparecidos, como o mamute. Desnecessário dizer que tamanha audácia, ainda por cima vinda de um amador, foi recebida com grande agressividade por parte dos cientistas da época, tendo alguns chegado a processar seu autor.

Em contrapartida, outros apoiaram Boucher de Perthes, pois a ideia de uma Terra antiga lhes parecia mais plausível que a ideia contrária. Em 1818, aliás, o geólogo alemão Johann von Charpentier tinha formulado a hipótese de que as geleiras alpinas podiam ter sido mais extensas no passado. A ideia inspirou dois de seus contemporâneos: o botânico alemão Karl Friedrich Schimper e seu amigo Louis Agassiz, um geólogo suíço. Juntos, esses estudiosos elaboraram a primeira teoria das glaciações, formulando a hipótese de que as morenas – depósitos de fragmentos de rochas transportados pelas geleiras – e outros amontoados de sedimentos rochosos dispostos em camadas nos vales alpinos tinham sido formados por geleiras diferentes em diferentes épocas.

Foi a partir daí que, em 1909, os geólogos alemães Albrecht Penck e Eduard Brückner estabeleceram a cronologia alpina. Eles identificaram quatro grandes ciclos glaciais alpinos e os batizaram de Günz, Mindel, Riss e Würm, os nomes dos afluentes alpinos do Danúbio. A essas quatro glaciações correspondem três estágios interglaciais: Günz-Mindel, Mindel-Riss e Riss-Würm. A glaciação de Günz foi situada entre 600.000 e 540.000 anos atrás; a de Mindel, entre 480.000 e 430.000; a de Riss, entre 240.000 e 180.000 e a de Würm, entre 120.000 e 10.000. Amplamente utilizada até hoje, essa cronologia é imprecisa, pois, a cada glaciação, as geleiras tendem a recobrir os vestígios deixados nos vales alpinos pelo período frio precedente. Além disso, seria mesmo razoável aplicar, por exemplo, à planície de Roma, cujo clima é temperado pela proximidade do mar, um sistema cronológico ligado às altas montanhas? Foi só nos anos 1950 que os pré-historiadores começaram a admitir a falta de pertinência da cronologia alpina... longe dos Alpes.

Alguns paleoantropólogos, no entanto, tinham percebido o problema bem antes. Um exemplo: por volta de 1944, Sergio Sergi, um grande paleoantropólogo italiano, tentou datar o primeiro crânio neandertal completo encontrado em seu país – um fóssil descoberto em 1929 em Saccopastore, perto de Roma – o qual Silvana estudou detalhadamente.[5] Sergi constatou que, de acordo com a cronologia alpina, o Neandertal de Saccopastore devia ter vivido num clima frio, ao passo que, pelos pólens de flores e pela fauna que o rodeavam, ele só podia ter vivido num clima temperado. Para vencer essa dificuldade, Sergi chamou a atenção do mundo científico para a teoria astronômica do clima formulada por Milutin Milankovitch, que, por ter sido publicada em alemão em 1941, não tivera a merecida repercussão.

Três parâmetros e pronto

Esse grande estudioso, ao mesmo tempo engenheiro, matemático, geofísico, astrônomo e climatólogo, teve a intuição – durante sua estadia nas prisões do Império austro-húngaro onde iam parar, com frequência, os nacionalistas sérvios – de que as glaciações e desglaciações resultam das variações cíclicas da órbita terrestre. Três ritmos afetam essas variações: um de período longo e flutuante, compreendido entre 413.000 e 100.000 anos, e os dois outros de períodos mais curtos, de 40.000 e 21.000 anos. Por modificarem a distância Terra-Sol, esses ritmos modulam a intensidade da irradiação solar, de maneira que o conhecimento desses três parâmetros astronômicos – os parâmetros de Milankovitch – basta para calcular a energia solar recebida por qualquer região da Terra ao longo das eras geológicas.

É assim que as situações de fraca insolação são favoráveis à formação, no hemisfério Norte, de calotas glaciais (*inlandsis* ou mantos de gelo). Uma vez formadas, essas imensas geleiras retêm cada vez mais a água precipitada pelas nuvens. E sua inércia térmica faz com que só a liberem milhares de anos depois de a evolução dos parâmetros da órbita terrestre ter recriado uma situação de insolação mais intensa. A influência do nível de insolação é complicada ainda pelo fato de que as calotas glaciais, uma vez formadas num hemisfério, refratam para o espaço a maior parte da irradiação solar que recebem. Além disso, a inércia térmica faz com que sejam necessários vários séculos de derretimento para que uma calota de quilômetros de espessura desapareça.

A complexidade da teoria astronômica do clima explica que ela só tenha sido plenamente aceita no início dos anos 1980, uma vez confirmadas as variações da temperatura média terrestre, graças aos trabalhos de Cesare Emiliani. No final dos anos 1940, esse geólogo italiano emigrou para os Estados Unidos a fim de levar adiante seu estudo químico dos isótopos, essas versões de um mesmo átomo que têm massas atômicas diferentes. Ele demonstrou, graças aos isótopos do oxigênio (O^{18} e O^{16}), que, ao longo dos últimos 400.000 anos, a temperatura da superfície do mar do Caribe tinha mudado da maneira prevista por Milutin Milankovitch.[6]

Por fim, os ciclos da temperatura terrestre média se tornaram uma evidência com o estudo de outro grande componente da máquina climática: as correntes marinhas. O Gulf Stream, por exemplo, transporta muito calor do Golfo do México até a costa ocidental da Europa, o que explica por que os invernos da França são temperados, enquanto os do Canadá, situado na mesma latitude do outro lado do Atlântico, são glaciais. Ora, variações bruscas da circulação marinha ocorreram ao longo do tempo, sob o efeito das grandes quantidades de água doce geradas pelo derretimento dos icebergs liberados pelas calotas glaciais norte-americanas. Com o nome de "eventos Heinrich", essas fases de derretimento ficam registradas nos sedimentos marinhos sob a forma de depósitos característicos dos materiais contidos nos icebergs.

Hoje, a teoria astronômica do clima se impôs, complementada pelo estudo das variações da temperatura e da circulação das correntes marinhas. Os dezesseis episódios MIS que cobrem o período que nos interessa aqui, os últimos 700.000 anos, permitem agora associar a um período geológico e a um clima tanto os fósseis que precedem a linhagem neandertal (mais de 400.000 anos), quanto os dos Pré-Neandertais (a partir de 400.000 anos) e os dos Neandertais (de 200.000 a 35.000 anos) a um período geológico e a um clima. O que ajuda, e muito, a explicar as características físicas desses humanos, associando-as a pressões seletivas ambientais bem localizadas no tempo. Assim, pode-se avaliar muito melhor a que ponto temperaturas baixas e suas consequências sobre o habitat influíram na história da linhagem neandertal.

Neandertal, filho do tempo geológico e do clima

Para reconstituir as condições ambientais que reinaram na Europa ao longo dos diferentes estágios isotópicos MIS, os pré-historiadores analisam minuciosamente a terra dos sítios pré-históricos atribuídos a cada um desses episódios: peneiram os sedimentos em busca de pequenos ossos, dentes minúsculos (de pequenos mamíferos, peixes e pássaros), pólens e esporos. A presença ou a ausência desses microfósseis, associada à análise das macrofaunas, fornece indicações precisas sobre as condições climáticas do sítio e das paisagens que o cercavam. Foi reunindo o conjunto desses dados que, pouco a pouco, construímos uma imagem do que foi a Europa nas eras glaciais. Agora vamos subir numa máquina do tempo e dar uma volta pela Europa dos Neandertais.

Um éden interglacial...

O clima da Europa mudou incessantemente durante o Pleistoceno, produzindo faunas e paisagens muito diferentes nos períodos glaciais e nos períodos interglaciais. Durante os períodos interglaciais, o clima esquentava e, geralmente, ficava mais úmido. A natureza voltava a ser generosa e a floresta voltava a ganhar terreno; o mar subia e cobria as bordas das placas continentais.

Foi, aliás, graças a um período interglacial que os longínquos ancestrais dos Neandertais passaram da África para a Europa há 500.000 anos. Tendo chegado com um número muito pequeno, o *Homo heidelbergensis* se espalhou por um imenso território, quase vazio de concorrentes humanos. A Europa de então – e isso é válido para cada período interglacial – era comparável à de hoje se tirássemos as estradas, as cidades e as plantações e deixássemos a floresta recobrir tudo e os lobos dominarem ao lado de alguns grandes felinos (como os leões, as panteras e os linces), das hienas e dos ursos de diferentes espécies.

À margem dos rios, os auroques (bovinos selvagens), os rinocerontes e os elefantes abriam e mantinham abertos espaços onde os clãs de caçadores obtinham a maior parte de sua caça. Os homens conviviam também com cervos, alces-gigantes, corças, gamos e javalis. Os bisões, saigas, rinocerontes-lanudos e renas estavam ausentes das regiões mediterrâneas, concentrando-se mais ao norte, na Europa setentrional ou na Sibéria.

A biomassa vegetal e animal explorável era enorme, mas se encontrava sobretudo na espessa floresta, perigosa e de difícil penetração. Os grupos humanos exploravam mais os recursos vegetais do que o faziam nos períodos muito frios, mas praticavam a colheita nas clareiras e, sobretudo, nas margens dos cursos d'água. De modo geral, a colheita e um pouco de caça bastavam para sua sobrevivência e permitiam que crescessem, se estendessem por um território mais amplo e chegassem a colonizar uma parte da Ásia.

...seguido de um inferno de gelo

Já nos períodos glaciais, as populações humanas diminuíam porque o clima se tornava muito rigoroso: as geleiras do Norte se estendiam e com isso reduziam o território habitável, enquanto a estepe, a tundra, a taiga e, mais geralmente, as paisagens abertas dominavam o ambiente ao sul das massas glaciais. Paralelamente a isso, o nível do mar baixava. A França do Norte, por exemplo, deve ter se assemelhado muitas vezes ao Ártico canadense atual. Para os caçadores, as condições de vida eram duras, mas não impossíveis. O retorno do frio acarretava grandes modificações no ambiente. As herbáceas, os líquens e os musgos ganhavam o terreno dos meios florestais, e a tundra-estepe se estendia por vastos territórios criando uma situação favorável à formação de manadas de grandes herbívoros e ao aumento da biomassa animal.

Assim, os bisões, os cavalos, os mamutes, os rinocerontes-lanudos, os bois-almiscarados e as renas enchiam as estepes que cercavam as massas glaciais, apesar de a temperatura ser sempre negativa. Para os caçadores-coletores, essas manadas constituíam um recurso fácil de caçar, abundante e prontamente localizável na paisagem.

Por fim, com o recuo do mar, partes consideráveis das margens continentais (hoje cobertas de água) emergiam. Quando estavam suficientemente afastadas das calotas glaciais, podiam se recobrir de tundra, atraindo as manadas e seus predadores, entre os quais os grupos de caçadores-coletores. Durante um auge glacial, o território europeu ficava recoberto de geleiras em toda a sua metade norte, nos Alpes e nos Pireneus. Ao sul das geleiras nórdicas, encontravam-se imensas estepes, restringindo-se as florestas ao perímetro mediterrâneo.

Foi assim que, durante as épocas glaciais, o atual Reino-Unido permaneceu por muito tempo em continuidade territorial com a França, de maneira que os ancestrais dos Neandertais, os *Homo heidelbergensis*, e os Pré-Neandertais puderam chegar ali. Depois, há mais de 200.000 anos, no Pleistoceno Médio, a barreira natural de colinas que retinha o imenso lago de água doce que se formava a cada derretimento glacial no local do Mar do Norte cedeu.[7] Depois de uma inundação catastrófica, um caudaloso rio – o Rio Mancha – se formou e, a partir desse momento, drenou as calotas glaciais do oeste da Europa a cada glaciação, coletando as águas dos rios ocidentais como o Tâmisa, o Reno, o Elba, etc. (cf. figura 1-2). Depois desse evento catastrófico, a penetração dos Neandertais no que se tornaria a Inglaterra se fez mais rara.

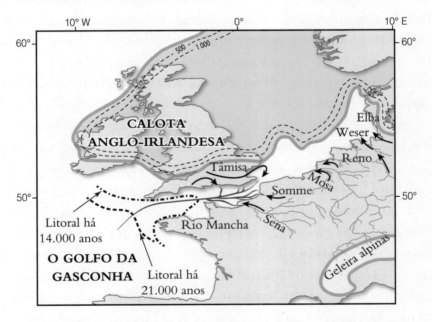

Figura 1-2: Antes da abertura do Canal da Mancha e do derretimento das geleiras, a Europa era drenada por um sistema de rios que se lançavam todos num grande rio ocidental: o Rio Mancha. As *inlandsis*, ou seja, as calotas glaciais de espessuras pluriquilométricas, cobriam as terras que viriam a se tornar as Ilhas Britânicas e o norte da Europa.

Um território oscilando ao ritmo das glaciações

Essa Europa do Homem de Neandertal, fria ou temperada, glacial ou interglacial, existiu durante todo o Pleistoceno Médio e Superior, ou seja, o período que vai de 781.000 a 11.700 anos atrás. Assim, não menos que oito períodos glaciais, separados por períodos interglaciais, se sucederam. Durante a emergência dos Neandertais, ao longo dos últimos 400.000 anos, ocorreram três desses ciclos glaciais-interglaciais. O retorno do frio sempre reduzia o espaço habitável, já que grandes partes da Europa ficavam cobertas de gelo. Geleiras se instalavam nas regiões altas, sobretudo nos Alpes, nos Pireneus e no Maciço Central; as geleiras continentais do norte da Europa, por sua vez, podiam se estender até recobrir a metade da Europa atual.

Hoje, os diferentes períodos glaciais e interglaciais podem ser bem distinguidos e situados no tempo pelos estágios isotópicos MIS. Desde a identificação dos MIS, muitas características físicas dos Neandertais, como a forma atarracada de seus corpos ou a morfologia de seus rostos, puderam ser associadas a pressões seletivas ambientais datadas.

Antecipemos um pouco as coisas dizendo que nem todos os períodos interglaciais e glaciais tiveram efeitos iguais sobre a evolução dos Neandertais. As alterações climáticas rápidas só acontecem em escala geológica... Ainda que imperceptíveis na escala de uma geração (vinte anos no máximo entre os Neandertais) ou mesmo de cem gerações (2.000 a 2.500 anos), elas constituíram verdadeiros choques para as populações humanas. O aumento ou a diminuição da temperatura média e as reduções ou fragmentações do território habitável provocados por modificações rápidas do clima alteravam tudo na vida de um clã de caçadores-coletores, que, para se adaptar, dispunha apenas dos recursos de sua cultura e de seu meio ambiente.

Já as mudanças climáticas lentas (os períodos glaciais, no nosso caso), aquelas que ocorrem em escala geológica, isto é, em mil gerações (20.000 a 25.000 anos), exercem uma pressão seletiva duradoura. Os esqueletos fósseis e os dentes trazem vestígios bem visíveis delas. Com a renovação das gerações, os organismos que apresentam mutações vantajosas são selecionados, pois são os mais bem adaptados ao clima. Este último desempenha também um papel crucial na evolução das culturas humanas, pois condiciona o tamanho da população e o número daqueles que contribuem para sua cultura, portanto a estagnação ou a inovação.

Foi enfrentando as temperaturas baixas dos períodos glaciais e as consequências que tiveram, como a fragmentação de seu habitat e a redução de sua população, que os neandertais adquiriram suas características físicas tão particulares. Vamos agora examiná-las de perto.

Figura 2-1: Os bifaces eram uma espécie de canivete suíço dos homens pré-históricos. Vemos aqui dois neandertais talhando juntos com seus utensílios.

2

A EMERGÊNCIA DA LINHAGEM NEANDERTAL

> "Os homens antigos [...] não nasciam uns dos outros [...]. Mas por causa do longo espaço de tempo foram destacados do conjunto que formavam e se contam separadamente."
>
> Platão[1]

■ Os outros membros do clã a chamam de Mulher medicina. Sentada perto do fogo que afasta a escuridão e o frio, ela prepara uma mistura de fígado seco e mirtilos usando um biface. Essa preparação será a base para uma decocção contra a gripe. Uma jovem chamada Silenciosa está ao seu lado. Não diz uma palavra, prestando infinita atenção aos gestos da curandeira. A Mulher medicina retira pedras ardentes do fogo e as espana antes de mergulhá-las na panela, um simples buraco no chão forrado de argila. Uma das pedras está tão quente que se ouve um chiado.

— De onde vêm as pessoas? — pergunta de repente Silenciosa, um poço de curiosidade.

— Depende dos clãs. Nós somos ursos que decidiram há muito tempo andar de pé.

— Você já tinha nascido quando isso aconteceu?

A Mulher medicina gargalha e depois diz:

— Não, menina. Isso aconteceu há tantos anos quanto há bisões na planície e pelos nesses bisões.

Silenciosa aperta os olhos tentando imaginar esse número.

Quem eram os ancestrais dos Neandertais? Homens recém-chegados da África, a terra-mãe de todas as espécies humanas? Ou uma espécie já implantada na Europa? A Europa é o berço do Homem de Neandertal, mas ele e seus ancestrais diretos terão sido os primeiros a pisar o solo desse continente? Hoje os paleontólogos têm certeza: os primeiros europeus descendiam de uma ou várias levas humanas (*Homo ergaster* e/ou *Homo erectus*) saídas da África há mais de um milhão de anos. Os fósseis mais antigos oriundos dessas levas foram encontrados no sítio pré-histórico de Dmanisi[2], na Geórgia, portanto às portas da Europa. Embora pouco se saiba sobre a progressão desses pioneiros na Europa, pode-se acompanhá-la graças às pedras grosseiramente talhadas que lhes serviam de utensílios. Essas pedras foram encontradas em diferentes localidades do continente europeu, sobretudo no Maciço Central.

Várias outras levas migratórias seguiram a primeira delas no corredor levantino. Atesta isso, no Oriente Próximo, o sítio pré-histórico de Ubeidiya[3] no vale do Jordão, com 1,3 milhões de anos, e o sítio de Kocabas[4] na Turquia, com cerca de 1 milhão de anos.

Esses antigos humanos progrediram rapidamente, já que foram encontrados fósseis de épocas correspondentes em Atapuerca, um sítio cujos numerosos fósseis são tão espetaculares que ele se tornou um dos principais centros científicos da paleontologia humana (*cf.* box da próxima página). E, ainda mais emocionante: há cerca de 780.000 anos, um clã desses "africanos" deixou doze pegadas na lama de um estuário em Happisburgh, na Inglaterra.[5] Esses rastros, os mais antigos já descobertos na Europa, nos informam sobre o tamanho desses homens de tipo tropical: a distância dos passos, a profundidade das pegadas e o tamanho dos pés indicam que ao menos cinco indivíduos com altura entre 90 centímetros e um metro e setenta passaram por Happisburgh: adultos acompanhados de crianças.

Atapuerca, um polo da paleontologia neandertal

Devemos boa parte de nossos conhecimentos sobre a história evolutiva da povoação da Europa à construção, no século XIX, de uma estrada de ferro através das montanhas de Atapuerca, em Castela. A vala cavada durante os trabalhos revelou estratos geológicos que recobriam um período com início há mais de um milhão de anos e término há cerca de 30.000 anos, pouco após a extinção dos Neandertais. As jazidas fossilíferas de Atapuerca, de Sima del Elefante, de Gran Dolina (não situada na estrada de ferro, mas próxima de uma dolina, uma concavidade afunilada no solo calcário) e de Sima de los Huesos (o "golfo dos ossos") cobrem, por essa razão, toda a história evolutiva da povoação do continente, desde o *Homo antecessor*, o primeiro europeu, até o *Homo sapiens*, passando pelo *Homo neanderthalensis* e por seu ancestral *Homo heidelbergensis*.

Iniciadas em 1978 por Emiliano Aguirre, da Universidade de Madri, as escavações feitas ali não pararam até hoje de revelar descobertas de grande importância. Ignoramos se os numerosos esqueletos que os pré-historiadores espanhóis descobriram na Gran Dolina (rica em fósseis de *Homo antecessor*) foram jogados ali ou caíram por descuido como em Sima de los Huesos (onde predomina o *Homo heidelbergensis*), mas uma coisa é certa: eles nos ensinaram a situar a história de nossos irmãos neandertais na grande história da povoação da Europa e na sua história climática. E ainda ignorávamos isso 20 anos atrás!

O conjunto das jazidas de Atapuerca é tão importante que foi tombado como patrimônio da humanidade pela UNESCO, enquanto a cidade vizinha de Burgos acolhe um grande museu dotado de um centro de pesquisa internacional. Esse centro, o Centro Nacional de Investigações sobre a Evolução Humana (CENIEH) se tornou uma das principais plataformas da pesquisa europeia em evolução humana. Cada vez mais conhecida pelo grande público, Atapuerca tende inclusive a se tornar uma das etapas dos peregrinos do caminho de Santiago de Compostela!

Contudo, é a série de esqueletos fragmentários de Atapuerca que nos fornece mais informações sobre o aspecto físico dos primeiros europeus – aos quais foi atribuída a denominação de *Homo antecessor*.[6] Esses primeiros habitantes do continente não eram os ancestrais dos Neandertais, mas talvez tenham contribuído para sua linhagem. Como eram eles? A forma dos seus corpos era semelhante à dos africanos e asiáticos do mesmo período? Ou não, pois eles seriam endêmicos, ou seja, específicos da Europa? É difícil decidir, já que dispomos apenas de uma dezena de fragmentos fósseis do *Homo antecessor*.

Seja como for, o verdadeiro ancestral dos Neandertais – o *Homo heidelbergensis* – corresponde provavelmente a outra leva migratória que alcançou a Europa num período interglacial há cerca de 600.000 anos. A chegada do *Homo heidelbergensis* fica patente pelo aparecimento do biface nas camadas geológicas da Europa ocidental. Obtido pelo descolamento de fragmentos dos dois lados de um bloco de matéria-prima, esse "canivete suíço paleolítico" tinha diversos usos: quebrar um osso, cortar carnes e vegetais, raspar peles, etc. (ver p. 114).

Os bifaces não são uma especialidade do *H. heidelbergensis* (há cerca de 1,8 milhões de anos, o *Homo ergaster* já os produzia na África, às margens do lago Turkana no Quênia[7]), mas os feitos por essa espécie se distinguem pelo cuidadoso acabamento e pela escolha da matéria-prima selecionada por sua beleza e sua cor. Já nos anos 1970, o pré-historiador francês André Leroi-Gourhan quis ver nessa beleza lítica a primeira manifestação da existência de preocupações estéticas em nossos longínquos ancestrais. Para ele, os "primeiros homens [...] buscavam não apenas a função do objeto, mas também a beleza de sua forma".[8]

Impressionantes bifaces de sílex talhados pelos ancestrais dos primeiros neandertais foram exumados no vale do Rio Somme e podem ser vistos no museu de Abbeville. No entanto, o caso mais fascinante é o do biface de granito rosa e amarelo descoberto em Atapuerca: extremamente bem-acabado, ele nunca foi utilizado antes de ser jogado num poço calcário há cerca de 400.000 anos. Talvez ao mesmo tempo que um defunto. Seria esta a mais antiga oferenda funerária da humanidade?[9]

Descobriram-se bifaces aqui e ali em diferentes sítios pré-históricos da Europa, mas foi o sítio inglês de Boxgrove[10] que nos forneceu a colheita mais importante. Os utensílios, mais de uma centena, têm cerca de 500.000 anos, datação absolutamente confiável, pois resultou do empilhamento dos estratos geológicos.

Depois do castelo de Heidelberg... sua mandíbula

O que sabemos sobre a evolução do *H. heidelbergensis* na Europa? Como sua morfologia se transformou após sua chegada a esse continente? Para responder a essa pergunta, dispomos de uma bela série de fósseis espalhados por toda a Europa: 130 fragmentos pertencentes a 7 ou 8 indivíduos no sítio pré-histórico de Tautavel nos Pireneus orientais, 3.000 fragmentos, entre os quais crânios completos, correspondentes a pelo menos 28 indivíduos no sítio de Sima de los Huesos na Espanha, um osso occipital em Vertezöllös na Hungria, alguns dentes em Visogliano, um crânio em Ceprano e um fêmur em Venosa, na Itália, uma tíbia em Boxgrove na Inglaterra e... o primeiro fóssil do *H. heidelbergensis* a ser encontrado: a mandíbula de Mauer, na Alemanha.

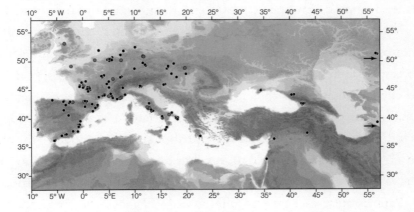

Figura 2-2: O território neandertal demarcado pela distribuição das ocupações pré-neandertais (círculos cinza-escuro) e neandertais (círculos pretos). Os sítios indicados pelas duas flechas, muito mais ao leste, são os de Oklandnikov e Denisova, na Ásia central, e o de Teshik-Tash no Uzbequistão. (Fonte: O. Jöris, 2014 – modificado)

Encontrada em 1906 num areal, essa mandíbula foi atribuída a uma nova espécie humana pelo geólogo Otto Schoetensack, que, dois anos depois, elaborou sua primeira descrição. Foi ele que cunhou o nome *Homo heidelbergensis* em função da cidade vizinha de Heidelberg. Vale a pena enfatizar a clarividência de Schoetensack, que reconheceu imediatamente uma nova espécie humana a partir de um único osso. No início do século XX, nenhum método permitia datar as ossadas, e apenas algumas mandíbulas neandertais eram conhecidas. Schoetensack teve, portanto, que resistir à tentação de atribuir a mandíbula de Mauer ao *Homo neanderthalensis*. Ainda mais que o osso apresentava apenas alguns traços arcaicos em relação às mandíbulas neandertais.

A espécie trazida à luz por Schoetensack teria permanecido uma nota de rodapé numa obra de paleontologia. De fato, as descobertas asiáticas de fósseis (os pitecantropos ou "homens de Java" e os sinantropos ou "homens de Pequim") forneciam casos de espécies humanas oriundas do *H. erectus* mais antigas que o *H. neanderthalensis*, o que fez o achado de Schoetensack cair no esquecimento. O *H. erectus* ocupou então a frente do palco, e a ideia de que pudesse ter existido uma espécie diferente vivendo na Europa no mesmo momento era motivo de chacota.

Mas os 3.000 restos ósseos humanos de Atapuerca, compreendendo crânios completos, mudaram a situação. As datações dos 28 esqueletos correspondentes se distribuem entre 350.000 e 450.000 anos, podendo chegar até 500.000 anos[11], e todos exibem características arcaicas. Quando os paleontólogos tomaram esses fatos em consideração, a mandíbula de Mauer voltou a ser atribuída a uma espécie distinta do *H. erectus*. Datada em 2010, revelou ter cerca de 600.000 anos, o que faz dela o fóssil mais antigo da linhagem neandertal na Europa.

Para nomear essa espécie diferente de *Homo erectus*, retomou-se então o nome proposto por Otto Schoetensack: *Homo heidelbergensis*. Ignora-se se ao chegarem da África os membros dessa espécie substituíram completamente a população europeia presente no território (*Homo antecessor*) ou se a absorveram. Em contrapartida, sua irrupção na Europa não significou, ao que tudo indica, seu desaparecimento da África. A maior parte dos paleoantropólogos especializados nesse período considera o *Homo heidelbergensis* como uma espécie africana também.

Essa hipótese de uma espécie humana arcaica que teria sido comum à África e à Europa, e mesmo à Ásia, continua bastante controversa. É por isso que muitos pesquisadores estudam fósseis africanos (*Bodo*, originário da Etiópia, ou *Ternifine*, da Argélia, nomes menos conhecidos que Lucy ou Toumaï, mas também muito importantes) a fim de provar que realmente pertencem à mesma forma humana.[12] Ainda incompletos, seus resultados parecem validar a hipótese da presença do *H. heidelbergensis* ao mesmo tempo na Europa e na África.

Assim, o *H. heidelbergensis* seria uma espécie que evoluiu na África a partir do *H. erectus* africano (isto é, a partir do *Homo ergaster*) há mais de um milhão de anos. Depois de ter colonizado a África, ela teria se espalhado pela Europa, e talvez também pela Ásia, durante um período interglacial há cerca de 600.000 anos. Daí uma constatação de grande importância: um mesmo ancestral – o *H. heidelbergensis* – gerou tanto o *H. sapiens* africano antigo quanto o *H. neanderthalensis* europeu. O *H. heidelbergensis* é o "pai" de Sapiens e de Neandertal, de maneira que, logicamente, os Neandertais são nossos "irmãos"... no sentido paleontológico do termo. Os Neandertais são, portanto, muito aparentados conosco (veremos mais adiante que contam também entre nossos ancestrais). Eis por que, longe de ser uma forma mais primitiva que Sapiens, do qual descendemos, o *H. neanderthalensis* está próximo de nós. Ele evoluiu ao mesmo tempo que os primeiros *H. sapiens* africanos, nossos ancestrais, e por quase tanto tempo quanto eles![13]

Ousemos introduzir um neologismo. A importância que confere ao *H. heidelbergensis* seu estatuto de ancestral tanto de Sapiens quanto dos Neandertais justifica a ousadia. Já que o termo neandertalense se desenvolveu ao longo dos últimos 160 anos a partir do topônimo Neandertal, seria lógico introduzir o termo "Heidelberguiano" para designar os membros da espécie *H. heidelbergensis* de maneira análoga. É verdade que esse termo não é utilizado pelos paleoantropólogos, mas bem que poderia ser, já que parece muito natural ao lado do termo "neandertalense".

O registro fóssil heidelberguiano

Qual era a aparência dos Heidelberguianos europeus? Trata-se claramente de seres humanos de aspecto ainda "africano", ou seja, de corpo esbelto, adaptado a um clima quente, já que os membros longos dissipam melhor o calor do que os membros curtos. A tíbia heidelberguiana descoberta em 1994 em Boxgrove, mencionada anteriormente, sugere que seu proprietário pesava cerca de 80 kg e media cerca de um metro e oitenta.[14] Não parecia, portanto, talhado para o frio, como serão mais tarde os neandertais, mas sim para o calor.

Caracterizada por fortes espessuras ósseas e inserções musculares bem desenvolvidas, a potência da mandíbula de Mauer sugere uma atividade mastigatória importante, apesar da modéstia dos dentes (de tamanhos comparáveis aos dos dois dentes encontrados em Boxgrove). A mandíbula de Mauer também combina muito bem com os crânios espessos e maciços provenientes do sítio pré-histórico de Sima de los Huesos, em Atapuerca, na Espanha, ou de Caune de l'Arago, em Tautavel, na França. Aliás, a grande espessura óssea de todos esses fósseis é encontrada também em fragmentos cranianos descobertos mais ao leste, especialmente em Ceprano, Visogliano e Fontana Ranuccio, na Itália, em Bilzingsleben, na Alemanha, em Vertesszöllös, na Hungria, ou ainda em Petralona, na Grécia. Embora modestos, esses fragmentos fósseis são atribuídos ao *H. heidelbergensis* por causa de sua datação, ainda que o caráter heidelberguiano de seus traços nada tenha de evidente.

De maneira inesperada, os fósseis de Atapuerca também nos forneceram informações sobre a genética dos Heidelberguianos. Surpreendentemente para quem conhece as dificuldades extremas da paleogenética, o DNA mitocondrial (um dos dois DNAs presentes na célula) de Heidelberguianos de Sima de los Huesos pôde ser encontrado, reconstituído e sequenciado! E o resultado, também ele surpreendente, foi que o sequenciamento desse DNA, que só é transmitido pela mãe, revelou um laço de parentesco com... os Denisovanos (*cf.* box da p. 159),[15] uma espécie humana fóssil bem posterior aos Heidelberguianos já que foi contemporânea dos Neandertais e dos Sapiens antigos. Um resultado ainda mais curioso, já que a existência passada do hominídeo de Denisova só nos foi revelada em 2010 pelo sequenciamento do DNA contido numa única minúscula falange de 40.000 anos descoberta na Caverna Denisova no maciço do Altai ao sul da Sibéria... Ora, o sequenciamento do DNA nuclear (o DNA contido no núcleo da célula) dos Heidelberguianos de Atapuerca revelou ainda que eles eram aparentados aos neandertais.[16] Essas duas constatações demonstram que há mais de 400.000 anos, na época dos Heidelberguianos de Sima de los Huesos, a divergência entre essa espécie e a dos Neandertais já tinha ocorrido.

A emergência de Neandertal

O registro fóssil heidelberguiano indica uma divisão geográfica bastante ampla, indo do Atlântico (a partir da Inglaterra, então ligada ao continente) até o leste do Rio Reno. Os esqueletos descobertos dão uma impressão arcaica por suas grandes espessuras ósseas e sua pequena capacidade craniana (entre 1.000 e 1.300 centímetros cúbicos em Sima de los Huesos; cerca de 1.100 centímetros cúbicos no fóssil de Caune de l'Arago, em Tautavel). Quanto mais "recentes" (de 600.000 a 400.000 anos), mais os fósseis exibem traços neandertais, inicialmente esporádicos, porém cada vez mais frequentes em seguida, especialmente no rosto e/ou na nuca. A "neandertalização" está em curso!

Qual é a origem dessa transformação? Será ela produzida unicamente pelas pressões seletivas exercidas pelo ambiente europeu? Talvez não, pois em função de seu isolamento na Europa, o grupo dos Heidelberguianos se encontrou em situação de deriva genética, isto é, de erosão de sua diversidade genética. Por isso, algumas características se tornaram cada vez mais frequentes. Essa erosão se deve ao fato de que a mistura genética dentro de uma população pequena tende a diminuir inexoravelmente o número dos genes presentes nos indivíduos. De fato, uma pessoa só transmite a metade de seus alelos, ou seja, das sequências particulares de nucleotídeos que formam seus genes. Numa população pequena, essa loteria reprodutiva só pode levar à diminuição da frequência de certos alelos, o que acarreta automaticamente o aumento da frequência de certos outros.

Hoje em dia, esse fenômeno pode ser observado em ilhas cujos habitantes ficaram isolados por muito tempo, o que é o caso, por exemplo, da Islândia. Assim, em 2009, uma equipe chefiada por Agnar Helgason, da Universidade de Reykjavík, demonstrou que os genes da população islandesa de antes do ano 1000 – que se acreditava ser inteiramente escandinava – eram mais diversificados que os da população atual.[17] Para chegar a esse resultado, os pesquisadores sequenciaram uma fita de 743 nucleotídeos proveniente de uma região escolhida do DNA mitocondrial (herdado da mãe) de 73 islandeses enterrados por volta do ano 873 e compararam essa assinatura genética com aquelas das populações atuais da Escandinávia, da Escócia, da Irlanda e da Europa continental. Revelou-se assim que o DNA mitocondrial dos primeiros islandeses estava muito mais próximo do dos escoceses, irlandeses e europeus do Oeste que do dos islandeses de hoje em dia (verificou-se que, na verdade, mais de 67% das primeiras islandesas eram provenientes das ilhas britânicas ou da Europa continental). Tal fenômeno não pode ser imputado à acumulação de mutações, já que não foram tantas assim as gerações que se sucederam desde 873. Na verdade, ele deve ser atribuído a uma erosão genética que aumentou a frequência de alguns alelos. Os genes islandeses nos contam que os habitantes da ilha de gelo e de fogo se mantiveram apartados do continente europeu.

A população fundadora dos Heidelberguianos da Europa se encontrou numa situação comparável, já que seus poucos milhares de membros estavam espalhados por toda a parte habitável do continente. Além disso, as grandes mudanças climáticas do Pleistoceno Médio (781.000 a 126.000 anos atrás) provavelmente impediram que grandes fluxos gênicos contínuos subsistissem entre a Europa e a África e entre a Europa e a Ásia. Como os islandeses nesses mil e poucos anos, os

Heidelberguianos se adaptaram geneticamente durante centenas de milhares de anos. Somando-se à seleção natural devida ao ambiente europeu, essa erosão genética diminuiu de maneira aleatória a frequência de certos traços ao mesmo tempo em que aumentou a de alguns outros.

Assim, se algumas das características neandertais – por exemplo, o comprimento reduzido de seus membros – resultam de uma adaptação ao frio, outras, muito numerosas – como a forma alongada do crânio ou a estrutura prógnata (proeminência do maxilar inferior) do rosto –, parecem não ter nenhuma razão adaptativa, podendo ser interpretadas como efeitos do desvio genético.

Ao longo dos anos 1970-1990, essa visão fez com que se impusesse a ideia de que a biologia neandertal se constituiu por meio de uma acumulação muito gradual de traços cada vez mais especificamente neandertais: aquilo a que os paleoantropólogos chamam de modelo de acreção. Quando a acreção dos traços neandertais começou? E pelo quê?

Uma fossa canina de um verdadeiro Neandertal

As primeiras verdadeiras características neandertais aparecem entre 450.000 e 350.000 anos atrás. Como são apenas algumas características, os paleoantropólogos consideram que os fósseis que as manifestam são pré-neandertais (isto é, formas intermediárias entre os Heidelberguianos e os Neandertais). O fato é que os traços em questão vão se tornar a "marca de fábrica" dos Neandertais. Alguns podem ser vistos claramente em fósseis considerados heidelberguianos por ainda estarem muito próximos desses em suas conformações e dimensões. Encontram-se especialmente nos cerca de trinta heidelberguianos descobertos entre os fósseis de 400.000 anos de Sima de los Huesos ou ainda nos da caverna de Arago, na comuna de Tautavel, nos Pireneus orientais, datados de 450.000 anos.[18]

Em alguns desses fósseis, o maxilar superior exibe uma especificidade que se tornará tipicamente neandertal: uma fossa canina particularmente pouco profunda. Mais ou menos marcado nos humanos modernos, esse afundamento situado de cada lado do nariz, na vertical dos caninos, praticamente não existe nos Neandertais. Esse traço contribuirá para o rosto semelhante a um focinho característico da espécie que descreveremos no próximo capítulo.

Sobre as mandíbulas, por exemplo sobre aquela do homem de Tautavel, observa-se também um alongamento associado com o do rosto. Esse alongamento desloca para trás os orifícios do queixo (pequenas cavidades que se encontram de cada lado do maxilar). Enquanto nos Sapiens esses orifícios estão situados debaixo do segundo pré-molar, nos Neandertais e no *Homo heidelbergensis* de Tautavel eles se encontram debaixo dos molares.

Igual número de características que serão encontradas 300.000 anos mais tarde nos Neandertais mais tardios. Por essa razão, a maior parte dos pesquisadores considera que os fósseis heidelberguianos de Sima ou de Caune de l'Arago provam que uma linhagem que levará aos Neandertais já estava presente na Europa 450.000 anos atrás.[19]

Quanto aos períodos geológicos seguintes, que cobrem o intervalo de 400.000 a 190.000 anos atrás, infelizmente não se dispõe de nenhuma jazida com grandes séries fósseis como as de Tautavel ou de Sima de los Huesos, mas apenas de descobertas esporádicas. Mesmo assim, elas atestam uma evolução gradual. As primeiras características verdadeiramente neandertais aparecem no rosto e depois na parte traseira do crânio, na região da nuca.

Como demonstram algumas ossadas da linhagem neandertal descobertas na França, os fósseis com menos de 190.000 anos apresentam cada vez mais traços neandertais. Assim, em Biache-Saint-Vasst (Pas de Calais) ou na caverna La Chaise (em Charente), a região da nuca e do osso temporal adquirem sua morfologia específica aos Neandertais, enquanto a região frontal se transforma numa borda saliente que forma uma espécie de viseira acima dos olhos.

Os fósseis dessa época cuja face foi encontrada apresentam mais características neandertais que os das épocas precedentes, o que pode ser visto no posicionamento mais lateral do osso zigomático (o osso das maçãs do rosto) e na ausência de fossa canina. A presença de todas essas características neandertais derivadas não impede a persistência de um conjunto de traços arcaicos, especialmente uma capacidade craniana ainda pequena, já que fica por volta de 1.200 centímetros cúbicos, ao passo que atingirá 1.600 centímetros cúbicos em alguns Neandertais.

É a partir de 120.000 anos para cá que se considera que os Neandertais evoluíram plenamente. A partir de então, seu crânio tem toda sua extensão; a saliência traseira, chamada de "coque neandertal" está bem desenvolvida; o ouvido interno também é tipicamente neandertal... Em suma, todos os traços neandertais estão presentes, de tal forma que na ausência de dados estratigráficos, seria difícil distinguir esses fósseis de mais de 100.000 anos dos últimos neandertais, que viveram há 40.000 anos.

Figura 2-3: O aspecto físico de uma mulher neandertal (à esquerda) comparado ao de uma mulher sapiens (à direita). Nota-se o corpo compacto e pequeno da Neandertal e o porte mais esbelto da Sapiens.

Viagem de Neandertal

A história que acabamos de retraçar, a da emergência de Neandertal, é inteiramente europeia. Provar isso – já o dissemos – foi uma grande descoberta antropológica e o resultado de mais de um século de trabalho. Essa certeza de um berço europeu se baseia em três constatações: 1) por um lado só se identificam Pré-Neandertais, isto é, ancestrais dos Neandertais, na Europa; 2) em seguida, o processo evolutivo que produziu os neandertais só pode ser acompanhado nesse continente; 3) finalmente, só se encontram fósseis neandertais em grande número na Europa, ainda que existam alguns, mais raros e recentes, na Ásia. A inexistência de Pré-Neandertais antigos fora do solo europeu leva a crer que os Neandertais colonizaram a Ásia central e o Oriente Próximo a partir da Europa e quando o conjunto das características neandertais já tinha se consolidado. O centro da "neandertalização" se situa na Europa ocidental, ao passo que os traços neandertais parecem cada vez menos acentuados à medida que se vai em direção ao leste.[20]

Entretanto, os fósseis neandertais encontrados no Oriente Próximo, como os de Shanidar, no Iraque, de Dederiyeh, na Síria, de Amud, Tabun e Kebara, em Israel, demonstram que os Neandertais orientais tinham as mesmas proporções corporais que seus congêneres das regiões frias. As datações sugerem que a expansão ocorreu entre 123.000 e 109.000 anos atrás[21], ou seja, num período temperado. Essa datação é corroborada pela constatação de que os Neandertais do Oriente Próximo possuem alguns traços arcaicos, traços que desapareceram na Europa de 120.000 anos para cá[22] (*cf.* figura 2-2). A expansão dos Neandertais para o leste da Europa também foi constatada em Stajna, na Polônia[23], pela presença de fósseis de 90.000 anos.

Quanto à expansão neandertal em direção à Ásia central, ela também pode ser situada nesse período interglacial, ou seja, num período mais quente que o período atual. Sítios pré-históricos atestam essa expansão nas grandes planícies russas, especialmente em Khotylevo, à beira do Rio Desna, ou em Sukhaya Mechetka, ao longo do Rio Volga. Durante essa época quente, o Mar Cáspio secou, o que abriu uma passagem para o leste ao sul do Ural, como demonstram os restos de um jovem Neandertal encontrados no Uzbequistão, no sítio pré-histórico de Teshik-Tash. Outros restos neandertais, mais modestos, foram encontrados ainda mais longe, no sul da Sibéria, em Okladnikov e em Denisova.[24] Essa expansão pode ser considerada como a conclusão da neandertalização, ou seja, de um longo processo evolutivo que tornou nossos irmãos neandertais capazes de viver e de se encontrar no seio de imensos espaços de estepe de dimensões supracontinentais, já que chegaram até a sair da Europa.

Figura 3-1: A jovem neandertal "Noiva ruiva" tem a testa em viseira, o grande nariz, as maçãs do rosto salientes e o queixo recuado típicos dos Neandertais. Todos os homens de seu clã a achavam bonita. Será que também achariam bonita uma mulher sapiens?

3

UM ATLETA ATARRACADO
DE PUNHOS PODEROSOS

*"Então vivia [...] uma raça de homens muito mais dura [...]
cuja estrutura era formada por ossos maiores e mais sólidos [...]."*
Lucrécio[1]

■ *Hoje, Noivo do Norte e Noiva ruiva voltaram para o clã. Foram as crianças que os viram chegar de longe, caminhando do outro lado do rio. Enquanto Noivo do Norte caminhava atento, com uma lança em cada mão e seu alforje de caça no ombro, Noiva ruiva, cingida apenas com uma pele mantida em suas ancas por uma corda de tripas, vinha curvada sob um enorme fardo que de início intrigou as crianças. Ao chegarem à grande árvore caída sobre o rio, a Noiva ruiva jogou seu fardo no chão: uma pele de urso! Então ficou algum tempo recuperando o fôlego. Suas pernas brancas e curtas estavam sujas da lama do caminho; com seu quadril largo e seu posterior robusto sustentando um tronco largo e pequeno e seus braços curtos terminados por mãos de longos dedos redondos e fortes, ela dá uma impressão de solidez. A chama ruiva de seus cabelos cinge um rosto branco. Grandes olhos verdes surgem acima de um enorme nariz arrebitado, grossos lábios e um pequeno queixo. Um rosto que atrai os olhares dos homens do clã. Noiva ruiva é uma belíssima jovem.*

Hoje podemos ter uma ideia bastante precisa da aparência física dos Neandertais. De fato, nos últimos vinte anos, o *Homo neanderthalensis* praticamente se reergueu do seu túmulo para nos revelar seu corpo e seu modo de vida.[2] É do seu corpo que falaremos agora, narrando como seu retrato falado foi sendo progressivamente elaborado à medida que se venciam preconceitos ideológicos, multiplicavam-se descobertas e novos dados importantes se tornavam acessíveis, os últimos dos quais sendo fornecidos pela paleogenética. Essa nova ciência nos ensinou que os quase-macacos evocados nas primeiras descrições de Neandertais eram na verdade homens loiros ou ruivos, de pele e olhos claros, que poderiam passar por europeus do norte.

Hoje sabemos que se um Neandertal vestido pegasse o metrô conosco, poderia até passar desapercebido. De fato, as variações morfológicas existentes no seio da espécie humana atual, com seus mais de sete bilhões de terráqueos, parecem grandes o bastante para que todas as características do corpo neandertal estejam presentes, uma aqui outra ali, em nossos corpos. Nesse sentido, todos nós já vimos um Neandertal... em partes.

Houve toda uma série de retratos falados do homem de Neandertal. O primeiro deles era grosseiramente falso, já que os trabalhadores alemães que, no dia 4 de agosto de 1856, descobriram o primeiro fóssil neandertal na pedreira de Feldhofer, situada no vale de Neandertal, acreditaram ter encontrado um urso das cavernas. É claro que eles não eram anatomistas, e o crânio era incompleto, mas dá para compreender seu equívoco: esse urso que desapareceu há 29.000 anos se distingue do urso marrom por uma anatomia craniana achatada e uma enorme borda saliente acima dos olhos. Com sua testa fugidia (inclinada para trás) e seu toro supraorbital (a "viseira" acima dos olhos), Neandertal não está longe de se parecer com um urso das cavernas, desde que se faça um esforço de imaginação. E esse não será o único erro cometido a respeito de nosso irmão neandertal. Reagindo em 1872 aos primeiros anúncios da descoberta[3], Rudolf Virchow, o maior estudioso alemão de anatomia patológica do século XIX, ficou tão impressionado pela protuberância supraorbital do crânio que pensou estar diante do esqueleto de um homem doente...[4]

Para chegar ao retrato de Neandertal tal como o representamos hoje, foi preciso dispor de um *corpus* significativo de fósseis, mas também aprimorar os métodos e os instrumentos de investigação da paleoantropologia. Como veremos, eles tornaram possível a restituição de uma parte importante do aspecto físico e também da biologia dos neandertais.

Um pretenso homem macaco

O primeiro retrato do homem de Neandertal feito de um ponto de vista evolucionista data de 1887. Apoia-se nas observações anatômicas realizadas pelo zoólogo Julien Fraipont e pelo geólogo Maximin Lohest, que descobriram, em 1886, ossos fósseis neandertais na caverna de Spy, na Bélgica.[5]

Para esses pesquisadores do século XIX, os fósseis de Spy estavam mais próximos dos Sapiens, pois "entre o homem de Spy (o Neandertal descoberto) e os macacos antropomorfos atuais existe ainda um abismo". Mesmo assim, os dois estudiosos consideravam que "o conjunto de um tão grande número de características símias só é encontrável nesses homens que pertencem à mais antiga raça humana conhecida". Em suma, Neandertal é humano, mas um humano simiesco.

O primeiro esqueleto neandertal quase completo será descoberto na França em 1908[6], em La Chapelle-aux-Saints, Corrèze. Marcelin Boule, professor de paleontologia no Museu Nacional de História Natural, o estudará e descreverá sistematicamente sua anatomia óssea. Como teria feito qualquer antropólogo de sua época, Boule começou por uma descrição anatômica precisa do esqueleto, para depois estabelecer as diferenças morfológicas que o separavam dos esqueletos de outros fósseis. Sua finalidade? Situar todas essas formas umas em relação às outras no quadro de uma história evolutiva. Esse método – a anatomia comparada – continua sendo fundamental em paleoantropologia, ainda que o exame visual direto com lupa e a tomada de medidas com régua e paquímetro tenha dado lugar a meios bem mais eficazes.

Quais foram as conclusões de Boule? "Essa cabeça impressiona em primeiro lugar por suas dimensões consideráveis, sobretudo tendo em vista a baixa estatura de seu dono. Impressiona em seguida por seu aspecto bestial ou, melhor dito, por um conjunto de características simiescas ou pitecoides. [...] O crânio de La Chapelle-aux-Saints apresenta, exagerando-as por vezes, as características das calotas cranianas de Neandertal e de Spy, de maneira que essas diversas peças ósseas, encontradas em pontos da Europa ocidental bastante distantes entre si, mas em níveis geológicos idênticos ou muito próximos, pertencem certamente a um mesmo tipo morfológico."

A pertinência de Boule é impressionante. Associando os diferentes fósseis conhecidos entre si, ele desenha em filigrana o retrato de uma espécie espalhada por toda a Europa. Contudo, para forjar suas convicções ele só dispunha de alguns fósseis encontrados num território que ia da Bélgica à Croácia. Apesar disso, não se enganou! Os numerosos fósseis neandertais descobertos de lá para cá atestam que realmente existiu uma população neandertal que ocupou toda a Europa no fim do Pleistoceno Médio (de 781.000 a 126.000 anos) e no início do Pleistoceno Superior (de 126.000 a 11.700 anos). Boule dispunha de tão poucas informações que sua clarividência científica impõe respeito.

Por outro lado, não podemos senão lamentar quando ele se entrega a uma prática muito corrente em sua época: a classificação da humanidade em "raças". Evidentemente, não bastava ter descoberto uma forma humana antiga. Não, a atividade do cientista implicava também julgá-la e classificá-la em função de seu valor biológico: "Esse tipo humano, fóssil, difere dos tipos atuais e se situa abaixo deles, pois em nenhuma raça atual se encontram reunidas as características de inferioridade, quero dizer as características pitecoides que se observam no crânio de La Chapelle-aux-Saints. [...] Morfologicamente, e na medida em que se pode julgar pela simples comparação das calotas cranianas, ele se situa exatamente entre o pitecantropo de Java e as raças atuais mais inferiores, o que, apresso-me a esclarecer, não implica necessariamente a meu ver a existência de laços genéticos diretos. É preciso observar que esse grupo humano do Pleistoceno Médio, tão primitivo do ponto de vista das características físicas, devia também, a julgar pelos dados da arqueologia pré-histórica, ser muito primitivo do ponto de vista intelectual".[7]

Além de uma profusão de preconceitos sobre o que deve ser uma espécie fóssil não humana, essa descrição do *Homo neanderthalensis* também trai de maneira gritante a visão linear da evolução que se tinha naquela época: as espécies se sucediam evoluindo progressivamente[8] rumo a uma perfeição cada vez maior, a última sendo sempre "superior" às outras... Assim, quase naturalmente, Boule situou o homem de Neandertal numa sucessão de formas que ia do "macaco ao homem", atribuindo-lhe o papel de uma forma intermediária de capacidades cognitivas inferiores às dos humanos modernos. É claro que Boule trabalhava com as ideias do seu tempo: sobre sua mesa alinhavam-se um crânio de chipanzé, o fóssil de La Chapelle-aux-Saints e o crânio de um de seus contemporâneos recentemente morto...

Uma visão ultrapassada

Essa concepção linear da história evolutiva está hoje mais que ultrapassada. O sequenciamento do DNA neandertal veio confirmar aquilo que o estudo aprofundado dos fósseis nos anos 1980 já tinha provado: que a espécie *Homo neanderthalensis* se desenvolveu paralelamente à espécie *Homo sapiens* na África. Ou seja, Neandertal é nosso irmão, descendente de uma mesma "espécie mãe", e não nosso ancestral primitivo!

Os trabalhos dos anos 1980 derrubaram outro dogma: o da origem geográfica dos Neandertais. Embora o nome *Homo neanderthalensis* o associasse à Europa, por volta dos anos 1970 a ideia de que a espécie era exclusivamente europeia nada tinha de evidente. Foi um discípulo de Boule, o grande paleontólogo francês Jean Piveteau, que teve a intuição de que os Neandertais tinham evoluído num território limitado. Piveteau estava trabalhando com fósseis pré-neandertais da região de Charente (os da caverna de La Chaise), e incentivou dois de seus alunos – Marie-Antoinette de Lumley[9] e Bernard Vandermeersch – a direcionarem sua atividade para a pesquisa da origem geográfica da linhagem neandertal. Ao fazer isso, não apenas colocou os dois pesquisadores no caminho da resolução do enigma sobre o berço dos neandertais como também mudou a vida de Silvana.

Um verão com as mãos na terra

De fato, alguns anos mais tarde, Bernard Vandermeersch tinha se tornado um professor reconhecido e estava dando um curso na Universidade Denis-Diderot, ao qual Silvana resolveu assistir. Foi o que fez dela a paleoantropóloga que se tornou. Sentada numa cadeira, ela ouvia Vandermeersch evocar com entusiasmo as escavações que estava conduzindo em dois sítios pré-históricos, um no Oriente Próximo, o outro em Charente. O sítio levantino de Jebel Qafzeh, ao lado de Nazaré, foi o que nos forneceu os mais antigos fósseis de *Homo sapiens* fora da África.[10] No segundo sítio, de Marillac-le-Franc, no departamento de Charente, foram encontrados fósseis neandertais.[11] A fala de Vandermeersch bastou para convencer Silvana, então estudante de biologia, de que os fósseis de espécies humanas ancestrais guardavam um mistério, talvez o maior dos mistérios, o da origem da humanidade. Foi assim que ela se deixou enfeitiçar pela paleontologia e seus segredos. No verão seguinte, já fazia parte da equipe de escavação de Marillac-le-Franc.

Os achados fósseis não eram frequentes, mas o que não faltava eram ideias. À noite, debaixo das arcadas romanas do convento onde a equipe estava hospedada, Silvana ouvia os cientistas mais experientes. Ali, as celebridades de passagem e os especialistas reunidos por Vandermeersch comentavam diante dos estudantes as descobertas do dia. Em voz alta, esses estudiosos formulavam hipóteses sobre o sítio, discutiam os problemas encontrados, a extensão e/ou o prosseguimento das escavações...

Essa experiência luminosa compensava a desilusão que ela vivia no canteiro... Tinha vindo fazer descobertas e resolver grandes enigmas. Em vez disso, passava o dia cavando um quadradinho de terra, no limite da zona de habitat, em que o material arqueológico era quase inexistente. Estava apenas começando a estudar paleontologia, e nada mais normal, mas a distância entre suas expectativas e a realidade do trabalho de campo era difícil de suportar!

Mas foi nesse verão que Silvana viu pela primeira vez uma coisa raríssima: ossos e dentes neandertais recém-saídos da terra. Não tinham sido achados por ela, mas por escavadores experientes, a quem tinham sido confiadas as áreas mais promissoras. Apesar de sua modéstia, esses poucos fragmentos neandertais exerceram sobre ela uma atração irresistível.

Silvana aprendeu muito em Marillac-le-Franc. A participação nas escavações era ainda mais proveitosa aos estudantes já que o grande professor que era Vandermeersch respondia a toda e qualquer pergunta de maneira sempre paciente e precisa. Banhando-se naquela atmosfera de amizade e estudo, Silvana descobriu como, a partir de ínfimas características ósseas que passam completamente desapercebidas aos olhos de qualquer não iniciado, pode-se chegar a revelações inesperadas sobre a história pessoal de um indivíduo e da população a que ele pertencia.

Aprendeu também um novo método para fazer os ossos falarem. Naquela época, a leitura de vestígios humanos, de ossos ou de dentes, por exemplo, era feita diretamente com lupas binoculares ou radiografias. Ou seja, os paleoantropólogos dos anos 1980 ainda trabalhavam como os do século XIX. Mas só aparentemente. Ao passo que, no início do século XX, Boule tirava conclusões fortes e definitivas sobre os Neandertais a partir da simples comparação entre "seu Neandertal" e um único indivíduo moderno (o crânio de homem moderno de que ele dispunha em seu escritório no museu), os pesquisadores dos anos 1980 (e de hoje!) estudavam os fósseis levando em conta a variabilidade interna própria a cada população. O estudo dos fósseis em geral e dos fósseis de neandertais em particular não era suficiente por si mesmo. Só fazia sentido em relação com o estudo de todas as formas humanas conhecidas, e em particular com a de nossa própria espécie.

Além disso, nos anos 1980, uma revolução metodológica estava em curso. Os paleoantropólogos acabavam de tomar emprestada de seus colegas zoólogos uma técnica que permitia reunir os fósseis em função das características particulares que os singularizavam, mais do que em função de suas semelhanças. Essa maneira de proceder possibilita uma caracterização muito fina dos grupos animais e foi elaborada nos anos 1950 pelo entomologista alemão Emil Hans Willi Hennig.[12]

Hennig tinha observado que, quando tentava inventariar os insetos de metamorfose completa, chegava sempre a uma classificação diferente quando se baseava nas características das larvas, das ninfas ou dos adultos. Teve então a ideia de privilegiar a história da metamorfose em vez das simples semelhanças de aspecto. Ao fazer isso, pôde reconstruir grupos (que nomeou *clados*, a partir de uma palavra grega que significava "ramo") que compartilhavam um conjunto de características comuns derivadas de um ancestral comum.

Em paleontologia, essa abordagem – a cladística – se revelou extremamente fértil, embora não possa ser usada quando se dispõe de muito poucos dados. As pesquisas sobre os Neandertais forneceram milhares de pedaços de ossos, mas menos de vinte esqueletos quase completos. Graças ao enorme trabalho de anatomia comparada realizado pelos grandes pesquisadores dos anos 1980, como M.-A. de Lumley e B. Vandermeersch, e depois por seus discípulos, as características específicas dos Neandertais são hoje bem conhecidas.

O que caracteriza um Neandertal?

Uma cabeça em forma de bola de futebol americano. Eis como se pode descrever rapidamente o crânio de um Neandertal. Um crânio construído em largura, e não em altura como o dos sapiens.

A análise cladística em paleontologia

De que *klados* és tu, velho ramo? A palavra grega *klados*, que significa "ramo", está na origem do termo *cladística*, um método que visa estabelecer os ramos da árvore de parentesco, da árvore filogenética. A análise cladística permite, portanto, proceder à classificação filogenética, ou seja, uma classificação fundada nas divisões, nos filos sucessivos (o grego antigo *phylon* significa "tribo", "raça") que constituem os diferentes ramos (clados) da árvore filogenética. Graças a essas divisões, classificamos os seres vivos de acordo com suas relações de parentesco numa lógica evolucionista.

Um paleoantropólogo que utiliza essa técnica começa por definir as características específicas de um grupo de fósseis. Procura então essas características nas formas fósseis mais antigas, a fim de apreender seu enraizamento cronológico. A análise dos fósseis neandertais permitiu assim demonstrar que nosso irmão neandertal compartilha um conjunto de características conosco. Em seu jargão, os paleontólogos denominam as características já presentes num ancestral comum como "características primitivas partilhadas". É o caso dos traços ligados à robustez geral do esqueleto e do crânio. Assim, a grande espessura óssea das paredes cranianas se encontra tanto em todos os fósseis arcaicos africanos (*H. ergaster, H. heidelbergensis*) e asiáticos (*H. erectus*) quanto nos Neandertais e nos fósseis mais antigos do *H. sapiens*. Já as características comuns a duas espécies, mas ausentes no ancestral comum, são chamadas de "características derivadas partilhadas", o que é o caso, por exemplo, da grande capacidade craniana presente tanto nos Neandertais quanto nos Sapiens.

Por definição, nem as características primitivas partilhadas nem as características derivadas partilhadas permitem identificar uma ramificação na árvore filogenética. Por isso, elas são inúteis para os paleontólogos que buscam definir uma espécie. Só as "características derivadas únicas" de um grupo permitem identificar uma virada na evolução.

Se você descobrir numa caverna um crânio humano com um queixo ósseo, você pode estar certo de ter encontrado um fóssil de *Homo sapiens*. De fato, nenhum Neandertal, Heidelberguiano, bem como nenhum fóssil asiático ou africano antigo possui queixo ósseo. Trata-se de uma "característica derivada única" do *Homo sapiens*.

De fato, os Neandertais carregam sua característica específica mais marcante no rosto e no crânio: vista de perfil, a cabeça neandertal é estranha, alongada para trás e para a frente. Esse alongamento se traduz na altura do nariz por um esticamento do rosto para a frente. Em seu jargão, os antropólogos chamam essa particularidade de "prognatismo hemifacial", para distingui-lo do prognatismo simples (literalmente "mandíbula projetada para a frente") que pode ser encontrado em alguns Sapiens que possuem uma saliência na altura dos maxilares e dos dentes superiores e inferiores.

Outro traço do rosto que chamaria sua atenção se cruzasse com um Neandertal: suas arcadas supraciliares. Elas são unidas e formam uma protuberância óssea que parece uma viseira (a comparação foi inventada por Marcellin Boule e permanece até hoje na linguagem dos paleontólogos).

Comparativamente, Neandertal possui um rosto mais estreito que o nosso, dado o volume do seu crânio. Essa estreiteza é acentuada por maçãs do rosto pouco proeminentes, já que os ossos zigomáticos, essas arcadas ósseas que estão na origem das maçãs, estão justamente em posição lateral, enquanto no Sapiens se encontram em posição frontal, o que explica nosso rosto relativamente largo. A necessidade de alojar dentes volumosos com longas raízes também produziu no Neandertal um grande espaço entre a boca e o nariz.

Se tivesse um Neandertal à sua frente, na certa você sentiria que uma grande força deve se desprender de seu rosto estreito e afocinhado. A enormidade dos olhos alojados sob um anteparo ósseo nos perturbaria (Boule leu aí sinais manifestos de inferioridade). Todas as reconstituições fisiologicamente corretas produzidas pelos museus ou em filmes mostram indivíduos dotados de grandes proeminências nasais. É que a ampla e volumosa abertura nasal sugere um nariz largo.

Será que os Neandertais mascavam chiclete demais?

De onde vem esse rosto bizarro? Essas estruturas ósseas surpreendentes, a protuberância supraorbital, por exemplo, terão sido selecionadas pelas condições de vida dos Neandertais ou por seu modo de vida? Essa questão é intensamente debatida há mais de um século, e desde o início uma ideia se colocou: e se a morfologia afocinhada do rosto se devesse a um fenômeno mecânico? E se Neandertal tivesse passado tanto tempo mastigando, por razões não só alimentares, que com o passar das gerações sua estrutura óssea acabou se modificando?

No homem moderno há exemplos desse tipo de pressão seletiva biocultural. Assim como existem pressões seletivas ligadas ao meio ambiente (uma mudança na vegetação obrigará uma espécie a mudar de regime alimentar, por exemplo), a cultura também pode exercer uma forma de pressão sobre a evolução de uma espécie. Assim, sabe-se que 90% dos membros da "civilização da vaca", que são os habitantes originários da Europa temperada e nórdica, digerem a lactose, o principal açúcar do leite de vaca, ao passo que apenas 50% dos europeus mediterrâneos (que fazem parte da "civilização da cabra") conseguem digeri-lo – e apenas 10% dos chineses. Esses números se explicam pelo fato de que, desde a chegada dos primeiros camponeses acompanhados de vacas na Europa, 8.000 anos atrás (no Neolítico), o consumo constante de laticínios – uma pressão seletiva cultural – selecionou entre os habitantes da Europa temperada genes que garantem a persistência por toda a vida da lactase, a enzima que torna possível a digestão da lactose.

Muitos pesquisadores acham que o homem de Neandertal teria sido produzido por esse tipo de mecanismo: teria adquirido esse cabeção de tanto mastigar![13]

Figura 3-2: O corpo neandertal era robusto e atarracado, com uma altura média de 1,65 metros.

A ideia vem de uma comparação realizada entre o desgaste dental observado nos neandertais e o de certos povos caçadores-coletores atuais, como os inuítes. Os exploradores que estiveram em contato com essa população ártica fizeram relatos surpreendentes sobre o trabalho de preparação das peles. As mulheres eram incumbidas dessa tarefa ingrata. Depois de ter retirado a gordura e secado a pele, elas mastigavam o couro por muito tempo, a ponto de perder os dentes.

No entanto, alguns fósseis neandertais[14] exibem justamente o mesmo tipo de desgaste dental. Daí a hipótese de que os Neandertais tenham utilizado intensamente a boca para outros fins além do alimentar. Seus dentes da frente teriam constituído uma espécie de "terceira mão", e essa "mão dentada" teria sido "puxada" para a frente com o passar do tempo pelo uso intenso que os Neandertais faziam dela. Essa hipótese sedutora sempre volta nas pesquisas, mas nunca foi verdadeiramente demonstrada.

Seja como for, ainda que as características neandertais tenham sido originalmente selecionadas por certa maneira de viver, o fato é que se inscreveram no patrimônio genético. A reconstituição da forma do crânio e do rosto de recém-nascidos a partir de um scanner 3D de ossos cranianos isolados provou que os traços neandertais (a forma das órbitas, a projeção do rosto, a forma e o tamanho relativo do nariz assim como a forma do corpo...) estavam presentes desde o início da vida.[15]

Baixinhos atarracados e fortes

O que nos impressionaria em presença de uma Neandertal ou de um Neandertal seria seu aspecto de homem-barril, baixinho e atarracado. Além disso, apesar de alturas modestas – tipicamente entre 1,60 e 1,65 metros –, teríamos a impressão de uma grande força, em parte por causa da largura excepcional de seus corpos. Essa força física se encontra também no conjunto dos ossos: a clavícula é longa; a omoplata, larga; mais para cônica, a caixa torácica é feita de costelas robustas e largas. Esse tronco maciço se prolonga por uma bacia, ela também larga, mas dotada de um púbis longo e mais gracioso que o de Sapiens. É claro que nem todos os Sapiens são altos, porém, mesmo os pigmeus parecem longilíneos quando comparados aos Neandertais, dada sua caixa torácica encimada por uma clavícula curta, uma omoplata menos larga e uma bacia mais estreita. Os homens e mulheres neandertais eram dotados ainda de pernas e braços tão fortes quanto curtos.

Neandertal, um atleta superproteinado?

Uma pesquisa de 2016[16] oferece uma explicação curiosa para a forma alargada (dita em barril) da caixa torácica e para a largura da bacia neandertal. Essas características seriam devidas ao tamanho do fígado neandertal, ou seja, do órgão responsável pela metabolização em energia das proteínas. Isso não passa de uma hipótese, mas é fato que os Neandertais comiam (e precisavam comer para sobreviver) quantidades tão fenomenais de proteínas e de gorduras que teria sido necessário um dispositivo hepático (o fígado) e renal (a bexiga e os rins) de grande capacidade, a fim de poder eliminar as grandes quantidades de ureia oriundas da degradação das proteínas (tóxicas para o organismo). Quando consome um bife, um humano transforma em energia no máximo 30% das proteínas contidas na carne. Em nosso irmão pré-histórico, o metabolismo teria evoluído de forma a permitir ao fígado digerir uma quantidade maior de proteínas necessárias à produção de energia, sobretudo nos períodos glaciais, quando havia pouca gordura e os hidratos de carbono (os açúcares) eram raros. Sendo assim, a caixa torácica teria aumentado de tamanho para que o fígado pudesse se hipertrofiar, e a bacia neandertal teria se alargado também para dar espaço à bexiga e aos rins.

Além disso, os Neandertais deviam se deslocar muito para encontrar o alimento e as matérias-primas de seus utensílios. Sem um corpo sólido de músculos fortes, isso não teria sido possível. A arquitetura do corpo neandertal assim como a grande espessura dos ossos traduzem essa necessária resistência física. Sua estrutura forte e atarracada era coberta de músculos cuja pujança pode ser lida nas inserções musculares (os pontos de articulação dos músculos) particularmente marcadas. Basta contar as inserções dos deltoides, esses músculos que unem as omoplatas aos braços, em número de três (nós temos apenas dois) para nos darmos conta de que os Neandertais podiam usar seus braços com maior amplitude que seus irmãos sapiens e com uma força titânica que lhes servia para puxar (descarnar, raspar), empurrar (jogar uma lança, enfiar uma vara), carregar (transportar cargas, levantar) ou trabalhar (talhar a madeira e a pedra, esfregar uma pele).[17]

Mãos de Alien

De resto, as raras anedotas de caça possíveis de serem reconstituídas – nós as contaremos no capítulo 5 quando evocarmos a caça neandertal – bastarão para nos convencer da necessidade de ser forte para permanecer um Neandertal vivo; elas nos mostrarão também que mãos extremamente aptas à força, à preensão e provavelmente à habilidade deviam permitir aos neandertais espetaculares proezas atléticas. Maciças, largas e fortes, as mãos neandertais eram sustentadas por articulações espessas. As mãos e os pés eram movidos por músculos flexores cuja força pode ser avaliada pelo tamanho de suas articulações; também eram dotados de uma liberdade de movimento dos dedos provavelmente superior à nossa, especialmente os anulares e os mindinhos, que os Neandertais podiam flexionar mais que os Sapiens.

Outra fonte de estranhamento, a última falange do polegar neandertal era tão longa quanto a primeira, o que significa que a pinça manual neandertal podia apertar bem mais que a nossa. Se tivesse um amigo neandertal, na certa você evitaria brincar com ele de quem aperta mais a mão do outro... Embora a significação funcional das características do corpo e da mão neandertais continue sendo parcialmente enigmática, está claro que elas existiram porque favoreciam a sobrevivência dos Neandertais em seu ambiente.

A pele, os cabelos e os olhos claros

Nos últimos anos, a contribuição da genética para a caracterização de Neandertal tem sido enorme. Graças a ela, nossos conhecimentos sobre a biologia neandertal progridem numa velocidade alucinante. Para demonstrar isso, evocaremos algumas das etapas importantes da história recente da genética humana. Em 2004 foi concluído o primeiro sequenciamento da totalidade do genoma sapiens, mas por compilação dos DNAs de vários indivíduos. Só três anos depois é que o primeiro sequenciamento completo do genoma de um único indivíduo foi publicado![18] Contudo, os primeiros estudos genéticos sobre Neandertais tinham começado bem antes, uma vez que, já em 1997[19], por meio de técnicas ainda incipientes, a equipe de Svante Pääbo, do Instituto Max Planck de Leipzig, sequenciou um curto fragmento do DNA do Neandertal de... Neandertal (o fóssil encontrado em 1856 em Neandertal). Essa primeira investida e as que se seguiram nesses vinte anos resultaram na elaboração de uma técnica de sequenciamento completo do genoma neandertal individual ao longo dos anos 2010. Esse enorme avanço logo trouxe informações capitais sobre nosso irmão europeu (já que os Sapiens da Europa são imigrantes recentes!), tanto sobre o DNA mitocondrial[20] (DNAmt, contido nas mitocôndrias) quanto sobre o DNA nuclear (DNAn, contido no núcleo da célula) [*cf.* box p. 61], transformando a paleoantropologia numa verdadeira paleobiologia.

Hoje, as sequências do DNA nuclear de três Neandertais[21] são conhecidas: as de um indivíduo de El Sidrón, na Espanha, outro de Vindija, na Croácia, e outro ainda de Denisova, na Sibéria meridional. Os indivíduos correspondentes viveram entre 44.000 e 55.000 anos atrás. Graças à comparação com o genoma sapiens, pouco menos de uma centena de genes próprios aos Neandertais foi identificada no genoma Neandertal; são implicados no metabolismo, na pele, no esqueleto e no desenvolvimento cognitivo. Na maior parte dos casos, ignora-se ainda como essas singularidades genéticas se traduziam na fisiologia dos Neandertais, mas a pesquisa está progredindo e já conhecemos os efeitos de alguns genes especificamente neandertais.

No homem moderno, o gene *runx 2* é patológico. Acarreta anomalias no desenvolvimento esquelético, especialmente clavículas disformes e uma caixa torácica em forma de sino. Assim, podemos relacionar a descoberta desse gene no homem de Neandertal[22] com sua caixa torácica "em barril" e suas clavículas de forma tão particular.

A partir daí, devemos considerar que esse gene, nefasto para nós, pode ter sido selecionado para abrigar nos neandertais um fígado hipertrofiado, uma bexiga ampla e grandes rins (a forma da clavícula sendo apenas um efeito colateral dessa seleção)? No mínimo, podemos formular a questão.

O genoma neandertal contém também genes que codificam proteínas importantes para a cicatrização das feridas. Devemos deduzir daí que os Neandertais se feriam com frequência e dispunham de um eficiente sistema de "reparação", talvez melhor que o nosso? A pergunta continua aberta (*cf.* capítulo 5).

Um outro exemplo de gene neandertal identificado – o gene *thada* – está associado em nós à diabetes de tipo 2. Por que o Neandertal possuía um gene responsável por uma doença ligada ao açúcar? Será que era esse gene que lhe conferia, ao menos em parte, seu metabolismo de atleta, de "homem do frio"? E como ficamos nós Sapiens nessa história? Teríamos herdado esse gene dos Neandertais, já que, como veremos, eles estão entre nossos ancestrais? Em outras palavras, Neandertal terá influenciado nosso metabolismo? Não é impossível que ele seja corresponsável por doenças como a diabetes, que se deve a nossa excessiva apetência (culturalmente também!) pelos açúcares (sob todas as suas formas: cereais e doces diversos).

Além disso, suspeita-se que outros genes descobertos no genoma de Neandertal estejam ligados à regulação do comportamento. Algumas variantes desses genes parecem associadas a perturbações como a hiperatividade, a agressividade, o autismo e a síndrome de Gilles de La Tourette (uma perturbação neurológica hereditária caracterizada por tiques motores e vocais). É possível, portanto, que suas mutações tenham influenciado o comportamento dos Neandertais. Contudo, mesmo que seja o caso, a natureza dessa influência não é conhecida: não se sabe, por exemplo, se eles aumentavam ou diminuíam seu nível de atividade ou de agressividade. Esses aspectos merecem pesquisas que ainda não foram feitas.

Voltemos ao físico de nosso irmão neandertal. Um gene nuclear particularmente estudado é o *mc1r*. Ele codifica uma proteína que desempenha o papel de receptor membranáceo nas células que se carregam de pigmentos (o vermelho-amarelo da feomelanina e o preto-marrom da eumelanina). Sabemos que as pessoas que trazem mutações que inibem esse receptor tendem a ter os cabelos ruivos, a pele clara e os olhos claros. Contudo, tais mutações (uma variante desconhecida em Sapiens), foram detectadas num Neandertal da Espanha (El Sidrón) e num outro da Itália (Monti Lessini 1).[23] Parece, pois, que os neandertais deviam ter a pele clara e que alguns deles eram ruivos como o *Cabeça de Cenoura* de Jules Renard.

Como os paleoantropólogos já observaram há muito tempo, as condições climáticas europeias selecionaram todos esses traços nos Neandertais. As peles claras captam melhor os raios do sol, que são indispensáveis para a síntese na pele da vitamina D, tão importante para a saúde óssea.

Vamos terminar esse giro pela paleogenética neandertal com um curioso resultado, proveniente do estudo do gene *tas2r38*.[24] No homem moderno, esse gene codifica proteínas destinadas à superfície da língua, porque desempenham uma função gustativa. Elas permitem detectar a feniltiocarbamida, um composto amargo presente em diversas plantas (por exemplo, o espinafre e a couve de Bruxelas), assim como outras substâncias análogas que influenciam o sabor. Essa capacidade de reconhecimento das substâncias vegetais amargas é evidentemente importante para os membros de uma população de caçadores-coletores. Todavia, descobriu-se no espécime Neandertal espanhol sequenciado (El Sidrón) as duas variantes desse gene conhecidas no homem: a variante do "saboreador" (que detecta a feniltiocarbamida e não a aprecia) e a do "não saboreador" (que é insensível a ela). Ao que tudo indica, alguns Neandertais gostavam de plantas amargas – e outros não...

Os dois tipos de DNA

Uma célula humana contém dois tipos de ácido desoxirribonucleico, isto é, DNA: o DNA nuclear e o DNA mitocondrial. Este último foi o primeiro a ser sequenciado no homem de Neandertal. Por quê? Simplesmente porque é mais fácil encontrar DNA mitocondrial em restos fósseis, já que em cada célula existem milhares de exemplares desse DNA nas mitocôndrias, essas pequenas organelas responsáveis pelo transporte de energia metabólica para a célula. Em compensação, só existe na célula um único núcleo que contém um único exemplar de DNA celular, embora este seja bem maior que um exemplar de DNA mitocondrial. Uma fita deste último contém cerca de 16.000 nucleotídeos (adenina, citosina, guanina ou timina, as quatro bases que podem entrar na composição dos ácidos desoxirribonucleicos), enquanto o DNA nuclear conta com cerca de três bilhões. Cada indivíduo recebe suas mitocôndrias da mãe, de maneira que o DNA mitocondrial só é transmitido pelas mulheres, sem recombinação como acontece com o DNA nuclear. Isso simplifica os cálculos de distâncias genéticas. No primeiro estudo realizado sobre o DNA neandertal, uma sequência de apenas 379 bases foi sequenciada, mas já foi o suficiente para demonstrar que o DNA mitocondrial dos Neandertais era diferente do dos Sapiens contemporâneos, sejam eles europeus, africanos, ameríndios ou asiáticos. Esses resultados foram confirmados pelo sequenciamento completo do DNA mitocondrial de vários fósseis neandertais (Vindija Feldhofer 1 e 2, Vindija 33, Mezmaiskaya, El Sidrón 1253, publicado em 2008 e 2009). No que diz respeito a seu DNA mitocondrial, os Neandertais se revelam bem mais próximos entre si do que são de nós. Constituem, portanto, uma espécie irmã da nossa. Nossos irmãos no sentido genético do termo, poderíamos dizer...

Figura 4-1: Os Neandertais Noivo do Norte e Tio forte na caça à lebre das neves.

4
NEANDERTAL: UM CORPO ADAPTADO AO FRIO?

"Em biologia, nada tem sentido, exceto à luz da evolução."
Theodosius Dobzhansky[1]

■ *Já faz uma estação que Noivo do Norte se juntou ao clã do urso. Teve tempo de conhecer todas as moças do clã e mesmo algumas mulheres, mas é com Noiva ruiva que ele mais gosta de se deitar debaixo da pele do urso que matou no inverno anterior. Nesse entretempo, Noiva ruiva tratou e mastigou tanto essa pele que ela se tornou um magnífico cobertor maleável e quente. Quando Noiva ruiva o convida para se abrigar ali, ele sabe que não vai passar frio...*

Hoje, Tio forte decidiu que caçariam lebres das neves, por isso Noivo do Norte saiu cedo do quentinho do cobertor. De pé na soleira glacial da caverna, ele espera que Noiva ruiva tenha terminado de fixar placas de cortiça de bétula em suas botas. Como ele já a ajudou a se equipar, quando ela termina, os dois se põem a contemplar a planície coberta de neve. Mais uma vez, ela é a primeira a encontrar os rastros deixados à noite pelas lebres...

Neandertal atravessou três períodos glaciais. Durante uma boa parte de sua existência, viveu em estepes congeladas ou ao menos cobertas de neve (*cf.* figuras do capítulo 1). Como ele se adaptou a isso? Enfrentava os grandes frios vestido de peles? Tinha a habilidade de confeccionar roupas costuradas e forradas, ou preferia resistir ao frio untando o corpo com gordura animal e usando apenas uma pele nas costas, técnica empregada, por exemplo, por alguns dos antigos habitantes da Terra do Fogo? Será também que os Neandertais caçavam qualquer que fosse o tempo? Quando vinha a nevasca, ficavam em seus abrigos, encolhidos uns junto aos outros no quentinho (maneira de dizer) ou de preferência no fundo temperado mas úmido de uma grota, como talvez fosse o caso na caverna de Bruniquel[2] há 180.000 anos?

Ignoramos as respostas a todas essas perguntas, mas o que podemos constatar nos fósseis é que o *H. neanderthalensis* tinha um corpo muito bem adaptado ao frio, comparável em muitos aspectos ao corpo pequeno e atarracado dos inuítes... O primeiro paleoantropólogo a associar a evolução dos Neandertais ao clima foi Francis Clark Howell. Em 1951, quando tinha apenas 26 anos, aquele que se tornaria um dos mais respeitados pré-historiadores dos Estados Unidos, escreveu um artigo tentando compreender a evolução anatômica dessa população a partir dos climas e das condições ambientais que ela conheceu.[3] F. C. Howell – que a comunidade científica chama simplesmente de Clark – procurou uma explicação simples e geral para as características neandertais. Para tanto, postulou que, se uma população sobrevive, é porque se adaptou ou está se adaptando ao seu meio ambiente. Traduziu assim diretamente um dos princípios da teoria da evolução: as mudanças lentas – as que se efetuam em escala geológica – selecionam traços biológicos nas populações que passam por elas. Como o clima muda de uma região da Terra para outra, essa seleção faz com que os indivíduos se adaptem fisiologicamente aos climas em que vivem. Clark salienta em seu texto que a península eurasiática conhecida como Europa constitui um ambiente singular, que possui um clima particular, e que isso deve ter desempenhado um papel na seleção que está na origem do corpo neandertal.

Depois do artigo pioneiro de Clark, muitos pesquisadores consideraram os traços anatômicos neandertais a partir de um novo ângulo: seriam eles o resultado de uma adaptação ao frio? Unicamente isso? Os estudos realizados sobre populações atuais que vivem em climas extremos os ajudaram a responder a essa pergunta. Eles demonstram que o corpo humano é sensível ao clima e se adapta a ele. Assim, as adaptações à temperatura (ser mais longilíneo ou mais compacto), às radiações solares (ter a pele mais ou menos escura) e à altitude (os aymaras, quéchuas dos planaltos bolivianos, ou os urus da fronteira Bolívia/Peru têm mais glóbulos vermelhos) estão hoje bem identificadas.

No que diz respeito aos Neandertais, foram especialmente as relações existentes entre as proporções corporais e a adaptação ao frio que interessaram os pesquisadores. Logicamente, eles se voltaram para as primeiras pesquisas em biologia consagradas à morfologia dos organismos homeotermos – com temperatura interna constante – realizadas na segunda metade do século XIX.[4] Seus autores foram o biólogo alemão Carl Bergmann e o zoólogo britânico Asaph Joel Allen. Os dois estabeleceram regras empíricas – conhecidas como as regras de Bergmann e de Allen – que sintetizam os efeitos sobre o corpo da adaptação ao ambiente.

Da foca à girafa, passando pelas orelhas do elefante

A regra de Bergmann diz que os mamíferos que vivem numa região fria tendem, tendo igual tamanho, a ter massas corporais mais elevadas que seus congêneres das regiões quentes. Assim, os javalis siberianos são geralmente mais pesados que os porcos selvagens provençais. Já Allen constatou que os animais tendem a ter extremidades mais longas nos climas quentes e mais curtas nos climas frios.

Naturalmente, as regras de Bergmann e de Allen também se aplicam a esses mamíferos que são os humanos. Essa realidade é, por exemplo, muito bem ilustrada pelo forte contraste entre o corpo grande, seco e longilíneo dos Massais (uma etnia queniana e tanzaniana) e o corpo curto e atarracado dos inuítes (etnia ártica). Enquanto aqueles vivem e caçam o antílope em temperaturas que costumam variar de 30 a 40 °C, os últimos perseguem a foca em temperaturas entre -10 e -20 °C...

A origem dessas regras é física: a relação superfície/volume de um animal mais compacto (mais esférico) é de fato inferior à de um animal longilíneo (menos esférico): de todas as formas geométricas, a esfera é a que tem menor relação superfície/volume. Contudo, todo corpo perde seu calor interno ao mesmo tempo por condução (ao contato do ar, por exemplo) e por irradiação (sobretudo infravermelha). Quando o corpo de um ser humano se encontra numa atmosfera fria, produzem-se perdas por irradiação que são, por sua vez, proporcionais à diferença entre a temperatura superficial do corpo (alguns graus inferior à temperatura interna) e a temperatura exterior e à extensão da superfície corporal. Essas perdas são também proporcionais à quantidade de calor corporal produzida, que, entre os organismos homeotermos (à temperatura interna constante) que somos é proporcional à massa corporal. Consequentemente, a relação "calor produzido/calor dissipado" de um corpo compacto e volumoso é mais elevada que a de um corpo alongado e fino.

Num clima frio, quanto maior a superfície exposta, maior a perda de calor interno, já que a temperatura interna do corpo e, portanto, também sua temperatura de superfície, é superior à temperatura ambiente. Uma superfície de troca menor devida a um corpo mais maciço (regra de Bergmann) reduz assim a perda de calor, e esta se torna ainda menor se, além de se ter um corpo maciço, também se tem membros curtos (regra de Allen). É por isso que as focas são como são: vivendo na água fria, mais vale um corpo compacto e com membros curtos.

Num clima quente, a lógica se inverte: a superfície corporal maior de um corpo longilíneo permite dispersar melhor o calor (regra de

Bergmann), dado que o fluxo de saída do calor é menor por haver pouca diferença de temperatura entre o ar ambiente e o interior do corpo. A dispersão de calor torna-se ainda mais eficiente se o corpo conta com membros longos (regra de Allen), como é o caso da girafa. As grandes orelhas do elefante e a silhueta alongada dos Massais são também boas ilustrações desse fenômeno.

Humano x foca = Neandertal

Como dissemos no capítulo anterior, os Neandertais eram baixinhos e atarracados (*cf.* figura 2-3). Desde 1887, o reduzido comprimento de seus membros despertou a atenção dos pesquisadores que estudavam os Neandertais belgas de Spy.[5] Contudo, teremos de esperar até 1981 para que seja feito um estudo aprofundado da questão.[6] Para avaliar as proporções corporais relativas, seus autores calcularam os índices crural e braquial, ou seja, a relação perna/coxa e a relação antebraço/braço. Nos Neandertais, os baixos valores desses índices provam que suas pernas e seus antebraços eram curtos em relação à coxa e ao braço. Na verdade, esses valores os situam na extremidade inferior do intervalo de variação dos mesmos índices entre os Sapiens, o que torna os Neandertais comparáveis aos inuítes e aos lapões, isto é, a duas etnias sapiens boreais.

Não resta dúvida, os neandertais realmente foram uma população adaptada ao frio, de corpos maciços e membros curtos.[7] E os europeus dos tempos modernos, como se situam nessa escala? Na maioria dos casos, têm uma silhueta mais longilínea e membros longos. Ou seja, corpos de homens tropicais... Está aí a prova de que eles vêm da África!

Depois dessa primeira análise, outros estudos mais elaborados foram feitos sobre as proporções da anatomia neandertal. Todos apontam na mesma direção. A adaptação dos Neandertais ao frio também pode ser reconhecida pelo fato de que sua cabeça femoral é mais larga, em relação ao comprimento do fêmur, do que nos outros grupos humanos estudados, atuais ou fósseis. Em outras palavras, Neandertal tinha as pernas curtas em relação ao corpo. Também se comparou o comprimento de suas pernas com o de seu tronco, tendo-se depois relacionado os resultados com os das populações europeias, norte-africanas, subsaarianas e inuíte.[8] Todas essas observações confirmam que os Neandertais eram mais atarracados que a média dos Sapiens. Uma palavra técnica usada pelos paleoantropólogos resume a situação: os Neandertais eram hiperpolares, assim como os inuítes e os lapões.

Evidentemente, nem todos os Neandertais viveram sempre num meio glacial. Por terem ocupado uma zona mais temperada, por exemplo, os Neandertais que viveram no Oriente Próximo eram dotados de uma conformação menos hiperboreal (menos adaptada ao frio) que a de seus primos da Europa. Pode-se ver isso nos fósseis, que, nessa região, costumam estar mais bem conservados graças a uma tradição cultural neandertal local: as sepulturas (voltaremos a falar disso no capítulo 8). No entanto, uma coisa é clara: uma vez adquiridas, as características selecionadas durante os períodos frios – quando não glaciais – persistiram através dos períodos interglaciais e foram transmitidas às gerações seguintes, ainda que essas não enfrentassem mais temperaturas tão baixas.

Uma climatização no rosto?

E quanto à cabeça em forma de bola de futebol americano? Lembre-se, Neandertal possui uma cabeça alongada, dotada de uma grande barra óssea, acima dos olhos, chamada de toro supraorbital, e de um enorme nariz. Serão essas particularidades também elas fruto de uma adaptação ao frio? O tamanho da cavidade nasal dos fósseis neandertais logo despertou a atenção dos cientistas. Em 1962, numa obra muito controversa intitulada *A origem das raças,* o antropólogo norte-americano Carleton Stevens Coon propôs esta hipótese: a forma do nariz neandertal teria ajudado a aquecer e umidificar o ar inalado.[9]

Ao longo da evolução, a cavidade nasal dos Neandertais teria portanto se ampliado, aquecendo mais o ar ambiente e protegendo melhor o cérebro do frio.

Essa hipótese era desacreditada ainda recentemente, pois o fato de possuir um nariz achatado parece estar longe de ser uma vantagem na luta contra o frio em várias populações humanas atuais. Os inuítes, por exemplo, são dotados de aberturas nasais longas e estreitas, ao passo que habitantes de climas quentes, especialmente na África subsaariana, costumam ter narizes largos e achatados. Só em 2014 um estudo resolveu essa questão. Ele reuniu paleoantropólogos do Museu Americano de História Natural e otorrinolaringologistas do Centro Médico SUNY de Nova York.[10]

Depois de ter escaneado o interior das vias nasais de Neandertais e de alguns de nossos contemporâneos, essa equipe nova-iorquina chegou à conclusão de que o sistema respiratório dos Neandertais difere do sistema dos Sapiens, o que explica por que algumas de suas características, como a largura das fossas nasais, evolui de maneira diferente nas duas espécies. A pesquisa apontou que o nariz de nosso irmão pré-histórico, longe de ser um aquecedor para o cérebro, permaneceu um nariz africano! Sua morfologia particularmente larga se encontra aliás nos fósseis dos Heidelberguianos de Petralona, na Grécia, e de Kabwe, no Zimbábue, mas não nos Sapiens eurasianos. Mais do que seus irmãos neandertais, parecem ter sido esses últimos que adaptaram sua morfologia nasal às condições climáticas do Norte. É por isso que hoje um inuíte pode passear no clima ártico com um nariz de Cleópatra, enquanto os Neandertais tinham, em vez disso, narigões tropicais num clima glacial.

Até agora, a grande quantidade de pequenos forames (buraquinhos) presente na face neandertal indica outro tipo de adaptação ao frio: a existência nos ossos e nas carnes do rosto de numerosos vasos sanguíneos. Esta é, sem dúvida, uma arma contra o frio, provavelmente específica dos Neandertais.

Os sínus neandertais despertaram a mesma atenção, pois neles essas cavidades cheias de ar contidas nos ossos cranianos (especialmente na face e na testa) são incrivelmente volumosas: dizemos "em couve-flor". Foi Emmanuel Vlček, um brilhante pesquisador da Universidade de Praga, o primeiro a formular, em 1965, uma hipótese para explicar isso: os sínus neandertais teriam um efeito isolante, já que, de fato, o calor e o frio são transmitidos com menos facilidade pelo ar do que por uma massa sólida como a carne ou o osso.[11] Mas essa interpretação interessante será contradita dez anos depois pelas medidas tiradas a partir de radiografias de crânios de aborígenes australianos, inuítes e europeus.[12] Revelou-se então que os inuítes quase nunca têm sínus frontais! Essa conclusão foi recentemente confirmada por um estudo anatômico mais preciso feito com imagens tridimensionais.[13] Se os inuítes não têm esses sínus, fica difícil concluir que os sínus neandertais tinham uma função isolante. Qual era a vantagem de tê-los tão grandes então? Para tornar mais leve o crânio de parede espessa dos neandertais? O enigma permanece...

Quando Neandertal desenvolveu suas defesas contra o frio?

Tendo em vista o pequeno número de esqueletos neandertais de que dispomos, parece difícil *a priori* dizer quando as características de adaptação ao frio apareceram, ainda mais que elas podem ter surgido por outras razões além do clima: o isolamento geográfico da Europa e a deriva genética que ele pôde acarretar (evocada no capítulo 2). Seja como for, temos certeza de que todos os traços possivelmente ligados a uma adaptação ao frio estavam presentes há 70.000 anos, pois, curiosamente, alguns clãs neandertais começaram então a sepultar seus mortos, de modo que dispomos de esqueletos completos dessa época. Em contrapartida, seus ancestrais longínquos, os Heidelberguianos (entre 621.000 e 478.000 anos atrás), só nos legaram ossos isolados. Felizmente, eles bastam para concluir que esses ancestrais dos Neandertais tinham tamanhos e comprimentos de membros bem superiores aos de seus descendentes (capítulo 2). Podemos assim ao menos aventar que a adaptação dos Neandertais ao frio se deu de 478.000 anos para cá durante um período glacial. Qual? Infelizmente, temos tão poucos dados fósseis datados das eras glaciais que ignoramos se foram realmente os períodos frios (e quais) que provocaram a adaptação dos neandertais ao frio.

Pelo menos com os métodos tradicionais de estudo! Surgida nos últimos vinte anos, uma nova ciência pode nos dizer mais: a paleogenética. O que ela nos ensina a respeito do frio? A mesma coisa que sugerem os estudos anatômicos: os Neandertais tardios cujo genoma foi sequenciado de fato possuíam genes de adaptação ao frio. Esses genes, que controlam as anastomoses arteriovenosas (as conexões artéria-veia por meio de uma rede capilar), têm influência sobre a maneira como o calor interno é conservado dentro do corpo, sobre a pele e sobre o metabolismo das gorduras. Hoje, esses genes são observados nas populações humanas atuais que vivem fora da África. Todavia, os cálculos genéticos demonstraram que mais de 20% do genoma neandertal sobrevive no DNA de nossos contemporâneos, ainda que cada eurasiano – por "eurasiano" entendemos aqui um habitante da Eurásia – tenha apenas de 1 a 3% desses genes.[14] Encontram-se nesse metagenoma genes que participam do metabolismo dos lipídios que favorecem a estocagem de gorduras, o que é vantajoso quando se leva uma vida ativa num clima frio. Esses estudos genéticos sugerem que, quando se hibridou com Sapiens, Neandertal deu aos Sapiens eurasianos genes que facilitavam a adaptação ao frio do clima europeu.

Assim, talvez tenha sido a mistura entre as espécies irmãs que eram o *H. neanderthalensis* e o *H. sapiens* que acelerou a penetração de nossa espécie no norte do planeta? A ajuda também pode ter sido cultural. Ao ter contato com eles, os Sapiens devem ter aprendido dos Neandertais várias técnicas de sobrevivência no frio.

Se Sapiens conquistou a Terra em menos de cinquenta mil anos, talvez tenha sido em parte por que seu irmão neandertal o ajudou a encarar o frio.

Neandertais refugiados no extremo Norte da Ásia?

Em 2007, Ludovic Slimak, pesquisador do CNRS e da Universidade de Toulouse, aceita o convite de um colega russo. Pavel Pavlov lhe pede para ir estudar em seu laboratório os utensílios de pedra encontrados em diversos sítios pré-históricos da República de Komi. Ao chegar lá, qual não é a surpresa de Slimak ao descobrir na coleção utensílios típicos da indústria "musteriense", ou seja, da indústria praticada pelos Neandertais! Esses 313 sílex, comportando sobretudo bifaces e raspadores (feitos de estilhaços) modelados com a técnica dita Levallois, foram encontrados no sítio de Byzovaya. Acontece que esse local se encontra a 1.000 quilômetros mais ao norte que o mais setentrional dos sítios neandertais conhecidos até então; e, ainda hoje, nessa região situada logo abaixo do círculo polar, temperaturas de -40 °C se mantêm por vários meses durante o inverno.

Os pré-historiadores foram então visitar o local e descobriram um habitat antigo à beira do Pechora, um grande rio que corre para o norte. Ali encontram também ossadas de animais, na maioria mamutes, alguns com indícios de terem sido cortados. A passagem por um lugar assim de caçadores que praticavam a cultura material musteriense se faz ainda mais surpreendente já que a datação por radiocarbono indica que o sítio foi habitado entre 28.000 e 30.000 anos atrás, ou seja, num período em que os Neandertais já teriam desaparecido da Europa ocidental havia pelo menos 8.000 anos!

À luz dessa descoberta, alguns paleontólogos concluíram apressadamente que, no crepúsculo de sua espécie, os Neandertais teriam se refugiado não apenas no sul da Europa (especialmente no sul da Península Ibérica) mas também nas estepes gigantescas do extremo Norte europeu. Contudo, na ausência de fósseis humanos, não se pode ter certeza de que os artesãos da cultura musteriense encontrada em Byzovaya eram mesmo Neandertais. De fato, vários outros grupos – os

Sapiens arcaicos da África do Norte e os do Oriente Próximo, por exemplo – praticavam também o lascado Levallois, que parece ter sido difundido entre os pré-históricos, embora seja tipicamente neandertal na Europa. A possibilidade de um refúgio neandertal nórdico não é absurda, mas não pode ser vista como provada pelas constatações de Byzovaya. Se fosse confirmada, ela demonstraria que uma parte da população selecionada pelo frio – que eram os neandertais – perdurou muito tempo... no frio e, provavelmente, graças ao frio.

Figura 5-1: O clã de Tio forte à espreita da manada que está prestes a atacar. Os cavalos pré-históricos pareciam os pôneis atuais, todos cor de areia, com a crina e o rabo pretos.

5

NEANDERTAL: COMEDOR DE CARNIÇA, CAÇADOR E CANIBAL

> *"Penso que há mais barbárie em comer um homem vivo do que em comê-lo morto [...]."*
> Michel de Montaigne[1]

■ *Nesse dia o clã do urso está com sorte: realizou uma caçada perigosa e... nem um ferido! Primeiro o chuço de Tio forte derrubou um potro. Todos atacaram ao mesmo tempo a mãe do potro que veio defendê-lo. Depois de um primeiro golpe de chuço de Tio ruivo que já a fez sangrar, a égua empinou para cima dele. Foi nesse momento que, com uma firmeza que surpreendeu Noivo do Norte, Noiva ruiva enfiou seu chuço na articulação do ombro da égua, e, como se esta tentasse atacar Noivo ruivo, ele resistiu a seu impulso. O animal a projetou por intermédio do seu chuço, mas, quando estava diante de Tio ruivo... desfaleceu.*

Nem um ferido! Tio ruivo organiza a distribuição da carne de cavalo e seu transporte para o acampamento. Vai ser uma grande festa de carne. Entre folguedos e muita alegria, todos vão se empanturrar. É preciso aproveitar esse alimento vital antes que apodreça...

Como Neandertal obtinha seus alimentos? Ele caçava? Ou era um comedor de carniça que aproveitava as presas de outros predadores? Aposto que você tem sua própria opinião a esse respeito. Para a maioria das pessoas, isso é óbvio: todos os homens pré-históricos – portanto os Neandertais também – eram caçadores.

Por que esse preconceito? Talvez por causa da cena mais célebre do primeiro romance publicado sobre a pré-história. Em seu livro de 1872, *Solutré ou os caçadores de renas da França central*[2], Adrien Arcelin descreve caçadores sapiens atormentando uma manada de cavalos para empurrá-los até a extremidade do rochedo de Solutré e fazê-los despencar no abismo. Uma cena mítica que, numa edição de 1876, será representada numa inesquecível gravura. A partir daí, será transmitida de geração em geração no imaginário coletivo. Na verdade, não passa de uma fábula! Em Solutré, na Borgonha, esse tipo de caça nunca existiu. É apenas a invenção de um romancista.

No entanto, para escrever seu romance, Arcelin não apenas inventou, mas também se informou. Para essa cena, ele se inspirou na descoberta ao pé do rochedo de Solutré de um ossuário de cavalos pré-históricos. Porém, o exame desses esqueletos revelou não terem eles as fraturas ósseas que a queda teria acarretado.

Ao criar um clichê, a cena contada por Arcelin passou a ideia geral de que os caçadores pré-históricos tinham meios de caçar. Então como é que fica? Neandertal era caçador ou não? Agora que sabemos que a imaginação de um romancista nem sempre é uma fonte confiável para teses científicas, tentemos separar a verdade da mentira. Veremos que, para chegar à resposta dessa pergunta, os paleontólogos tiveram que fazer um longo e sinuoso caminho. Para expor esse percurso tortuoso, vamos começar pelo fim, focalizando... as obras de uma autoestrada.

Um abatedouro e tanto!

Mais especificamente, voltemo-nos para os trabalhos de aterro realizados, em 2014, em Quincieux, perto de Lyon, para a construção da autoestrada 466. Durante esses trabalhos, os operários descobriram uma grande abundância de ossadas de animais. Logo ficou claro se tratar de espécies pré-históricas. Na França, há cerca de quinze anos, tem-se a grande sorte de dispor em casos como esses de uma instituição, o INRAP (Instituto Nacional de Pesquisas Arqueológicas

Preventivas[3]), encarregado de realizar, durante a preparação do terreno, diagnósticos arqueológicos preventivos e coletar eventuais vestígios preciosos contidos nos solos do país. Entre as ossadas descobertas, os arqueozoólogos do INRAP não tardaram a identificar espécies hoje desaparecidas, mas presentes na época de Neandertal: mamutes, rinocerontes lanudos, bisões, lobos e ursos das cavernas... Nenhuma grande novidade até aí, mas quando se observaram os ossos de perto ela surgiu: alguns apresentavam vestígios de corte. Tratava-se manifestamente de ossadas exploradas por Neandertais.

Melhor ainda – a presença nesse local lamacento de restos de um urso das cavernas e de lobos – animais interessantes por suas peles – e o fato de as ossadas estarem misturadas e raramente em conexão anatômica sugere fortemente que se tratava de um abatedouro neandertal. Para facilitar a tarefa, os Neandertais tinham se instalado perto de um riacho e de uma jazida de sílex.

De qualquer jeito, é certo que Neandertais intervieram na constituição desse depósito de ossos, pois alguns foram intencionalmente fraturados. Sabe-se inclusive que esses Neandertais não consumiam tudo ali mesmo: no meio da acumulação, os ossos mais longos das carcaças tendem a estar faltando, o que sugere que as pernas, pernis e outros quartos ricos em carne e gordura foram preparados e levados para outro lugar, provavelmente um acampamento semipermanente.

Apesar dessas evidências, feitas as primeiras observações, os arqueólogos se recusaram a aceitar imediatamente que o sítio resultasse necessariamente de atividades de caça e abate de um clã neandertal. Antes de serem tão categóricos, quiseram examinar os ossos que estavam mais perto, especialmente para buscar neles indícios de dentes de carnívoros. Se existissem e fossem anteriores aos cortes feitos com sílex, isso significaria que os Neandertais teriam apenas vindo explorar uma acumulação de cadáveres. Em outras palavras, os Neandertais, como abutres, poderiam ter se comportado à maneira de comedores de carniça, e não de caçadores.

É verdade que se conhece ao menos um caso provável de aproveitamento de carniça por parte dos Neandertais: o caso de um mamute lanudo (*Mammuthus primigenius*) descoberto em 2012 em Changy-sur-Marne durante uma escavação preventiva. Os arqueólogos do INRAP, que pacientemente o desenterraram, o apelidaram jocosamente de Helmut. O roteiro dos últimos instantes de Helmut imaginado pelos arqueólogos é o seguinte: o animal, um jovem adulto, costumava frequentar a margem lamacenta do antigo Rio Marne há mais de 130.000 anos. Foi quando se viu em apuros porque um degelo súbito tinha tornado líquida a lama da margem. Um pedacinho de sílex[4] encontrado perto do enorme maxilar de Helmut atesta que Neandertais vieram explorar a carcaça. Talvez tenham sido atraídos pelos barridos de Helmut, a menos que tenham encontrado o animal já morto. Por outro lado, é muito pouco provável que o tenham matado, pois parecem ter explorado pouco o cadáver.

O Neandertal se comportou como caçador no sítio da autoestrada 466? Ou como comedor de carniça, como em Changy-sur-Marne? Os resultados definitivos do primeiro estudo ainda não foram publicados, mas a extrema prudência que envolve os pesquisadores antes de concluir revela o quanto essa questão é delicada para a comunidade dos pré-historiadores.

O problema é que por muito tempo faltaram dados a esse respeito, o que não impediu os pré-historiadores de arriscarem hipóteses. Na época da descoberta do primeiro fóssil da espécie no vale de Neander, não se acreditava muito na hipótese de um Neandertal caçador. Depois, à medida que se descobriram outros homens fósseis mais arcaicos, começou-se a considerar os Neandertais como caçadores, sem que a questão jamais tenha sido tratada a fundo.

Um pedreiro no Polo Norte

Felizmente, nos anos 1970, o arqueólogo norte-americano Lewis Binford começou a pôr um pouco de ciência nessa problemática.

Binford era um estudioso atípico: soldado durante a Segunda Guerra Mundial, teve a oportunidade de participar de escavações arqueológicas nas ilhas do Pacífico e no Japão nos anos 1950, o que despertou sua vocação. Ao voltar para os Estados Unidos, realizou estudos universitários de arqueologia, que pôde financiar graças a uma empresa de construção que tinha criado... Tendo chegado à arqueologia por um caminho insólito, Binford construiu uma obra inusitada. Foi um dos fundadores nos anos 1960 de uma nova forma de arqueologia que ia desempenhar um papel importante no estudo dos Neandertais: a arqueologia processual.

Fundamentalmente, esse novo paradigma em arqueologia consistia em formular uma hipótese de trabalho a respeito de um processo social e então buscar na realidade dados que a confirmassem ou não. Nesse tipo de abordagem, o arqueólogo não deve apenas descrever os conjuntos arqueológicos importantes ou se deter em peças raras, mas, como um antropólogo, analisar todas as particularidades (sociais, técnicas, religiosas ou culturais) da sociedade antiga a fim de identificar marcadores do comportamento social que ele imagina ativos. É o humano do passado que se ambiciona revelar fazendo os dados arqueológicos falarem.

Essa abordagem se revelou especialmente fértil em arqueologia pré-histórica, sobretudo no que diz respeito à questão da subsistência das populações. A fim de compreender melhor o ambiente periglacial habitado pelos homens que praticavam a indústria musteriense – ou seja, os Neandertais –, Binford tentou determinar nos anos 1960 como o comportamento de caçadores-coletores se reflete nos vestígios arqueológicos (o que os pré-historiadores chamam de "cultura material"). Para tanto, decidiu observar um grupo atual de caçadores-coletores que vivem num ambiente comparável ao dos Neandertais, e escolheu os Nunamiuts, um povo inuíte do Alaska.

As observações de campo feitas durante essa expedição "etnoarqueológica" visavam estabelecer as ligações existentes entre o comportamento de um grupo de caçadores e os vestígios materiais que ele deixa. O livro de Lewis Binford, *Ossos, homens antigos e mitos modernos*[5] teve um enorme sucesso entre a comunidade arqueológica francesa e pôs em questão várias ideias correntes. Especialmente o fato de que a presença de vestígios de intervenção humana em ossos de animais (descarne, raspagens, desarticulações...) significava automaticamente uma predação ativa por parte dos homens. Binford demonstrou que nem sempre era o caso.

Sob a influência desse trabalho, os ossos de animais exumados em sítios pré-históricos foram reexaminados a fim de detectar eventuais vestígios de presas de carnívoros que poderiam ter sido os verdadeiros caçadores das carcaças exploradas pelos Neandertais. Se existissem, esses indícios reforçariam a hipótese de um Neandertal comedor de carniça e oportunista. E o reexame das peças levou a... nada. As ossadas praticamente não exibiam marcas de carnívoros. Depois de um folhetim do século XIX, finalmente se confirmava a hipótese de que Neandertal era mesmo um caçador.

E esse não era o único indício que apontava nesse sentido. Análises estatísticas realizadas sobre a natureza, a idade e o sexo dos animais, mostraram que estes não se encontravam em proporções condizentes com terem sido mortos pelas presas e garras de seus predadores habituais. Os números não refletiam a história normal de vida e de morte da fauna local. Essas diferenças deviam, portanto, traduzir a seleção de certas presas operada por Neandertal em sua atividade de caça.

Quem vamos comer hoje à noite?

Por muito tempo, a existência do canibalismo entre os neandertais foi contestada. De fato, a prática só tinha sido sugerida pela antiga escavação de Krapina, na Croácia[6], na qual centenas de ossos oriundos de cerca de 30 Neandertais mortos 120.000 anos atrás foram descobertos com marcas de cortes. De lá para cá, novas provas da antropofagia neandertal surgiram: ossos com vários vestígios de corte, descarne e desmembramento por meio da secção dos tendões, sem falar em ossos quebrados com a evidente finalidade de se chupar o tutano. Os Neandertais praticaram o canibalismo tanto no período MIS 5 (de 130.000 a 71.000 anos; por exemplo, na França, no abrigo de Moula Guercy, no departamento de Ardèche) quanto no período MIS 4 (71.000 a 57.000 anos; em Marillac-les-Pradelles, na França, departamento de Charente; e em El Sidrón, na Espanha) ou ainda no período MIS 3 (57.000 a 29.000 anos; na caverna Goyet, na Bélgica, vestígios datados de 45.000 anos).[7]

Assim, os Neandertais praticaram a antropofagia por um longuíssimo período, inclusive após terem começado a enterrar seus defuntos. De resto, tudo indica que seus longínquos ancestrais de Atapuerca (*Homo antecessor*[8]) também conheciam essa prática.

A lança de Lehringen

Ironia da história, existia uma prova direta da caça neandertal havia mais de meio século, mas tinha sido esquecida! Em 1948, durante uma escavação para se extrair marga em Lehringen, na Baixa Saxônia, surgiu o esqueleto de um grande mamífero. O proprietário do terreno alertou Alexander Rosenbrock, professor aposentado e pré-historiador amador. No local, Rosenbrock identificou o esqueleto de um elefante de presas retas (*Elephas antiquus*) e encontrou os restos surpreendentemente bem conservados de um chuço enfiado nas costelas do elefante. De 2,4 metros de comprimento, tudo indica que a arma foi empurrada pela frente na caixa torácica do animal.

Um estudo demonstrou que o elefante devia ter cerca de 45 anos ao morrer e medir uns 4 metros de cernelha. Para quem sabe a que ponto um elefante ferido pode ser agressivo e perigoso, essa constatação é espantosa. Ela surpreendeu tanto os pré-historiadores alemães que estudaram o caso nos anos 1950 que eles chegaram a supor que os Neandertais usavam chuços envenenados... Interpretação bastante frágil já que, com ou sem veneno, o ataque frontal ao animal é altamente arriscado, enquanto que lhe infligir um ferimento, mesmo grave, só faria atiçar a ira do animal.

Uma hipótese plausível seria imaginar que os Neandertais, depois de localizarem um elefante preso nos sedimentos moles de um pântano, ou depois de tê-lo feito chegar ali através de alguma artimanha, o tenham matado. Ou seja, é provável que o elefante de Lehringen tenha sido abatido quando já estava preso numa armadilha. Ainda assim, a força e a habilidade daquele que o matou são tão evidentes que só poderiam ser as de um caçador, e não as de um comedor de carniça oportunista e desarmado.

Prova suplementar é a natureza da arma: de fato, não se trata de um bastão qualquer, mas de um chuço talhado num galho de teixo – madeira escolhida a dedo, conhecida por sua dureza e resistência. Além disso, sua ponta tinha sido endurecida no fogo. Aproveitemos para dizer de passagem que os Heidelberguianos e Neandertais controlavam o fogo: dominado há cerca de 500.000 anos na Europa, ele o foi bem antes no Oriente Próximo.[9] A madeira da arma mostrava vestígios de desgaste, provavelmente por ter sido usada antes.

Outro indício da habilidade do caçador: a lança estava quebrada em dez pedaços espalhados ao redor do elefante, o que indica que foi enfiada profundamente (e no lugar certo) e que o animal se debateu para tentar se livrar dela. Muito antes do testemunho das análises estatísticas de ossadas, a lança de Lehringen já tinha deixado claro que Neandertal era caçador.

Inscrições abertas para a Sociedade pré-neandertal de caça!

E os Pré-Neandertais? Também caçavam como seus descendentes? A resposta é sim: como eles, perseguiam e matavam grandes animais. Tem-se a prova disso depois das escavações feitas num sítio pré-histórico ao ar livre, datado de cerca de 200.000 anos[10] e situado em Biache-Saint-Vaast, no norte da França. Um rico conjunto lítico musteriense foi encontrado ali, associado a numerosos restos de mamíferos e a dois crânios pré-neandertais. Os Pré-Neandertais voltaram ali em intervalos regulares durante milhares, ou mesmo dezenas de milhares, de anos para caçar. Talvez se tratasse de um lugar rico em caça? O fato é que os Pré-Neandertais sabiam encontrar ali numerosos animais de grande porte, e sabiam abatê-los no momento oportuno.

Também nesse sítio o conjunto da fauna encontrada reflete uma seleção das presas. Há animais de muitas espécies, porém os mais bem representados são o auroque (69%), o urso (15,8%) e o rinoceronte da estepe (7,5%). Isso em 220.000 restos de fauna, dos quais 20.000 são identificáveis! O estudo arqueozoológico[11] do sítio, incluindo o das milhares de lascas ósseas que foram descobertas entre 1976 e 1982 durante a escavação preventiva feita antes da ampliação de uma fábrica, mostra indícios de cortes, de quebras voluntárias e de numerosos ossos queimados. Todos esses elementos provam que essa acumulação de ossadas é devida ao homem e que os animais realmente foram caçados por ele.

Em Biache-Saint-Vaast, um detalhe chamou a atenção dos pesquisadores que realizaram os trabalhos: a presença de restos de ursos das cavernas no meio das ossadas de grandes herbívoros. A coisa é mesmo de surpreender, pois esse plantígrado de cerca de 1,30 metros de cernelha podia medir até 3,5 metros de pé. Era, portanto, extremamente forte... Contudo, devia ser uma das únicas presas caçadas sem perigo: os Pré-Neandertais deviam matá-lo enquanto hibernava. Observação importante: os indícios de cortes descobertos nas ossadas de ursos demonstram que esses animais foram utilizados ao mesmo tempo por sua carne e por sua pele, que, provavelmente, servia para confeccionar roupas e cobertores.

Os Jogos Olímpicos pré-históricos

E temos provas de caças ainda mais antigas! Elas datam dos períodos interglaciais que vão de 424.000 a 374.000 anos e de 337.000 a 300.000 anos.[12] De fato, armas de madeira foram descobertas pelo pré-historiador alemão Hartmut Thieme em Schöningen, na Alemanha, em que a exploração de uma mina de linhito a céu aberto nos anos 1990 fez surgirem numerosos vestígios da passagem do *Homo heidelbergensis* pela margem de um antigo lago que se esvaziou.

Figura 5-2: Ao final do inverno, os auroques eram a presa favorita dos Pré-Neandertais que, 200.000 anos atrás, caçavam num local que se tornaria Biache-Saint-Vaast, em Pas de Calais.

O maná paleontológico (mais de 16.000 ossos!) e arqueológico encontrado nesse sítio foi tão rico que os escavadores disseram ter podido praticar ali uma espécie "de arqueologia submarina sem água". Maneira de dizer que, fato raríssimo, o sepultamento rápido de antiquíssimos restos de atividade humana debaixo de uma camada de sedimentos lacustres impermeáveis ao ar conservou excepcionalmente bem os materiais orgânicos. Em 1996, oito bastões afiados, com comprimentos variando de 1,8 a 2,5 metros e diâmetro máximo de 2,9 a 4,7 centímetros foram exumados junto com carcaças de cavalos da espécie *Equus mosbachensis*.[13]

O tamanho desses bastões afiados sugere claramente que eram utilizados durante caçadas coletivas por Heidelberguianos de diferentes tamanhos – e que provavelmente adolescentes (ou mulheres de menor estatura que os homens) também participavam.

Qual era a função dessas estacas? Trata-se de lanças ou de chuços? Todas foram cuidadosamente modeladas a partir de troncos de epícea ou de pinho. A ponta foi talhada na base do tronco, de maneira que os maiores diâmetros e o centro de gravidade da arma ficassem no terço dianteiro, como nos dardos olímpicos modernos. Essa repartição do peso garante a eficiência do projétil, o que demonstra que os fabricantes de armas de Schöningen tinham boas noções de balística (o que não exclui que fossem usadas como chuços). Para tornar as pontas mais mortíferas, os Pré-Neandertais as endureciam no fogo.

Figura 5-3: Os clãs neandertais percorriam provavelmente grandes circuitos de centenas de quilômetros para encontrar manadas ou outros recursos cujo período de abundância conheciam. Durante esses deslocamentos, acontecia de cruzarem com outros clãs, cujos territórios conheciam e com quem realizavam trocas culturais.

Em suma, os Pré-Neandertais já sabiam fabricar armas eficientes utilizando o fogo. Os arqueólogos pediram para atletas testarem a eficiência dessas lanças. Providenciaram imitações fiéis, e os esportistas as manejaram sem problema chegando a lançamentos de 70 metros de distância. Em 2013, durante uma nova escavação, a descoberta de restos de um tigre de dente de sabre confirmou a ideia de que os Heidelberguianos eram excelentes caçadores (por sua prática coletiva, habilidade e armamento), capazes de competir com os grandes felinos e até de derrotar esse tipo de fera.

O sítio de Schöningen forneceu uma prova ainda mais impressionante do avanço técnico dos Heidelberguianos, já conhecidos por sua elaborada arte no talhe de bifaces. Foi encontrado, misturado a fragmentos de pedra e animais cortados, um conjunto de peças de madeira (com 17 a 32 centímetros de comprimento) dotadas de ranhuras oblíquas. Provavelmente, essas estrias serviam para fixar lâminas de pedra que agravavam os ferimentos e faziam os animais sangrar. Essas peças de madeira são os mais antigos utensílios compósitos da humanidade!

Não restam dúvidas

Depois das descobertas de Schöningen, a ideia de que os Neandertais e seus ancestrais tivessem sido apenas comedores de carniça oportunistas foi completamente abandonada. De resto, as armas de Schöningen fizeram com que voltasse à luz um fragmento de chuço de madeira de 38,7 centímetros de comprimento, 3,6 centímetros de diâmetro e 200.000 a 400.000 anos de idade, descoberto em 1911, em Clacton-on-Sea na Inglaterra. O estudo desse objeto esquecido provou que ele foi modelado num galho de madeira de teixo ainda verde. O teixo sendo naturalmente duro, a ponta, cuidadosamente polida, não foi endurecida no fogo. Como em Schöningen, a "lança de Clacton" estava acompanhada de restos de grandes mamíferos e de fragmentos de sílex modelados com uma técnica comparável à da indústria acheuliana (de bifaces).

Há ainda outros indícios arqueológicos que provam que Neandertal caçava[14] (o fato, por exemplo, de que alguns sílex encontrados trazem marcas de fraturas, sinal de um impacto violento, ou de que algumas pedras talhadas exibam marcas de colagem (*cf.* box "Cola em lanças no Oriente Próximo" logo abaixo). Assim, é absolutamente claro que Neandertal caçava, e inclusive que era herdeiro de uma longuíssima tradição de caça que remontava a seus ancestrais heidelberguianos.

Não esqueçamos que isso não exclui o aproveitamento de carniças. O caso do mamute de Changy-sur-Marne, por exemplo, sugere que, ocasionalmente, os Neandertais não desdenhavam explorar uma carcaça: eram caçadores, por certo, mas caçadores oportunistas e acostumados com o gosto da carne levemente decomposta, já que deviam constituir reservas para passar o inverno ou simplesmente porque seu modo de vida exigia deles enormes gastos energéticos. Para obter energia, Neandertal desenvolveu estratégias alimentares variadas que o aproximam do seu irmão Sapiens, mas também o distinguem dele.

Cola em lanças no Oriente Próximo

Os neandertais do Oriente Próximo usavam cola para confeccionar suas armas! Em 1999, no sítio musteriense de Umm El Tiel, na Síria, foi descoberta uma ponta de projétil profundamente enfiada na vértebra do pescoço de um asno selvagem. Ora, acontece que vestígios de betume foram encontrados nos utensílios de Umm El Tiel.[15] Tudo indica que esse betume, excepcionalmente preservado e que os pré-historiadores demonstraram provir de Djebel Bicheri, no noroeste da bacia de El Kowm, na Síria, serviu de cola natural para o encabamento dos utensílios.

Figura 6-1: A partilha dos produtos comuns da caça devia desempenhar um importante papel social entre os Neandertais, que, precisamente por essa razão, acreditam os autores deste livro, caçavam sobretudo grandes animais.

6

CARNE, CARNE, CARNE E... TÂMARAS

*"O caçador deve sempre estar com um pouco de fome,
pois a fome desperta os sentidos."*
Luis Sepúlveda[1]

■ *O clã trabalhou bem. Mulher medicina extraiu todos os órgãos e tratou de secá-los com a ajuda de Silenciosa. Os homens cortaram a cortiça de bétula; as crianças colheram bagas e as mulheres prepararam as conservas de carne na banha, que finalmente são organizadas por dezenas de mochilas. Resta agora tudo o que não se pode conservar e um grande pernil que Tio forte assou lentamente regando-o de gordura. O clã está reunido; os homens de um lado, ao redor de Tio forte e Noivo do Norte; as mulheres ao redor de Mulher medicina e de Noiva ruiva. As crianças trazem grandes folhas de plantas do pântano cheias de mirtilos. A carne está quente e cortada, colocada no meio do círculo; os ossos a serem roídos e quebrados também; o cozido foi feito com pedras quentes e fumega num balde de bétula...*

Tio forte ergue seus dois porretes ao trovão... até as crianças se calam... Ouve-se um estalo. A festa da carne pode começar!

Os Neandertais eram caçadores, não há dúvida. Mas que tipo de caçadores? A cena de caça fossilizada em Lehringen que contamos no capítulo anterior mostra que eles não hesitavam em se aproximar de um animal extremamente perigoso. O estudo dos locais de abate, como o de Quincieux, perto de Lyon, por exemplo, aponta para uma evidente predileção por grandes animais. É conhecida a capacidade dos lobos, das hienas e dos leões de abater coletivamente presas muito maiores que eles. Mas nos Neandertais essa capacidade é ainda mais espetacular, já que entre um Neandertal de 80 quilos[2] e um elefante de presas retas pesando de 6 a 8 toneladas (ou um mamute de 4 metros de cernelha) há uma proporção de um para 75 ou 100... Até mesmo os auroques e os bisões com que os Neandertais lidavam eram monstruosos comparados a eles.

Os Neandertais parecem ter sido acima de tudo caçadores de caça grossa... E matavam por vezes suas maiores presas dirigindo manadas para uma armadilha natural. Como sabemos disso? Graças a escavações recentes de poços naturais em zonas calcárias como os de La Borde[3] e de Coudoulous[4] em Quercy. No fundo desses poços foram encontrados claros indícios de "caça empurrada para o abismo" durante um episódio em clima temperado[5]: ao menos 40 auroques teriam sido precipitados no poço de La Borde e mais de 200 bisões no de Coudoulous.

No final das contas, não é que Adrien Arcelin tinha razão de imaginar esse tipo de caça em seu romance?! Uma vez provocada a queda dos animais, os caçadores desciam ao poço e desmembravam tranquilamente as carcaças com seus utensílios. Foram encontradas diversas pedras talhadas nesses mesmos locais.

Tourada neandertal

Como os Neandertais impeliam a manada para a armadilha? Com certeza essa tarefa devia ser coletiva e ocorrer durante caçadas sazonais, organizadas com vistas ao acúmulo de reservas. É fácil imaginar uma espécie de corrida de touros, durante a qual o clã inteiro gritava e produzia sons assustadores, enquanto os caçadores espicaçavam os animais com suas lanças até que estes se precipitassem, numa fuga gregária e cega, para o poço. Não podemos ter certeza de que essas touradas neandertais realmente ocorreram, mas parece claro que esses finos observadores de animais que eram os caçadores paleolíticos sabiam se aproximar de manadas sem correr perigo, então por que não?

O sítio de Biache-Saint-Vaast, de que falamos no capítulo anterior, ilustra muito bem a tendência dos Pré-Neandertais a caçar grandes animais. Lá, praticamente todas as ossadas de ursos marrons e de auroques encontrados atestam que animais adultos, portanto indivíduos perigosos, foram mortos; esses animais foram abatidos nas proximidades do sítio no qual, a seguir, tiveram sua carne, sua pele, suas vísceras e seus ossos explorados pelo clã.

E na ausência de um poço natural? Os sítios alemães de Schöningen e de Lehringen evocados anteriormente demonstram que, nesses casos, os Heidelberguianos e os Neandertais praticavam a caça com o chuço. Para realizar esse tipo de caça de aproximação especialmente perigosa, os caçadores neandertais dispunham de armas de arremesso, de pontas de pedra encabadas sobre uma haste de lança, sendo esta eventualmente armada de lâminas de pedra destinadas a aumentar o sangramento da vítima (*cf.* capítulo 5).

Para reduzir os riscos, os caçadores só deviam tentar o golpe final quando este se mostrasse realmente possível. E é claro que o momento oportuno só se apresentava quando a ação coordenada de todo um grupo tinha enfraquecido suficientemente o animal, o tinha acuado ou preso numa armadilha, em suma, criado as condições para que um caçador experiente avançasse e matasse o animal sem precisar temer suas reações. Isso nos indica que, ainda que o efetivo de um clã neandertal fosse reduzido, era suficiente para que os caçadores e seus assistentes (os adolescentes e as mulheres?) pudessem realizar essas táticas. É provável que todos os membros válidos do clã participassem dessas grandes caçadas, isto é, entre dez e quinze pessoas. Só os muito velhos e/ou vulneráveis aos olhos de todos – crianças e mulheres grávidas, por exemplo – permaneciam no acampamento ou afastados (de onde podiam mesmo assim ajudar, por exemplo, fazendo barulho...).

Os grandes feridos neandertais

Evidentemente, a caça grossa era perigosa. Conhecemos três fósseis neandertais quase completos com fortes lesões traumáticas, provavelmente causadas por grandes acidentes de caça. O primeiro é o próprio fóssil que dá nome à espécie, ou seja, aquele encontrado em 1856 numa caverna do vale de Neander. Durante toda a sua vida adulta, esse indivíduo padeceu as consequências de um ferimento sofrido provavelmente na adolescência: uma fratura do cotovelo cuja cicatrização espontânea o impediu a vida inteira de estender completamente o braço esquerdo (para compensar a agilidade e a força perdida, seu braço direito se desenvolveu de maneira excepcional). Mas esse traumatismo não o impediu de viver até por volta dos 50 anos.

O segundo fóssil é o do "velho" de La Chapelle-aux-Saints, assim chamado porque esse indivíduo sepultado numa cova há 50.000 anos deu a impressão aos paleontólogos de ter morrido em idade avançada (praticamente não tinha mais dentes, ver p. 111). Hoje se sabe que, na verdade, tinha cerca de 45 anos ao morrer, e que estava em péssimo estado de saúde. Teria ocupado sozinho toda uma clínica de neurologia e ortopedia: sofria de um grande número de doenças degenerativas e, sobretudo, tinha uma costela quebrada (cicatrizada) e um traumatismo no quadril que provavelmente o impedia de movimentar a coxa.

Por mais graves que fossem esses ferimentos, não passavam de arranhões perto dos traumatismos sofridos por outro Neandertal, também morto entre os 40 e os 50 anos, cujos restos foram descobertos na caverna de Shanidar, no nordeste do Iraque.[6] Esse indivíduo do sexo masculino colecionava patologias como se colecionam selos: era praticamente surdo (como indicam as numerosas excrescências ósseas em suas orelhas) e trazia as marcas de uma doença degenerativa (uma espécie de artrose) das vértebras inferiores, o que afetava o funcionamento dos joelhos, dos tornozelos e do dedão do pé. Em suma, provavelmente não podia andar. E a lista não acabou: tinha também uma órbita ocular fraturada e esmagada, sendo provavelmente caolho, e tinha perdido o antebraço direito, provavelmente em função de uma fratura não consolidada visível acima do cotovelo direito (terá sido objeto de uma amputação "cirúrgica"? Não sabemos). A parte conservada do lado direito do braço mostra ao menos outra fratura que afetou o tamanho da omoplata e a clavícula. Mesmo assim, esse indivíduo surdo e parcialmente cego, com dificuldade de andar e tendo só um braço válido passou dos 40 anos... É evidente que esse azarado pré-histórico só pôde sobreviver graças à ajuda de seu clã. O que diz muito sobre a solidariedade que devia reinar no seio de um clã neandertal...

Os mesmos traumas que os profissionais do rodeio

A menos que imaginemos guerras ou conflitos extremamente violentos dentro e fora dos clãs, os acidentes de caça parecem a explicação mais plausível para as fraturas observadas nesses três fósseis. Plausível, mas não comprovada... O que mais podemos dizer para reforçar essa tese? Será que o estudo estatístico de um *corpus* fóssil pode nos ajudar?

O estudo dos traumatismos encontrados nos ossos de esqueletos neandertais mostra que a maior parte das lesões observadas se localiza na cabeça e nos braços, enquanto as lesões nos membros inferiores parecem mais raras. Esses ferimentos na cabeça e nos braços (especialmente no cotovelo) costumam acontecer durante quedas descontroladas. Tem-se então o reflexo de pôr os braços na frente para atenuar ou deter a queda.

A distribuição das lesões neandertais lembra muito as observadas nos profissionais do rodeio[7] e nos Sapiens que ocuparam a Europa entre 35.000 e 10.000 anos atrás (mas não dos Sapiens mais recentes, da época da domesticação das plantas e dos animais, o que corrobora nossa tese). Assim, os ferimentos neandertais poderiam muito bem ter sido causados por interações violentas com grandes animais que possuem cascos (elefantes, bisões, cervos, auroques, cavalos, rinocerontes). Uma constatação que evoca a cena do poço da caverna de Lascaux representando um caçador deitado de costas, inconsciente ao que parece, ameaçado pelos cornos de um bisão crivado de setas (de chuços?) e cujas entranhas estão saindo da barriga! Voltamos a pensar nas touradas e nos choques violentos sofridos pelos toureiros quando um golpe de chifres o atira pelos ares.

Uma questão se coloca então: por que os Neandertais enfrentavam animais tão grandes? Não podiam se contentar com caças menores, como as lebres, ou menos perigosas, como os cervos? A primeira explicação que vem à mente é que os grandes respondiam melhor às necessidades calóricas de seu metabolismo. O modo de vida dos caçadores exigia uma grande resistência aos esforços físicos e ao frio dos períodos glaciais. Tudo isso tem um custo energético. Os auroques e os elefantes, mas também os rinocerontes e bisões, são animais gordos. Os neandertais os apreciavam por essa razão? A economia de subsistência neandertal teria sido orientada para a caça grossa a fim de fornecer os enormes recursos metabólicos necessários aos membros do clã?

Nunca convide um neandertal para o almoço!

Depois de muito tempo os paleoantropólogos não têm a menor dúvida de que a resposta é afirmativa.[8] Mas foi necessário fundamentar essa tese de uma enorme necessidade energética por parte dos Neandertais. Para tanto, buscou-se calcular seu metabolismo basal (ou seja, a parte do metabolismo que produz a energia mínima indispensável à sobrevivência), o que, *a priori*, não é fácil em se tratando de uma espécie extinta. Esse cálculo equivale a avaliar o gasto energético cotidiano mínimo de um Neandertal, o que é necessário para ele simplesmente respirar, manter seu coração batendo, digerir e, é claro, conservar a temperatura corporal em torno de 37 °C (se é que era essa a temperatura corporal dos neandertais...). Em suma, continuar vivo!

Entre nós, os Sapiens, a necessidade energética de base é em média de 1.320 calorias para uma mulher de 20 anos com 1,65 metros e 60 quilos; e de 1.510 calorias para um homem de 20 anos, 1,80 metros e 70 quilos. Essa necessidade varia em função do tamanho, do peso, da idade, da atividade do sistema imunitário (os doentes gastam mais) e da temperatura exterior (quanto mais frio, mais gasto).

Qual era o metabolismo de base de nosso irmão neandertal? Uma resposta foi fornecida num artigo pioneiro de 2001 por Mark Sorensen e William Leonard da Universidade do Noroeste em Illinois.[9] Esses pesquisadores retomaram a equação simplificada (em que o tamanho não conta) proposta pela Organização Mundial da Saúde e desenvolvida a partir de uma amostra significativa de jovens adultos com idade entre 18 e 29 anos. Essa fórmula do metabolismo basal (MB) fornece o número de calorias necessárias por dia e tem duas versões, uma para as mulheres, outra para os homens:

$MB_{mulher} = 14,7$ x peso em quilogramas $+ 496$.
$MB_{homem} = 15,3$ x peso em quilogramas $+ 679$.

Para aplicar essas equações aos Neandertais foi preciso primeiro estimar seu peso médio e, a seguir, levar em conta seu modo de vida específico. Os Neandertais não eram sedentários que ficavam parados na frente da tevê ou do computador ao voltar do trabalho como muitos de nós! O peso neandertal foi calculado a partir dos

12 esqueletos completos encontrados. O de uma mulher neandertal foi estimado em 55 kg e o de um homem, em 65 kg.

Como Sorensen e Leonard estavam interessados no caso dos Neandertais das eras glaciais, aumentaram os resultados em 10% em consideração ao frio que enfrentavam. E multiplicaram as cifras obtidas por um certo fator tendo em vista a vida extremamente ativa levada por um neandertal – afinal, sabe-se que os grandes esportistas (de nossa espécie) têm uma necessidade calórica entre 1,8 e 2 vezes maior que a de uma pessoa normal.

Mas esse fator seria mesmo condizente com o modo de vida de nosso irmão neandertal? Para ter certeza, Sorensen e Leonard estudaram as necessidades energéticas de oito populações de caçadores-coletores – e concluíram que elas podem ser ainda maiores que as dos grandes esportistas. No final das contas, deduziram que seria preciso multiplicar por dois no caso de Neandertais moderadamente ativos e por três no caso de Neandertais muito ativos.

Depois de toda essa ginástica matemática, chegaram a uma conclusão surpreendente: os Neandertais que ficavam quietinhos no acampamento queimavam 4.422 calorias por dia, enquanto os que corriam como loucos caçando precisavam de 6.633 calorias por dia! Essas cifras são enormes. Já pensou? Para não ficar com um buraco no estômago, um neandertal ativo devia ingerir o equivalente calórico de 22 bifes de 200 gramas (cada um com cerca de 300 calorias). Todo dia!

Uma acumulação de fatores agravantes

Essa estimativa era tão espantosa que outros pesquisadores quiseram verificar se ela era compatível com o que se sabe a respeito da fisiologia das populações atuais que vivem em ambientes extremos, especialmente em grandes altitudes.[10] Esse tipo de população se caracteriza de fato por um metabolismo basal muito elevado – em comparação com as populações que vivem ao nível do mar ou em pequenas altitudes – e por uma grande adaptação às temperaturas extremas.

Essas novas pesquisas ressaltaram que, de acordo com o modo de vida, quatro fatores modificam o gasto energético cotidiano: 1) o fato de possuir uma grande massa corporal e muscular; 2) de estar exposto a baixas temperaturas; 3) de seguir um regime alimentar muito rico em carnes; 4) de ter atividades físicas intensas.

Ora, encontramos todos esses fatores nos Neandertais! Sendo assim, em vez de moderar os resultados obtidos por Sorensen e Leonard, os pesquisadores os exacerbaram: estimaram que uma mulher neandertal precisava de 3.000 a 5.000 calorias por dia, enquanto um homem neandertal precisava de 4.000 a 7.000 calorias diárias. Esses valores superam amplamente os observados, por exemplo, entre os aimarás, uma população agropastoril dos planaltos andinos, cujo modo de vida tradicional supõe uma grande atividade física num frio intenso. Em compensação, são os valores recomendados para maratonistas e trabalhadores pesados. Mas não esqueçamos que Neandertal queimava isso diariamente!

Hipercarnívoros

Como os Neandertais obtinham tantas calorias? Sabemos que eles caçavam, mas como saber se tiravam da caça a maior parte de suas calorias? Por meio da aplicação à pré-história de métodos biogeoquímicos. De fato, o estudo da maneira como alguns elementos químicos (azoto, carbono...) migram ao longo da cadeia alimentar demonstra que mais da metade da alimentação dos Neandertais era constituída por carne. As leis da transferência dos elementos químicos entre o ambiente e os organismos da rede trófica (o conjunto das cadeias alimentares) foram formuladas nos anos 1960. Tratava-se na época de estudar os resíduos de chumbo, alumínio e outros metais pesados nos ossos. A seguir, os ecólogos aplicaram esses princípios a sua ciência.

Figura 6-2: Os Neandertais preferiam a tal ponto as grandes presas que caçavam até mamutes, animais extremamente perigosos (exceto quando estes ficavam presos na lama de um pântano).

Diante do grande interesse dos resultados obtidos, os pesquisadores resolveram aplicar esses métodos também às ossadas pré-históricas. No caso dos Neandertais, vários refinamentos técnicos foram introduzidos a fim de avaliar detalhadamente seu regime alimentar.[11] O raciocínio é simples: quanto mais alto o lugar que se ocupa na cadeia alimentar, mais alguns radioisótopos (isto é, átomos radioativos de massas particulares, como o carbono de massa atômica 13 ou o azoto de massa atômica 15) se acumulam na carne, nos dentes e nos ossos do predador. Em outras palavras: meça a taxa desses radioisótopos nos ossos de um superpredador (situado no topo da cadeia) como o Neandertal e ficará sabendo se ele preferia se alimentar de costeletas de mamute e de rinoceronte ou de dentes-de-leão das estepes.

Uma dúzia de Neandertais de períodos interglaciais e glaciais[12], provenientes da Bélgica, da França e da Croácia, foi assim submetida à lupa isotópica. Resultado: os valores elevados de azoto 15 obtidos nos ossos neandertais são comparáveis aos encontrados em lobos e hienas! O dobro do que se costuma encontrar nos dos grandes herbívoros... A conclusão é clara: ao menos de 120.000 anos para cá, os Neandertais de toda a Europa tiveram a mesma dieta carnívora, e extraíam a maior parte de suas proteínas dos grandes herbívoros.

Na natureza, os lobos e as hienas atacam grandes presas a fim de obter as enormes quantidades de energia de que a matilha precisa. Os clãs neandertais tinham um comportamento comparável? Os Neandertais seriam apenas isso: hordas de caçadores altamente especializados que varavam as estepes e se alimentavam exclusivamente de grandes animais? Por certo, há algum exagero nessa visão difundida entre os pré-historiadores, por mais que a dieta hiperenergética atribuída aos Neandertais a justifique. Para sedentários como muitos de nós, ela seria impossível, pois nos faria morrer de obesidade...

Mesmo para neandertais hiperativos, 6.000 calorias por dia parecem muito além da conta. Esse provável exagero tem decerto uma causa simples: o exame atento dos trabalhos realizados sobre as necessidades calóricas neandertais revela de fato que foram todos feitos levando em conta o metabolismo basal de indivíduos... nus e sem a colaboração do calor do fogo. Todavia, dá pra acreditar que pessoas capazes de resistir aos invernos em períodos glaciais viviam peladas?

Coleção outono-inverno

Embora não tenhamos nenhuma certeza por falta de vestígios arqueológicos, parece evidente que os neandertais confeccionavam roupas e calçados, empregando para isso as peles dos animais caçados (sobretudo ursos e lobos) e cortiça, especialmente a da bétula, que tem a vantagem de vir em forma de placas flexíveis, resistentes e impermeáveis. Do mesmo modo, não há dúvida de que sabiam tratar as peles (lembre-se de que o desgaste excessivo de seus dentes pode ser associado ao mascar das peles) e juntá-las.

Também é possível que, como os yámanas da Terra do Fogo, que tanto surpreenderam os primeiros europeus de passagem, eles usassem como única proteção contra o frio intenso uma tanga e uma pele cobrindo uma parte das costas? Nesse caso, imagina-se que, como os yámanas, eles aguentassem o frio se untando de uma espessa camada de gordura animal... Ou seriam privilegiados por genes de adaptação ao frio que teriam modificado sua circulação sanguínea superficial e favorecido a acumulação de gorduras? (*cf.* capítulo 4). É possível também que todas essas maneiras de enfrentar o frio coexistissem. A linhagem dos Neandertais evoluiu durante 450.000 anos sob climas frequentemente frios ou temperados, de maneira que, embora tudo indique que sua predileção por grandes animais fosse uma constante, seu estilo de predação e de coleta necessariamente variou em função das épocas e dos climas.

Creme de tartaruga e rãs assadas

Outros elementos nos fazem pensar que as necessidades energéticas dos Neandertais provavelmente foram superestimadas. As provas do consumo de outros alimentos (além da carne de grandes animais) se acumularam gradualmente ao longo dos dez últimos anos, e hoje se sabe que, ocasionalmente, os Neandertais consumiam também pequenos animais, especialmente tartarugas, peixes e moluscos, terrestres ou marinhos.

Afinal, os Neandertais seriam unicamente caçadores, bem diferentes de seus irmãos Sapiens, ou, ao contrário, como esses, caçadores-coletores oportunistas? Parece mais sensato pensar que a sociedade neandertal tinha uma economia de subsistência diversificada. Muitas situações devem ter ocorrido durante as quais o clã, temendo a fome, procurou meios de diversificar sua alimentação.

A exemplo da maior parte dos caçadores-coletores, é muito provável que os Neandertais completassem sua alimentação com o consumo de insetos, ovos, mel e, nos períodos temperados, caracóis, tartarugas e rãs.[13] De resto, essa diversidade alimentar pode ser lida no mapa: os vestígios de fauna e flora encontrados nos sítios sugerem que os Neandertais que viviam no norte da Europa eram mais carnívoros que os que viviam na zona mediterrânea.

Sabemos também que os Neandertais não desdenhavam os frutos do mar. Provas desse hábito alimentar vieram das escavações da caverna de Bajondillo, perto de Málaga, onde foi descoberta uma grande quantidade de conchas consumidas por pescadores neandertais.[14]

Em compensação, parece que só muito ocasionalmente os Pré-Neandertais e Neandertais pescaram peixes. As únicas provas dessa predação[15] provêm do sítio de Payre, em Ardèche, estudado por Silvana. Os Neandertais de uma caverna situada à beira de um lago em Banyoles, na Catalunha[16], praticaram a mesma pesca. Os vestígios encontrados sugerem que eles comiam diariamente peixes secos com sua pele. Além disso, descobertas feitas nas cavernas de Vanguard e de Gorham, em Gibraltar, mostram que quando golfinhos ou focas encalhavam na praia, os neandertais também os consumiam.[17] Todos esses elementos confirmam que Neandertal era mesmo um predador oportunista.

No final das contas, o dente-de-leão das estepes não era tão ruim assim

Por enquanto, descrevemos nossos irmãos europeus como puros carnívoros, mas nada prova que os Neandertais não preparassem de vez em quando uma saladinha de dentes-de-leão com pinhões ou de alho de urso (a planta, não o habitante das cavernas) com mirtilos (como até hoje não foi encontrado nenhum livro de receitas neandertais, podemos imaginar o que quisermos). O grande antropólogo Alain Testart[18] foi o primeiro a enfatizar que, no caso dos caçadores-coletores atuais, a contribuição da coleta de plantas para a subsistência de um clã nunca é negligenciável, e que o mesmo devia acontecer com as populações pré-históricas.

Para chegar a essa conclusão, Testart compilou os dados fornecidos por diversos trabalhos de observação etnográfica de povos sapiens que vivem da caça e da coleta, como os inuítes da costa pacífica da América do Norte, os Sans do Botswana, ou ainda os aborígenes da Austrália. Assim, constatou que a coleta pode chegar a garantir 60% da subsistência do clã e nunca menos do que 20%. Esse limite inferior corresponde ao caso dos inuítes, população que vive num ambiente coberto de neve a maior parte do tempo.

Notemos, de passagem, que em todas as culturas de caçadores-coletores sapiens, a coleta é uma atividade principalmente feminina praticada com a participação das crianças. É por isso que a contribuição das mulheres para a subsistência de um grupo de caçadores-coletores é quase sempre indispensável, e muitas vezes dominante. Mas essas conclusões podem ser aplicadas aos grupos de caçadores-coletores neandertais? Muitos elementos podem levar a crer que sim. Por um lado, os neandertais também viveram em climas temperados, cujos biótopos eram mais ricos em recursos diversos que as estepes periárticas. Por outro, foram encontrados restos de plantas nos habitats neandertais do Oriente Próximo, por exemplo nas cavernas de Amud e de Kebara. Esses restos de diferentes plantas e nozes (pistaches) sugerem um consumo vegetal.[19] Contudo, por muito tempo, nenhum indício semelhante foi encontrado nos habitats europeus, onde isso parecia bastante verossímil já que as imensas estepes subárticas dos períodos glaciais ou as florestas temperadas dos interglaciais estavam cheias de bagas...

O fato é que essas provas tênues não bastaram para convencer os paleontólogos. E, no final, dada sua impressionante necessidade calórica, pensou-se por muito tempo que os Neandertais eram unicamente carnívoros. Isso se tornou uma verdade, cujo caráter duvidoso deveria no entanto ter sido percebido, já que os regimes hiperproteicos são fisiologicamente perigosos.

Plantas, raízes e flores

Essa visão esteve a ponto de se modificar ao longo das duas últimas décadas, quando a superfície dos dentes neandertais passou a ser estudada em microscópios. Experiências tinham mostrado, de fato, que a carne e os vegetais deixam vestígios diferentes nos dentes: enquanto o consumo de carne gera estrias verticais e longas, o de vegetais produz estrias horizontais.[20] A aplicação dessa abordagem aos Neandertais parecia tão promissora (e a ideia de um regime hipercarnívoro tão arraigada)... Mas ela se voltou contra si mesma quando os pesquisadores começaram a se perder em sutilezas: as estrias eram o registro de uma vida inteira? Ou correspondiam apenas aos últimos anos de alimentação de um indivíduo? A querela instaurou a dúvida: no final, nenhuma prova indiscutível foi obtida.

Pouco tempo depois, na caverna de Payre, em Ardèche, foi descoberta a presença de amido em utensílios pré-neandertais.[21] O amido é uma substância vegetal altamente nutritiva. Está contida no trigo e nos fornece a farinha. Ao que parece, os moradores da caverna de Payre provavelmente coletavam e consumiam plantas para se alimentar. Infelizmente, mais uma vez, o indício obtido foi considerado tênue demais para levar a uma adesão plena da comunidade pré-historiadora.

Finalmente, a prova indiscutível do consumo de vegetais pelos Neandertais chegou recentemente com o estudo dos resíduos contidos no tártaro dental. Essa matéria é produzida pela placa dental, um biofilme bacteriano invisível situado na superfície do esmalte dos dentes, mais precisamente na base de sua face interior (principalmente nos incisivos e caninos). Pouco a pouco, cristais de fosfato de cálcio vão se formando e constituindo o tártaro dental.

Para remover esse biofilme bacteriano, vamos ao dentista, mas nossos antecessores pré-históricos não tinham essa chance, por isso sua dentição ficava coberta de tártaro. Ora, ao longo de sua formação, o tártaro encerra bactérias mineralizadas, células diversas e microscópicos resíduos alimentares. De alguns anos para cá, os paleoantropólogos, paleovirólogos e paleobacteriologistas começaram a explorar essa mina de informações.

De fato, no tártaro se encontram fitólitos (etimologicamente "pedras de plantas"). Essas células ou fragmentos de células vegetais se fossilizam durante a precipitação do biomineral que forma o tártaro. Assim, os depósitos nos dentes dos Neandertais nos informam diretamente sobre as plantas que eles ingeriam e, de quebra, nos permitem saber se as consumiam cruas ou cozidas! Em 2011 foram realizados estudos sobre o tártaro dos dentes neandertais de Spy 1 e Spy 2 e sobre os de Shanidar 3.[22] No caso do fóssil iraquiano de Shanidar 3, os pesquisadores ficaram especialmente fascinados por encontrarem toda uma série de grãos de amidos, tendo chegado a identificar alguns como provenientes do gênero dos trigos (*Triticum*) e outros do gênero das cevadas (*Hordeum*).

Quando nos lembramos que o Oriente Próximo será, bem mais tarde, no Neolítico (10.000 a 6.000 anos atrás), um dos centros da domesticação das gramíneas, logo pensamos que os Neandertais dali tinham sido impelidos pelo biótopo local para o caminho da apropriação dos cereais, como será o caso de seus sucessores sapiens...

Fascinante também é a constatação do fato de que 42% dos alimentos vegetais consumidos pelos Neandertais sofreram modificações químicas similares às causadas pelo cozimento. Ora, os Heidelberguianos já controlavam o fogo 500.000 anos atrás. Um estudo recente[23] mostrou que os Neandertais sabiam acender seus fogos com grande facilidade (graças ao acréscimo de pó de dióxido de manganésio aos gravetos). Além do calor, o fogo era utilizado, portanto, para cozinhar alimentos. O exame aprofundado dos restos de ossos encontrados em suas numerosas fogueiras já comprovou que os Neandertais assavam carne; a pátina e o polimento de alguns de seus utensílios mostram que cozinhavam às vezes caldos gordurosos.

Hoje, também sabemos com certeza que a cozinha neandertal contava com cozidos de cereais selvagens.[24]

Fitólitos de tâmaras também foram encontrados no tártaro dental do fóssil de Shanidar 3. Dado que esse fruto sazonal se conserva muito bem e que o sítio pré-histórico de Shanidar fica no alto de uma montanha (no Curdistão iraquiano), longe das zonas onde crescem tamareiras, somos levados a pensar que a população a que pertenciam esses Neandertais do Iraque praticava a coleta sazonal das tâmaras e as estocava para comê-las depois. A menos que os indivíduos com fitólitos de tâmaras nos dentes tenham percorrido um longo trajeto para ir morrer na caverna... quem sabe?

O fato é que as constatações feitas em Shanidar diferem bastante das feitas na Europa, onde não existiam tantas gramíneas e ainda menos tâmaras. O que o tártaro dos dentes dos fósseis belgas Spy 1 e Spy 2 forneceu foram plantas aquáticas, que os pesquisadores identificaram como ninfeias. Em 2012, outro estudo realizado com uma série de dentes de Neandertais espanhóis tardios encontrados em El Sidrón, na Espanha[25], confirmou o consumo de cereais. Nove dos dez dentes analisados continham minúsculos grãos de amido, provavelmente provenientes, como no Oriente Próximo, de cereais. Além disso, o tártaro continha fitólitos de plantas conhecidas por suas virtudes medicinais. Assim, conclui-se que os Neandertais comiam plantas e conheciam suas propriedades curativas.

Caçadores-coletores comuns ou extraordinários?

Resumindo: os Neandertais foram, como seus irmãos sapiens, caçadores-coletores cuja alimentação compreendia no mínimo 20% de vegetais? Sim, já que temos a prova de que consumiam vegetais e, além disso, sabemos que estes são imprescindíveis para o organismo humano. Sendo assim, dado que os biótopos em que viviam estavam cheios de vegetais comestíveis em todas as épocas, como duvidar de que os Neandertais, como os inuítes, sabiam encontrar na natureza uma boa quantidade de vitaminas e fibras em vegetais vitais?

Como eram realizadas essas coletas? Já vimos que, nas sociedades de caçadores-coletores atuais, trata-se de uma atividade predominantemente feminina. Ignoramos totalmente a divisão das tarefas nos clãs neandertais[26], mas a partir do que já sabemos sobre esses caçadores-coletores, é difícil imaginar uma Neandertal carregando um bebê e enfiando seu chuço no elefante de Lehringen. É mais fácil imaginá-las colhendo bagas e, à maneira das ameríndias das planícies norte-americanas, misturando-as com gordura animal e carne seca para constituir suculentas e energéticas provisões que o clã podia carregar em seus deslocamentos ou os caçadores durante a perseguição de uma grande presa.

Com efeito, entre os humanos, um máximo de 30% da massa de proteínas consumida pode ser transformado em energia; o resto da energia provém do consumo de carboidratos e gorduras. Suponhamos, por um instante, que as Neandertais também caçavam, com armadilhas, pequenos animais de que sabiam extrair reservas ou nutrientes particulares. Deixemos nossa imaginação divagar, talvez as neandertais tivessem desenvolvido e transmitido a arte de apanhar lemingues em grande quantidade e preparar suculentas conservas misturando-os com bagas selvagens. Embora menos energético que os grandes herbívoros abatidos em caçadas coletivas, esse alimento não poderia prestar grandes serviços a um clã privado por algum tempo da sorte de encontrar uma manada de herbívoros?

Assim, nada nos impede de supor que, como entre os caçadores-coletores contemporâneos, as Neandertais contribuíam de maneira significativa, quando não preponderante, para a subsistência do clã; de resto, se imaginamos que caçavam pequenos animais, vemos que elas podiam inclusive contribuir, e muito, para o fornecimento cotidiano de carne...

A necessidade do festim!

Mas ainda não explicamos a necessidade de tanta carne fresca. O Neandertal provavelmente era hipercarnívoro e consumidor de vegetais. Os índices isotópicos que tornam o regime alimentar dos Neandertais comparável ao dos lobos e das hienas não excluem o consumo de vegetais como complemento ao de carne, provavelmente enorme. Ignoramos, contudo, como era um festim neandertal. O consumo abundante de carne estava talvez associado ao de vegetais cuidadosamente escolhidos não apenas por seu gosto mas também por completarem a dieta e facilitarem a digestão da carne?

Voltamos assim à eterna pergunta: por que os Neandertais comiam tanta carne? Suas enormes necessidades calóricas constituem a explicação mais usada, porém, existe também uma interpretação social do fenômeno: a necessidade do festim. De fato, numa população pouco numerosa, cujo comportamento estava orientado acima de tudo para a sobrevivência, o abate e a partilha de uma grande caça podiam trazer enormes benefícios sociais. Na visão antropológica de Alain Testart, os caçadores-coletores viviam em sociedades igualitárias de redistribuição direta. O que isso significa? Que o laço social dependia de maneira crucial da equidade e da organização da partilha dos recursos adquiridos pelo grupo.

Essa visão nos leva a pensar que nos momentos das grandes caçadas, o clã se reunia em acampamentos provisórios, verdadeiros postos avançados de exploração, cuja localização provavelmente era escolhida por alguma vantagem apresentada, como a segurança contra feras selvagens, a presença de água corrente, a possibilidade de observar a paisagem (a caça) de longe, a existência de um vau permitindo atravessar certo rio, de matéria-prima para modelar utensílios, etc. Quando os esforços dos caçadores proporcionavam ao clã uma grande presa, imagina-se que ela fosse desmembrada ali mesmo em pedaços transportáveis – pele, pernis, vísceras, fontes de matéria-prima (presas, etc.) – e depois carregada até o "açougue", cuja localização devia ser escolhida em função dos locais frequentados pelos animais, a fim de reduzir as distâncias.

Era sem dúvida nos acampamentos neandertais provisórios que ocorria a maior parte do trabalho de preparo das carnes, que devia ser coletivo, como a caçada. A esse trabalho coletivo devia se seguir uma redistribuição direta da caça sob os olhos de todos e com a participação de todos. A participação de cada um certamente começava na caça, como em Lehringen, para impelir o elefante até um pântano, ou em La Borde, para precipitar os auroques num poço. O trabalho comum, podemos imaginar, continuava no local e consistia em separar e aproveitar logo, numa refeição que reunia todo o clã, as partes difíceis de conservar, como os miúdos, o coração, o fígado, o conteúdo estomacal, etc. Depois se transportavam ao acampamento permanente todas as partes nobres que podiam ser facilmente transformadas em reservas (pernis, costelas, músculos) ou servir para a extração de matéria-prima útil (tutano, presa, pele, tendões para fazer cordas).

Essas tarefas que exigiam precisão eram objeto de uma especialização? Pode-se supor, por exemplo, que as mulheres fossem encarregadas de preparar as peles, o que explicaria, por um lado, a presença de cursos d'água perto dos "açougues", como em Quincieux, e, por outro, o desgaste dos dentes por excesso de mastigação constatado em alguns fósseis, como o de La Ferrassie ou o de Shanidar.

Assim, o bem-estar de um grupo neandertal dependia de uma partilha durante a qual era atribuída a cada um uma parte proporcional a suas necessidades, mas também a seu papel na coleta. No seio de um grupo que funcionava na base da partilha, a caça de pequenos animais como lebres, coelhos e outros roedores, indispensável em períodos de vacas magras, causava problemas para a distribuição direta. Já o abate de um elefante, cuja carne dava e sobrava para alimentar o grupo inteiro, prestava além disso um importante serviço: oferecendo a ocasião de fazer uma "festa", ou pelo menos de partilhar, aumentava a coesão social.

É, portanto, incrível, mas não tão inexplicável assim, que os Neandertais se expusessem a tantos riscos a fim de caçar grandes animais: embora semelhantes aventuras pudessem se revelar catastróficas para um ou mais indivíduos, elas eram importantes para a sobrevivência do grupo a longo prazo. Todavia, a coesão social era ainda mais importante, uma vez que os clãs de nossos irmãos neandertais eram, como veremos, um tanto quanto esparsos.

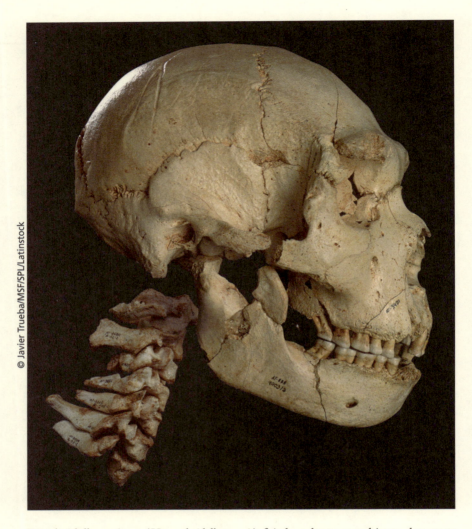

Esse heidelberguiano (*Homo heidelbergensis*) foi descoberto no abismo dos ossos (Sima de los Huesos) em Atapuerca, no norte da Espanha, sítio arqueológico onde foram encontrados 80% dos fósseis humanos europeus de 400.000 anos ou mais. E o mais extraordinário é que, graças às condições reinantes nessa região, o DNA humano se conservou durante centenas de milhares de anos, de maneira que pôde ser sequenciado.

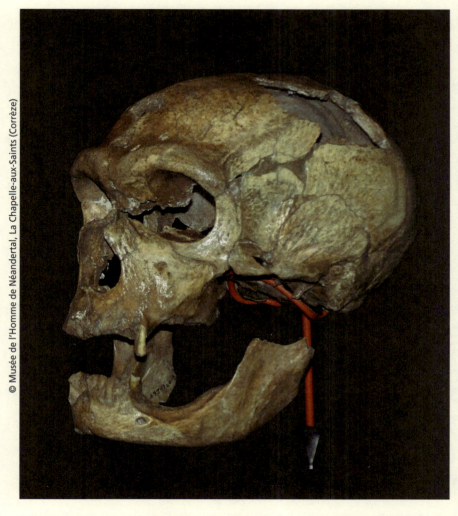

O homem de La Chapelle-aux-Saints (Corrèze) foi o primeiro Neandertal descoberto na França. Seu fóssil está conservado hoje no Museu do Homem, em Paris.

Esta velha fotografia mostra como o crânio do homem de La Chapelle-aux-Saints apareceu para seu descobridor, o cônego Jean Bouyssonie, em 1908. Foi com a ajuda de seus dois irmãos, Amédée e Paul, também eles pré-historiadores amadores, que Jean Bouyssonie resgatou o primeiro fóssil neandertal da França.

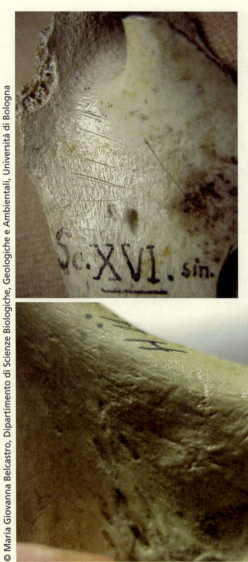
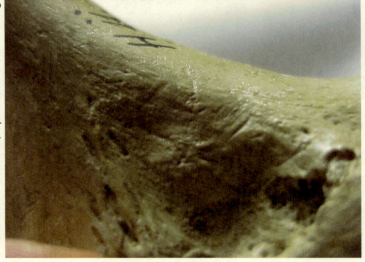

Estes vestígios de incisões, deixados por um utensílio cortante, resultam dos esforços feitos por um Neandertal para descarnar a omoplata (no alto) e o cotovelo (abaixo) de um de seus congêneres. Estes ossos foram descobertos no sítio de Krapina, na Croácia. Ignoramos até hoje se o canibalismo neandertal era alimentar ou tinha um sentido simbólico.

O biface – vemos aqui um exemplar incompleto encontrado em Romanèche-Thorins no Departamento de Saône-et-Loire – é uma pedra talhada em forma de lágrima. Trata-se da ferramenta polivalente dos paleolíticos antigos, uma espécie de canivete suíço! Eles os modelavam tirando lascas dos dois lados de um bloco de pedra. Os dos Neandertais eram particularmente bem-acabados. Por conta de sua grande simetria bilateral e bifacial, considera-se o biface a primeira manifestação arqueológica do senso estético humano.

A modelagem dos utensílios de pedra neandertais era complicada e sutil, como bem sabem os pré-historiadores que tentaram reproduzi-la. Curiosamente, o conjunto dessas técnicas – a que os pré-historiadores nomeiam indústria musteriense – se manteve quase idêntico por 300.000 anos.

Para produzir facas e utensílios cortantes através do lascado, os Neandertais usavam o método chamado Levallois – já que foi nessa periferia de Paris que ele foi identificado pela primeira vez. À esquerda, um raspador produzido pelo método Levallois, proveniente de Solutré, no Departamento de Saône-et-Loire: provavelmente era utilizado para raspar peles e outras superfícies. À direita, uma faca musteriense proveniente de Frettes, no Departamento de Haute-Saône.

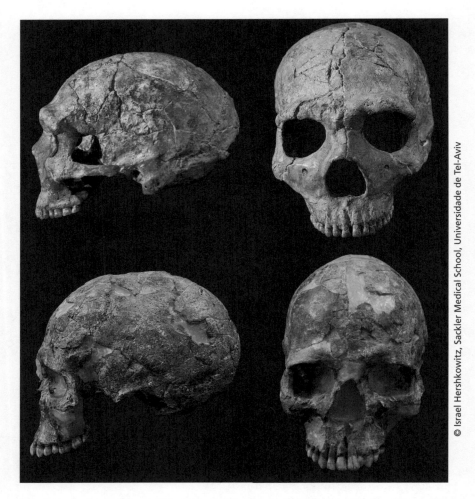

Também no Levante havia Neandertais! No alto, o fóssil neandertal Amud 1 (datado de aproximadamente 55.000 anos) mostrado de frente e de lado: ele pertence a um homem morto com cerca de 25 anos e foi descoberto junto com outros fósseis de adultos e crianças durante escavações realizadas entre 1961 e 1964 por uma equipe de pesquisadores israelenses e japoneses a noroeste do Mar da Galileia, em Israel. Sapiens arcaicos também viveram no Levante antes da passagem dos Neandertais por Amud. Abaixo, o fóssil feminino Qafzeh 9, descoberto na caverna de Qafzeh, perto de Nazaré, e datado de cerca de 92.000 anos. Qafzeh 9 é um dos mais antigos fósseis de *Homo sapiens* encontrados fora da África. A boa conservação desses dois fósseis, um neandertal e outro sapiens, se explica pelo fato de terem sido sepultados.

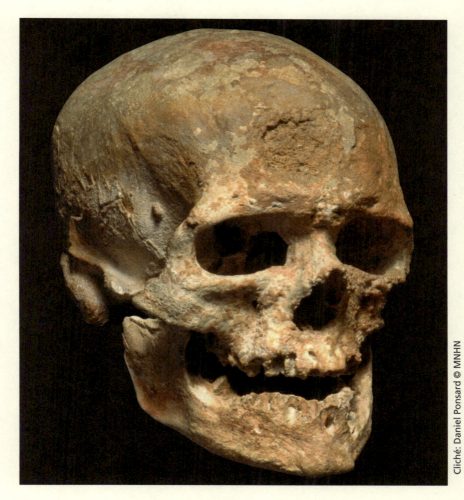

O fóssil do Homem de Cro-Magnon foi descoberto durante a construção de uma estrada em 1868. Trata-se de um *Homo sapiens* morto há cerca de 28.000 anos e pertencente à cultura chamada gravetiana. Não se trata, portanto, de um dos primeiros homens modernos em solo europeu, já que os pioneiros sapiens entraram na Europa cerca de 43.000 anos atrás.

Figura 7-1: Encontre o Neandertal nesta imagem! Ele está perdido aí como estava sua população nos 10 milhões de quilômetros quadrados da Europa.

7
NEANDERTAL NÃO DEVIA NEM TER SOBREVIVIDO

"Submergir nessa solidão de água e de montanhas [...], as águas, os rochedos, os bosques, os rios só para si!"
François-René de Chateaubriand[1]

■ *Noivo do Norte estava a uma hora de distância do acampamento, procurando elefantes, quando, de repente, viu aquele grupo. Imediatamente voltou para avisar o clã. Tio forte bateu, bateu, bateu e voltou a bater "Boas-vindas" em seus bastões trovão... Sabia que isso bastaria para avisá-los... Uma hora depois, ouviu as batidas de bastão trovão que esperava! Estavam respondendo na língua dos caçadores que viriam. Quer dizer que a língua secreta dos caçadores era a mesma no clã que se aproximava... Que primos seriam aqueles?*

Então chegaram, silenciosos e sorridentes. Os homens se aproximaram devagar e depuseram seus chuços no chão. Avançando lentamente também, Noivo do Norte colocou seus chuços sobre os deles; depois Tio forte, os outros homens, as mulheres... As crianças se agitavam. Todos sorriam. Lentamente, Tio forte ergueu seus bastões trovão e perguntou: "Quem são vocês?" Silêncio. Então voltou a fazer a pergunta batendo em seus bastões.

Uma mulher avançou e, também batendo bastões, respondeu: "Nós somos as pessoas". Depois começou a falar, mas ninguém a entendeu...

Os Neandertais não deviam ter sobrevivido. Por quê? Porque quase não podiam se encontrar. De fato, habitavam um território imenso:

depois de terem ocupado um espaço que ia da costa atlântica da Europa, incluindo a Grã-Bretanha, até as portas da Ásia, eles progrediram, de 120.000 anos para cá, primeiro em direção ao Levante, depois em direção à Ásia central (*cf.* figura 2-2: mapa do território neandertal), e então... então os Sapiens chegaram, e os Neandertais foram se tornando mais raros até desaparecerem. A composição de uma curta sequência de DNA mitocondrial (123 nucleotídeos) extraído do molar de uma criança morta há 100.000 anos, descoberta na caverna de Scladina, na Bélgica[2], revelou de fato o empobrecimento genético da população neandertal tardia.[3] Semelhante fenômeno só pode se explicar pela erosão da biodiversidade acarretada por uma queda demográfica. Como veremos no capítulo 9, essa pouca densidade da população neandertal explica muitas coisas a respeito do seu desaparecimento.

De qualquer maneira, as estimativas do número total de Neandertais realizadas pelos paleodemógrafos apontavam um efetivo de 70.000 indivíduos.[4] Num território que ia do Atlântico à Sibéria central e incluía o Oriente Próximo, isso implica uma densidade demográfica tão pequena (da ordem de 0,02 habitantes por quilômetro quadrado) que leva a crer que os Neandertais nem sequer tinham como se encontrar...

Ainda não está convencido? Suponhamos que o efetivo máximo de 70.000 neandertais se repartisse em 2.000 clãs de 35 pessoas (provavelmente os clãs eram ainda menos numerosos). Essa cifra de 35 não tem nada de arbitrário. Baseada em observações etnográficas, ela representa de fato o efetivo máximo de uma comunidade de caçadores-coletores funcional e viável. Imaginemos que esses clãs de até 35 membros estivessem distribuídos de maneira regular nos 10 milhões de quilômetros quadrados da Europa. Considerada essa distribuição homogênea, cada clã devia ocupar um território médio de 5.000 quilômetros quadrados, ou seja, um quadrado de 70 x 70 quilômetros.

Nessas condições, encontros e trocas continuam sendo possíveis se levamos em consideração o fato de que os Neandertais se deslocavam muito, o que é confirmado pelas origens bastante diversas das matérias-primas de que faziam seus utensílios. Contudo, a pouca diversidade genética[5] neandertal também sugere que durante alguns períodos (frios) sua população chegou a ser inferior a 10.000 pessoas. Nesses tempos difíceis, teriam existido, portanto, menos de 300 clãs neandertais perdidos nos 10 milhões de quilômetros quadrados europeus. Cada clã teria ocupado então cerca de 33.300 quilômetros quadrados, um quadrado de 180 x 180 quilômetros, o que, em condições subárticas, torna bastante difíceis encontros e trocas plurianuais entre clãs, sobretudo em se tratando de clãs extremamente móveis e perdidos na natureza.

As cifras são, portanto, categóricas: se os Neandertais estivessem distribuídos de maneira homogênea pela Europa, não teriam podido nem se encontrar nem estabelecer trocas culturais e gênicas mínimas que lhes permitissem sobreviver. Contudo, o fato está aí: o *H. neanderthalensis* não desapareceu, mas se perpetuou por um bom tempo. Sendo assim, qual a falha do raciocínio anterior? A ideia de que os Neandertais estavam distribuídos de maneira homogênea através da Europa é falsa? Sim. Devemos afastá-la desde já, pois é insustentável. Afinal, tudo indica que eles se concentravam em certas regiões favoráveis a seu modo de vida.

Que indícios nós temos a respeito da distribuição dos Neandertais? Uma separação da população neandertal em subgrupos geográficos implicaria a coexistência na Europa de diversas "culturas" neandertais ao mesmo tempo. Dispomos de fósseis que corroborem essa tese? Podemos confirmar de algum jeito que existiam diversas populações neandertais?

O clã do urso? *Terceira colina à direita*

A busca por uma resposta a essa última pergunta ocupou os paleoantropólogos por várias décadas. Tratada inicialmente apenas com bases morfométricas, passou-se em seguida a aplicar a ela modelizações genéticas e, mais recentemente, o estudo do DNA dos Neandertais. Por exemplo, na região sudoeste da França – zona particularmente pródiga em descobertas fósseis – o estudo detalhado da anatomia dos fósseis neandertais sugeriu a presença regional de um tipo físico bastante homogêneo de neandertal.[6] Do mesmo modo, outras variantes neandertais existiam ao longo da costa mediterrânea[7], ou ainda na Europa central. Já que são identificáveis fisicamente, esses subgrupos constituíam de algum modo reservatórios de população (ou os "estoques genéticos", dependendo do ponto de vista que adotamos) onde viviam clãs conscientes da presença de vizinhos que eles sabiam como encontrar na imensa natureza.

Essa situação é sem dúvida comparável à dos inuítes. Quando os europeus encontraram esses caçadores-coletores árticos, eles viviam na glaciação perpétua havia milhares de anos. Contudo, existe toda uma galáxia de povos inuítes: os da Groenlândia, os da Baía de Hudson, os do Alaska e os da Sibéria. Embora tenham uma mesma origem e estejam próximos por suas culturas e, em particular, por suas línguas, esses grupos inuítes estão separados geograficamente e não se conhecem. Na época em que os europeus chegaram ali, os grupos mais afastados provavelmente não estabeleciam contato entre si havia séculos, e seus modos de vida, embora comparáveis, diferiam de acordo com os ambientes em que se encontravam.

Como os inuítes, um grupo étnico e cultural disperso pelo imenso território ártico, congelado durante a maior parte do ano, pôde manter contatos suficientes para sobreviver milhares de anos? Graças às vantagens da distribuição em constelação: ela favorece uma proximidade local entre vizinhos e contatos que, mesmo episódicos, podem bastar para manter um efetivo de população e uma tipologia física. No que diz respeito aos Neandertais, foi constatado que sua distribuição no sudoeste da França provavelmente respeitava esse esquema de ocupação do território: ela compreendia várias zonas de habitat conectadas entre si.

Essa é a conclusão que se pode tirar dos resultados de um estudo realizado em 2013 por um grupo de arqueozoólogos e pré-historiadores franceses em nove sítios de Quercy ocupados entre 200.000 e 40.000 anos atrás sob diversos climas. A partir dessas cavernas ou acampamentos ao ar livre[8], clãs neandertais exploraram o meio natural circundante para se alimentarem e se equiparem. A compilação do tamanho, da idade e do sexo das presas, assim como dos períodos de abate, revelou as estratégias de obtenção de recursos: os pesquisadores constataram que as atividades ligadas à subsistência estavam relacionadas às estações, que determinavam a abundância ou escassez dos animais caçados. A produção de utensílios de pedra forneceu informações sobre o tratamento que os caçadores-coletores reservavam aos recursos adquiridos: os pesquisadores puderam saber, por exemplo, se os Neandertais levavam suas presas inteiras para o acampamento ou apenas pedaços escolhidos, em que perímetro caçavam e onde se aprovisionavam de pedras para talhar.

Os resultados são espantosos: o conjunto dos dados faunianos e líticos dos sítios de Quercy desenha em filigrana sobre o mapa uma vasta rede de circulação de pedras em todo o norte da Aquitânia. A presença de matérias-primas de origem um tanto distante (até 100 quilômetros) implica deslocamentos ou contatos de longo prazo e confirma a utilização de um amplo território pelos clãs neandertais, especialmente em direção a Dordogne e certamente para além, rumo a Charente e aos Grands Causses, regiões localizadas no sudoeste da França. Os eixos naturais de circulação se organizavam ao longo dos rios, mas também entre os grandes vales e através dos planaltos calcários ricos em zonas de caça adaptadas a grandes manadas de bisões e de cavalos. Tudo indica que os neandertais se deslocavam em função das estações, pois eles seguiam certas espécies que exploravam especialmente em alguns momentos, sobretudo os bisões.

Os pré-historiadores puderam constatar, assim, que dois grupos, um que vivia em Quercy e outro em Dordogne, ocupavam territórios distintos, mas intensamente conectados. Cada um desses territórios podia ser explorado numa superfície de quase 2.000 quilômetros quadrados, de um raio de aproximadamente 25 quilômetros, o que representava cinco a dez horas de caminhada; o aumento desse raio para 50 quilômetros, ou seja, um a dois dias de caminhada, podia levar o território explorado a 8.000 quilômetros quadrados, o que colocava os Neandertais de Quercy em contato com os de Dordogne. Assim, cada região (Quercy, Dordogne) podia viver independentemente em seu ritmo sazonal, mas conservava a possibilidade de trocas com sua vizinha: essas duas regiões da galáxia neandertal estavam visivelmente conectadas.

A supertrilha neandertal

Estendendo seu raio de ação a 100 quilômetros (3 dias de caminhada), os Neandertais de Quercy ou de Dordogne podiam cobrir um território de 31.000 quilômetros quadrados. Os contatos com os neandertais da Bacia da Aquitânia, de Poitou, de Limousin de Rouergue e dos Grands Causses tornavam-se então possíveis. Notemos de passagem que Lewis Binford, esse famoso pré-historiador norte-americano que analisava as lixeiras de grupos caçadores-coletores atuais (*cf.* capítulo 5), estabeleceu que as expedições de caçadores-coletores atuais costumam cobrir cerca de 100 quilômetros quadrados. Seu raio de ação, ou "raio de coleta", varia de dois a doze quilômetros... Trata-se de uma espécie de regra universal que caracteriza a atividade dos caçadores-coletores atuais, e se pode imaginar que ela também se aplique aos Neandertais.

Assim, os Neandertais parecem realmente ter vivido em meio a vários centros de população vizinhos e interconectados, dentro dos quais se observam certas características físicas peculiares de neandertais. Essa hipótese é reforçada pelo estudo[9] feito sobre mais de 1.300 bifaces provenientes de 80 sítios neandertais de cinco países europeus (França, Alemanha, Bélgica, Grã-Bretanha e Países Baixos) com datações entre 115.000 e 35.000 anos atrás.

A comparação entre o conjunto desses utensílios levou a uma classificação em grandes zonas de influência cultural distintas. As regiões

Quercy e Dordogne, por exemplo, pertenciam a uma mesma "zona cultural", já que estavam interconectadas.

Dentro dos centros de população, as densidades demográficas eram suficientes para tornar a sobrevivência biológica possível a longo prazo. Obstáculos naturais (os Pireneus, por exemplo, ou ainda o Reno, etc.), ou simplesmente a distância, deviam separar esses centros. Diversas modelizações do reservatório genético neandertal corroboram essa impressão: elas permitem definir a partir do DNA mitocondrial três subgrupos europeus[10] coerentes com aqueles que os estudos anatômicos, completados pelos dos hábitos de caça e de aprovisionamento lítico dos neandertais, já tinham delineado.

Essa estruturação em galáxia da população neandertal desempenhou um papel crucial em sua sobrevivência. De fato, para que os genes e a cultura de uma população possam se manter, se faz necessário manter pelo menos um mínimo de contatos entre os grupos que a compõem. O que acontece quando um grupo não conta com a contribuição de genes exteriores é bem conhecido: o aumento da consanguinidade diminui o valor adaptativo dos indivíduos produzidos. Consequência: os jovens do grupo têm cada vez mais dificuldade em se reproduzir.

Por quê? Essencialmente porque o aumento da taxa de consanguinidade favorece a manifestação de mutações genéticas que diminuem a esperança de vida. A consanguinidade dentro de um grupo pode levar rapidamente a sua extinção, ou ao menos dificultar sua perpetuação. A história das famílias reais europeias, que se reproduziam sobretudo entre si, fornece exemplos contundentes. As doenças genéticas frequentemente sofridas por crianças consanguíneas diminuem suas chances de sobrevivência, assim, o número de herdeiros reais diminuía de geração em geração. Isso acarreta uma baixa da diversidade genética e acelera ainda mais o fenômeno.[11] De fato, as famílias reais europeias foram prisioneiras por muito tempo de uma espiral infernal rumo à morte. As de hoje aprenderam a lição, já que, cada vez com maior frequência, integram plebeus ao "sangue real", ou seja, pessoas de capital genético bem diferente do seu...

Dentro da galáxia neandertal, os clãs deviam então dispor de meios de se encontrar, mas também de perdurar quando as restrições climáticas limitavam as trocas. A ausência ou a pouca frequência dos contatos deve ter muitas vezes levado os Neandertais a se reproduzirem no interior de seus clãs, provocando o aumento da consanguinidade por longos períodos. Contudo, é preciso constatar que em todas as sociedades humanas atuais, a endogamia não ocorre dentro da família. Aliás, o tabu do incesto foi considerado universal por muitos antropólogos, a começar por Claude Lévi-Strauss, que fez dele uma das regras constituintes da sociedade humana. Segundo ele, a sociedade se estrutura sempre de maneira a evitá-lo.[12] Será que os Neandertais compartilhavam conosco o tabu do incesto?

Um estudo paleogenético apaixonante, publicado em 2010 por uma equipe espanhola, nos esclarece sobre a questão. Foi realizado a partir dos restos fósseis de 12 Neandertais que viveram há 49.000 anos (em período glacial) no sítio de El Sidrón, situado no norte da Espanha.[13] De acordo com todos os indícios arqueológicos, esses indivíduos faziam parte de um mesmo clã e morreram praticamente ao mesmo tempo. Os ossos desses Neandertais – que, aliás, trazem indícios de terem sido canibalizados – foram encontrados numa parte da caverna selada por um desmoronamento (para o grande benefício da ciência pré-histórica). A análise genética pôde ser feita tanto com o DNA mitocondrial quanto com o DNA nuclear. Foi possível inclusive determinar o sexo dos indivíduos através de uma pesquisa sistemática sobre o cromossomo Y, o cromossomo sexual masculino. Graças ao estudo do DNA e a um exame paleoantropológico, os pesquisadores estabeleceram que se tratava de uma parte do clã composta de três homens adultos, três mulheres adultas, três adolescentes (provavelmente todos do sexo masculino), duas crianças (uma de 5 a 6 anos, outra de 8 a 9) e um bebê.

Ora, o estudo do DNA mitocondrial (transmitido pela mãe) desses indivíduos levou a constatações surpreendentes. Revelou-se que esses doze neandertais eram provenientes de três linhagens maternas distintas: uma linhagem A contando com 7 indivíduos, entre os quais os três homens (que eram, portanto, irmãos, tios ou sobrinhos...); uma linhagem B, compreendendo quatro indivíduos, entre os quais uma mulher e um ou dois dos seus filhos; e uma linhagem C, representada unicamente pela terceira mulher adulta.

Esses resultados sugerem a existência de um grupo social constituído de homens aparentados, de suas parceiras femininas e de seus filhos. Tudo indica que as mulheres vieram de fora do clã. Assim, os Neandertais da caverna de El Sidrón parecem ter praticado a forma de exogamia nomeada patrilocalidade: as mulheres, ao ficarem adultas, deixam seu clã de origem para ir viver em outro clã, onde terão filhos.

Como o caso observado em El Sidrón é único, não se pode concluir daí que os neandertais evitavam o incesto praticando a patrilocalidade. Observemos, no entanto, que a patrilocalidade é praticada em 70% das sociedades tradicionais da humanidade atual, especialmente nas do Ocidente, como bem sabemos.

Seria tentador projetar o mesmo funcionamento sobre as sociedades neandertais, mas também se pode imaginar que elas funcionassem de acordo com um esquema inverso: a matrilocalidade. Podemos imaginar, por exemplo, que conflitos interclânicos volta e meia levassem à existência de caçadores solitários, que vagavam longe de seu clã à procura de um novo grupo com que viver, talvez mulheres, se estas estivessem em falta no clã.... Qual seria nesse caso a atitude de um clã que recebesse a visita de um estrangeiro? E se a cultura dos Neandertais os levasse a acolher o visitante e tirar proveito de sua alteridade genética?

Hospitalidade sexual neandertal?

Entre muitos povos, mas especialmente entre os inuítes, cujo isolamento nos parece comparável ao dos Neandertais dos períodos glaciais, pratica-se a hospitalidade sexual. Ao visitante – que sobreviveu sozinho a uma grande viagem, o que não é pouca coisa – é oferecida a mulher ou a filha da família que o recebe. Encontram-se práticas como essa em algumas culturas tradicionais da África do Norte, da África subsaariana, da Arábia, da Micronésia, em povos ameríndios, etc. No caso dos habitantes das imensidades glaciais do Grande Norte, a existência de uma forte tradição de hospitalidade sexual sugere que a cultura inuíte reagiu através de um dispositivo cultural à escassez de alteridade genética. Não temos nenhum indício disso, mas podemos imaginar uma atitude comparável entre os Neandertais.

Entretanto, como já dissemos, é certo que, ao menos em determinadas épocas e em determinadas regiões, os clãs neandertais enfrentavam grandes dificuldades para praticar a exogamia. O que acontecia então? Era preciso se reproduzir entre si. A endogamia podia então se tornar extrema, como revelou um estudo de 2013, baseado no sequenciamento do DNA nuclear de uma falange neandertal. Esse osso do pé foi encontrado na caverna de Denisova, no maciço de Altai na Sibéria central. Portanto, numa região marginal, fria e montanhosa da área neandertal, onde não devia haver muitos vizinhos.

Sequenciar o genoma da jovem neandertal de Denisova exigiu reunir raras e fragmentárias sequências de seu DNA perdidas entre bilhões de fragmentos de DNA parasitas provenientes da morte de microrganismos necrófagos. Essa proeza foi possível graças a um novo protocolo elaborado pela equipe de paleogeneticistas de Svante Pääblo, do Instituto Max Planck de Leipzig[14], que tornou possível encontrar e identificar cada um dos cerca de três bilhões de nucleotídeos do genoma nuclear da jovem neandertal de Denisova não menos do que cinquenta e duas vezes!

Uma vez reconstituído, o genoma foi comparado ao de um Neandertal já conhecido e sequenciado pela mesma equipe. Ora, esses resultados particularmente fiáveis revelam uma enorme consanguinidade. A jovem que nos deixou seu dedão na caverna de Denisova foi concebida por um casal formado ou por um meio-irmão e uma meia-irmã, ou por primos, ou por um tio e sua sobrinha, ou por uma tia e seu sobrinho, ou, o que parece menos provável, por um avô e sua neta ou uma avó e seu neto... Em suma, uma união que seria considerada aberrante hoje em dia por seu caráter demasiado consanguíneo.

Pode-se generalizar esse exemplo e afirmar que a endogamia era moeda corrente entre os neandertais? Na certa podemos imaginar que era o que acontecia nos períodos climáticos mais difíceis. Porém, fora desses períodos, é mais razoável acreditar que as tradições culturais favorecessem a exogamia através do incentivo à partida dos jovens (nosso Noivo do Norte, por exemplo...) ou de uma grande hospitalidade, inclusive sexual. Seja como for, o fato está aí: os Pré-Neandertais e os Neandertais sobreviveram por centenas de milhares de anos e evoluíram para dar uma forma humana, singular e bastante homogênea a seu território. Apesar de pouco numerosos, conseguiram manter trocas genéticas (e culturais) suficientes para sobreviver.

Ei, Mulher medicina, como se lasca o sílex mesmo?

A questão da penúria genética também deve ser colocada em termos culturais! A História da humanidade demonstra que o isolamento cultural compromete a sobrevivência de um grupo pequeno demais. A explicação é simples: quanto menor uma população, menor sua capacidade de inovar. Em 2004, o antropólogo Joseph Henrich[15], da Universidade da Columbia Britânica, no Canadá, propôs que dentro dos grupos humanos sempre existe uma "seleção cultural" em ação durante a reprodução das tarefas. Cerca de 10.000 anos atrás, a elevação do nível dos oceanos provocada pelo derretimento de geleiras transformou a Tasmânia numa ilha, isolando seus habitantes do resto dos aborígenes australianos. O material cultural tasmaniano se simplificou consideravelmente a partir de então. Perdeu-se, por exemplo, a técnica da fabricação de utensílios de osso (arpões, anzóis...), de certas roupas, de bumerangues, etc. Quando os europeus os encontraram, já não utilizavam mais do que 24 utensílios, todos extremamente simples.

A partir dessas observações, Joseph Henrich imaginou um modelo matemático que descrevesse como o tamanho da população influencia a complexidade cultural. O modelo se funda em duas hipóteses. A primeira é de que os mecanismos de cópia são imprecisos, de maneira que a reprodução de uma tarefa costuma degradar a informação que define essa tarefa (o modelo prevê também os casos em que a cópia é perfeita ou em que as imperfeições acabam levando a uma inovação). Segunda hipótese: os indivíduos tendem a imitar os membros mais eficientes de seu grupo. Sendo assim, a probabilidade de observar uma cópia perfeita ou uma inovação aumenta com o tamanho do grupo. O modelo de Henrich prevê que em pequenas populações a informação cultural só pode se degradar.[16] É o que teria ocorrido na Tasmânia.

Um clã neandertal fechado em si mesmo por dezenas de anos sofria o mesmo tipo de empobrecimento técnico? É claro que os saberes culturais dos Neandertais deviam lhes permitir "segurar a barra" durante os períodos sem trocas, mesmo que todos os indivíduos mais velhos morressem. Como e por que as culturas neandertais conseguiram garantir fluxos culturais e gênicos suficientes? Só se pode inferir que isso acontecia na escala de um imenso habitat.

O bicho carpinteiro neandertal

Os fluxos culturais e genéticos só podem ter ocorrido graças a uma boa dose de mobilidade. Já dissemos e repetimos que os Neandertais se deslocavam – e tinham que se deslocar – muito. A que ponto? Será que percorriam vastos territórios? Com base na observação dos caçadores-coletores atuais, que passam a maior parte do tempo seguindo suas caças, seríamos tentados a ver nos Neandertais um povo de nômades, guiado pela busca constante de alimentos.

Mas essa visão simplista demais deve ser relativizada. O antropólogo Alain Testart sustenta que, na verdade, os caçadores-coletores não costumam se mover tanto assim, pois têm um comportamento oportunista: deslocam-se unicamente em função do modo de vida dos animais que caçam. Não praticam o grande nomadismo errante de certos povos de pastores que estão sempre em busca de alimento para seu gado, preferem avançar por saltos, de acordo com um ciclo racional de lugares de vida determinado pelos ritmos da natureza (migração animal, estação propícia, etc.) e pelas condições climáticas. Sendo assim, se aceitamos a validade da comparação entre Neandertais e Sapiens, parece que podemos excluir a hipótese de os Neandertais terem sido grandes nômades.

Contudo, é essencial levar em conta o clima que reinava então. Os caçadores-coletores atuais que vivem em climas temperados ou quentes em que a alimentação é abundante tendem a ser bastante sedentários. Costumam dedicar pouco tempo à busca por alimentos, de maneira que podem se consagrar ao ócio e aos jogos, o que explica por que muitos exploradores europeus do século XIX chamaram os caçadores-coletores que encontraram de "povos preguiçosos".

Já os caçadores-coletores dos climas frios, por exemplo os inuítes, consagram durante a estação estival uma parte importante de seu tempo à caça e à coleta, a fim de preparar estoques para o inverno. E mesmo no inverno, apesar dos extraordinários rigores do clima e da onipresença das banquisas, os inuítes continuam a caçar (com outros métodos), principalmente focas. Nos tempos pré-históricos, é certo que as manadas de grandes herbívoros que mais interessavam os caçadores neandertais migravam na estepe por longas distâncias. Para segui-los, os Neandertais deviam ser grandes caminhadores.

A busca do Graal neandertal

Os locais de escavações podem nos ajudar a esclarecer essas questões? A natureza mais ou menos pronunciada da mobilidade neandertal pode ter deixado rastros? Por décadas, a questão da mobilidade dos neandertais foi examinada principalmente através de dois tipos de vestígios: aquele dos animais caçados (eram locais ou viviam longe?) e aquele das matérias-primas dos utensílios encontrados (a que distância eram achadas?). Seu estudo permitiu avaliar o quanto os Neandertais se deslocavam.

Assim, verificou-se que, para fabricar seus utensílios, os Neandertais utilizaram uma grande variedade de pedras, algumas muito raras, como o jaspe ou o cristal de quartzo. Quando não dispunham de matéria-prima de boa qualidade nas proximidades (como no sítio de Grand Pressigny, em Indre-et-Loire, cujo solo abunda num verdadeiro tesouro: sílex sem imperfeições), os Neandertais se viravam com o que tinham em mãos, e, se a qualidade da rocha o exigia, limitavam-se a utensílios simples. Nesses casos, para fabricar utensílios mais complexos, eram obrigados a se deslocar em busca dos materiais que permitiam um talhe mais elaborado.

Mais concretamente, os pré-historiadores estabeleceram que, de acordo com a matéria-prima procurada e/ou das regiões geográficas, os Neandertais costumavam percorrer um raio de 10 a 20 quilômetros, chegando às vezes a 50 quilômetros. Numerosos sítios estudados desde o fim dos anos 1970 forneceram indícios dessa mobilidade local. O fato de que os talhadores se deslocavam em busca de matéria-prima e depois voltavam a seu acampamento-base sugere que os Neandertais escolhiam suas moradas em função de outros critérios que não a proximidade das jazidas. A presença de um ponto de água que atraísse a caça ou a possibilidade de observar os animais que pastavam na planície deviam lhes interessar.

Essa abordagem experimental vem sendo complementada hoje por modelizações informáticas detalhadas da maneira como os

Neandertais exploravam o território. Já evocamos esse tipo de modelização a propósito de nove sítios em Quercy e em Dordogne. Em 2011, uma modelização de grande amplitude realizada a partir de dados líticos, faunianos e ambientais de 31 sítios do Oriente Próximo de Neandertais e caçadores-coletores sapiens[17] revelou a existência de dois tipos de mobilidade. Os pesquisadores se inspiraram em constatações etnográficas feitas sobre as populações atuais de caçadores-coletores para pôr em evidência uma estratégia de exploração do território dita "residencial" (EMR: estratégia de mobilidade residencial) e uma outra dita "logística" (EML).

Enquanto a primeira, a residencial, consiste em deslocar o acampamento-base para situá-lo perto dos recursos disponíveis, a segunda consiste em deslocá-lo com menor frequência, mas percorrer uma distância maior. A estratégia de mobilidade logística se manifesta, portanto, através de deslocamentos de maior amplitude em torno de um acampamento-base para ir buscar matéria-prima e estocá-la. Os acampamentos-base de clãs que escolheram essa opção abundam em utensílios, mas todos pouco retocados, pois a matéria-prima não faltava. Já no caso da estratégia de mobilidade residencial, nenhuma matéria-prima é estocada no acampamento-base, de maneira que os sítios dos grupos que a praticavam são caracterizados pela presença de utensílios líticos bastante retocados e em muito menor número.

Todavia, no caso do estudo dos sítios de Quercy, os pesquisadores constataram a presença entre os Neandertais do Oriente Próximo de todas as estratégias de utilização do ambiente, desde a estratégia de mobilidade residencial mais local até uma estratégia de mobilidade logística de grande distância. De fato, 70.000 anos atrás, num momento em que só os Neandertais estavam presentes no Oriente Próximo, a generalização da estratégia de mobilidade logística foi acompanhada de um aumento da população. Essa evolução parece ter sido provocada por condições climáticas mais clementes. Ela explica por que, nessa época, a presença de Neandertais bem adaptados no

Oriente Próximo pôde impedir os Sapiens que já tinham saído da África de chegar à Europa.

Afinal, a exploração do território por meio da estratégia de mobilidade logística implica que os grupos cubram distâncias muito maiores e multiplica assim as chances de encontros com populações vizinhas, o que proporciona contatos, fluxos gênicos e culturais, e aumento populacional dos membros do grupo. Os "Neandertais logísticos" do Oriente Próximo de 70.000 anos atrás teriam de algum modo barrado o caminho dos Sapiens saídos da África.

Um último estudo, muito instrutivo, vai nos permitir concluir este capítulo sobre a sobrevivência e a necessária mobilidade dos Neandertais. Trata-se de um estudo genético realizado sobre o DNA e publicado em 2014.[18] As sequências de 17.367 genes codificadores de proteínas de três Neandertais oriundos da Espanha (El Sidrón), da Croácia (Vindija) e da Sibéria (Denisova) foram comparadas com as dos genomas de pessoas que vivem hoje na África, na Europa e na Ásia. Os resultados demonstraram que a diversidade genética dos Neandertais é muito pequena em relação à dos Sapiens modernos, eles próprios caracterizados, no entanto, por uma pequena diversidade genética. Assim, fica cada vez mais claro: os Neandertais constituíram uma pequena população espalhada por um imenso território[19], que só sobreviveu se deslocando e misturando seus genes aos de seus congêneres afastados (e provavelmente, assim que isso se tornou possível, aos dos recém-chegados Sapiens).

Finalmente podemos ter uma visão do que permitiu aos Neandertais sobreviver! Se atravessaram eras glaciais e sobreviveram a cataclismos climáticos foi porque sua cultura e as restrições exteriores os levaram a adotar uma estratégia de mobilidade logística assim que as condições o permitiam, por exemplo na boa estação. Essas migrações aos saltos favoreciam os encontros com outros clãs. Decerto, não devemos imaginar esses encontros como hostis, mas sim como festas de trocas... culturais e genéticas. No resto do tempo, quando as condições eram ruins, os neandertais se fechavam sobre si mesmos, mantinham suas práticas, reproduziam-se no interior do clã e exploravam o território numa escala mais reduzida, residindo em cavernas mais do que ao ar livre.[20] Se as culturas neandertais conseguiram se manter a longo prazo, foi provavelmente por serem extremamente tradicionalistas, isto é, rígidas (a inovação era proscrita; procedia-se sempre do mesmo jeito) e hiperespecializadas (cada um se limitava a seu papel) como as dos inuítes. Os Neandertais não deviam ter sobrevivido, mas, graças a essas particularidades, sobreviveram.

Figura 8-1: A cultura neandertal era rica, complexa e, sobretudo, estável, já que alguns de seus elementos – o talhe de utensílios, por exemplo – pouco mudaram. A transmissão devia, portanto, desempenhar um papel essencial.

8

UMA VIDA CULTURAL COMPLEXA

"Não há indústria mais simples [...] a simplicidade de seus utensílios líticos [...] combinam bem com o aspecto brutal desse corpo vigoroso e pesado, dessa cabeça ossuda de mandíbulas robustas [...]"
Marcellin Boule e Henri Victor Vallois[1]

■ *— orso, orso, orso!*
As crianças do clã do Urso debocham das crianças do clã do Orso, que lhes respondem: Uuuurso, Uuuurso, Uuuurso...
— Mulher medicina, por que eles não falam como nós se, como o clã do Urso, são da tribo do mamute? — pergunta Silenciosa.
— Você notou que nesse clã há vários que se chamam "Orso"?
— Sim, Tio Urso, Tio Orso e Filha de Orso.
— Pois bem, há muito tempo, quando eu era menina, Noivo Urso partiu em busca de uma noiva, pois só havia eu em nosso clã.
— E ele nunca voltou. É triste.
Mulher medicina sorri e diz:
— Voltou, sim. Aí está ele.
Silenciosa se vira na direção que Mulher medicina indica com a cabeça, mas só vê a fogueira dos Orsos, ao redor da qual vários deles executam suas tarefas. Ela não compreende.
— Noivo Urso são eles, é Tio Orso. Foi ele que fundou o clã e voltou na forma dos seus filhos!
Silenciosa está atônita.

– Sim – *continua Mulher medicina.* – *Depois de Tio Urso, o ancestral deles, esse clã nunca mais viu ninguém da tribo do Urso. Por isso a língua deles mudou.*

Se tivéssemos o privilégio de voltar 50.000 anos e desembarcar no meio de um acampamento neandertal, que cenas presenciaríamos? Que língua ouviríamos? Que roupas veríamos? Eles se vestiam com ostentação ou apenas de maneira utilitária? Surpreendentemente, apesar da escassez dos vestígios de que dispomos, podemos reconstituir uma parte do que foram as culturas neandertais. Assim, embora ignoremos a maior parte da vida cultural neandertal, podemos ao menos avaliar sua complexidade. E veremos que ela era grande e comparável, sem dúvida, àquela de certas culturas sapiens.

Na verdade, já temos a maior prova de que a vida do *H. neanderthalensis* era complexa: como poderia ser diferente, dadas as atividades de caça e coleta, as indústrias líticas e as elaboradas estratégias de uso da terra dos neandertais? Contudo, o conjunto desses comportamentos revela claramente uma sofisticação nas interações sociais. Essas interações puderam se estabelecer através de numerosos canais de comunicação (pelos gestos, os hábitos indumentários...). Porém, o mais eficaz, o mais "humano" dentre eles, é a linguagem. Essa observação nos leva a uma primeira pergunta: os Neandertais falavam?

Homo allalus?

Infelizmente, é impossível provar que o Neandertal possuía uma linguagem articulada, mas fortes indícios sugerem isso. A questão preocupou os pesquisadores desde a descoberta dos primeiros fósseis. E uma contradição aparente chamou a atenção: por que a capacidade craniana de Neandertal é comparável à de Sapiens se atribuímos um aspecto tão grosseiro a nossa espécie irmã? Por causa desse paradoxo, a possibilidade ou não de que Neandertal falasse ficou sempre numa balança que nunca parou de oscilar. Assim, em 1865, o antropólogo

Gabriel de Mortillet, a partir da análise da face interna da mandíbula neandertal de La Naulette, na Bélgica, decretou que Neandertal era um *Homo allalus*, isto é, "homens mudos". A ele se contrapôs, em 1906, o anatomista Félix Le Double, que tinha uma opinião mais bem fundada, já que devemos a ele os primeiros grandes estudos da variabilidade dos ossos humanos na espécie Sapiens. Todavia, examinando a mesma mandíbula, Le Double afirmou que a morfologia interna da parte anterior da mandíbula não constituía um índice da presença ou da ausência de linguagem articulada.

Mas o primeiro passo importante sobre a questão das capacidades linguísticas de Neandertal foi dado pela aplicação de ideias vindas da neurologia. Em 1861, Paul Broca, um grande estudioso que foi ao mesmo tempo médico, anatomista, antropólogo e fundador da Sociedade de Antropologia de Paris, provou que a perda da linguagem articulada por parte de um dos seus pacientes ocorreu por causa de uma lesão do cérebro. Broca inferiu daí que a zona correspondente estava fortemente implicada na produção da fala. Essa zona, nomeada hoje "Área de Broca", era segundo seus termos o "centro da fala" e se situava na base da terceira circunvolução do lobo frontal (zona localizada à esquerda do cérebro) tanto nos destros quanto nos canhotos.

Em 1874, a Área de Broca foi completada por uma segunda zona cerebral com um papel capital na linguagem, a Área de Wernicke, em referência ao neurologista e psiquiatra alemão Carl Wernicke, que a descobriu. A Área de Wernicke intervém na compreensão das palavras: seria um centro de estocagem possível da representação auditiva das palavras. As pessoas que sofrem de uma lesão da Área de Wernicke têm dificuldade em compreender tanto a linguagem oral quanto a escrita, embora consigam falar (mas de maneira completamente incompreensível). Essa área se situa perto do córtex auditivo primário no lobo temporal (acima do ouvido), mas pode ser encontrada no hemisfério esquerdo (em 99% dos destros) ou no direito (em 70% dos canhotos).

Naturalmente, essas descobertas impeliram os paleoantropólogos a se perguntarem se os Neandertais possuíam uma Área de Broca e uma Área de Wernicke. Logo foram feitos moldes da cavidade intracraniana neandertal que mostraram que sim. Essa constatação, na verdade, nada tem de surpreendente, pois tudo indica que a Área de Broca já existia no *Homo habilis*, nosso mais antigo ancestral humano. Contudo, ainda que a capacidade craniana elevada e a existência das "áreas da linguagem" nos Neandertais constituam indícios favoráveis da presença de uma linguagem articulada, esses indícios não bastam para demonstrar sua existência.

A tese de que Neandertal era dotado da palavra tornou-se mais forte quando os paleoantropólogos passaram a se perguntar também se Neandertal possuía os aparelhos fonador e acústico necessários.

A resposta só veio em 1983, quando uma sepultura neandertal[2] descoberta na caverna de Kebara, em Israel, forneceu um osso hioide. Sem esse osso, que permite a articulação da língua, a fala seria impossível. Contudo, a morfologia desse osso no Neandertal examinado se revelou idêntica à nossa.

Tudo leva a crer que a capacidade fisiológica de articular é resultado de uma evolução muito antiga, provavelmente muito anterior à chegada dos ancestrais heidelberguianos dos Neandertais à Europa. *H. neanderthalensis*, está claro, tinha a capacidade fisiológica de articular. Mas será que o fazia? Para responder a isso, uma equipe de pesquisadores[3] fez um estudo por meio de microimagens (com a ajuda de um fino pincel de luz oriundo de uma irradiação sincrotron) a fim de analisar a estrutura interna do osso hioide e verificar seu comportamento mecânico. O aparelho fonador do indivíduo de Kebara e a musculatura associada foram reconstruídos graças a um modelo digital e provaram que o osso sofreu de modo rotineiro as mesmas forças que um osso hioide de homem moderno: o indivíduo de Kebara articulava no dia a dia!

Já outra pesquisa comprovou que os Neandertais eram dotados também da base genética da linguagem articulada. Esta é representada pela mesma versão do gene *Foxp2* tanto no *H. neanderthalensis* quanto no *H. sapiens*.[4] Nos Sapiens, conhecemos seu papel ativo no desenvolvimento das regiões do cérebro ligadas à aprendizagem das línguas e da linguagem articulada[5] (existem outros genes[6] implicados na linguagem, como *Cntnap2*, *Ctbp1*, e *Srpx2*, mas ignoramos se estavam presentes nos Neandertais).

Em suma, tudo aponta para a possibilidade de uma linguagem entre os Neandertais, o que não é de surpreender. Vivendo em grupo, eles tinham que organizar muitas atividades, a começar pela caça, que, como já vimos, envolvia o clã inteiro: é claro, pois, que os Neandertais precisavam se comunicar entre si. Tudo indica, portanto, que tinham uma linguagem, mas que tipo de linguagem? Dominavam um sistema linguístico complexo? Em outros termos, conseguiam combinar palavras (sintaxe) e sentidos (semântica)?

A questão permanece aberta e é preciso reconhecer que a resposta depende muito da visão que fazemos dos Neandertais. De fato, os pesquisadores que os consideram muito diferentes de nós tendem a lhes atribuir capacidades linguísticas mais grosseiras que as de Sapiens na época em que chegou à Europa. Em sua visão, os sistemas de comunicação mais eficientes dos Sapiens teriam constituído uma vantagem competitiva. Será? Os Sapiens arcaicos de quinhentos séculos atrás tinham culturas visivelmente próximas das dos Neandertais. Sendo assim, por que supor que esses Sapiens falassem de maneira mais elaborada? Não temos nenhuma prova disso, a menos que suponhamos que nossas capacidades linguísticas atuais podem ser projetadas num passado tão longínquo.

Resumindo, as capacidades linguísticas atribuíveis aos Neandertais (e aos Sapiens arcaicos) permanecem uma questão subjetiva que certamente continuará sendo debatida por muito tempo. Para nós, está claro: os Neandertais falavam, pois dispunham de todas as capacidades anatômicas, simbólicas e cognitivas para tanto. A presença de subpopulações neandertais implicava certamente a existência de variações linguísticas. Além disso, milhares de anos de interação entre clãs sapiens e neandertais devem ter produzido culturas mistas, de maneira que talvez os Neandertais tenham até nos legado palavras. Se isso aconteceu, nunca saberemos quais.

Na escola neandertal

Para nós, o principal argumento a favor da fala não deve ser buscado nos esqueletos, e sim ao redor deles, nas pedras talhadas. A história dos Neandertais contém um capítulo durante o qual essas pedras foram modeladas com uma regularidade espetacular por centenas de milhares de anos: o Musteriense. De grande complexidade, a técnica de talhe musteriense, que perdura por mais de 250.000 anos, vem acompanhada de um conjunto de características particulares: os Neandertais utilizavam os fragmentos para fabricar utensílios finos e especializados que nomeamos de acordo com a forma e o suposto uso: pontas, discos, lâminas, cinzéis, raspadores... Alguns desses utensílios talhados (lâminas, pontas...) são ainda encabados e combinados com a ajuda de colas naturais (betumes, *cf.* capítulo 4) a outros componentes para formar utensílios compósitos mais complexos, como lanças armadas de lâminas...

Como essa cultura material tão rica poderia ter se transmitido por tantas gerações sem a fala? Entre as diferentes técnicas ditas musterienses, tomemos o exemplo de uma tarefa particularmente complexa: o lascado Levallois. Ele é realizado a partir de um bloco de matéria-prima (o núcleo) previamente preparado. Essa modelagem da pedra visa obter grandes fragmentos que possuem uma forma predeterminada (que são eventualmente retocados a seguir). Contudo, como um talhador de pedras preciosas de hoje, o ourives musteriense que a praticava devia estabelecer mentalmente um plano de trabalho e pré-visualizar o utensílio que queria fabricar. De acordo com o uso a que o destinava, devia além do mais saber corrigir seu gesto para aumentar a eficácia do utensílio.

Descritas assim, essas operações parecem uma brincadeira de criança, mas pouquíssimos pré-historiadores conseguiram reproduzi-las, e aqueles que conseguiram só o fizeram após anos de aprendizado. Já os jovens neandertais não podiam se dar ao luxo de anos de tentativas, uma vez que logo deviam produzir bons utensílios para se servir deles. Tudo leva a crer, portanto, que os adultos experientes os guiavam por meio da palavra quando tentavam talhar suas primeiras facas...

De resto, a existência de toda uma cultura que passa pela palavra ao redor da indústria lítica neandertal é sugerida também pela maneira como o Musteriense evoluiu bruscamente no Paleolítico Superior (de 30.000 a 10.000 anos atrás aproximadamente). Em seu célebre livro *O gesto e a fala*, o pré-historiador francês André Leroi-Gourhan[7] estima que a musteriense, como as outras técnicas do Paleolítico Médio (de 300.000 a 30.000 anos atrás) produzia cerca de dois metros de gume por quilograma de rocha, enquanto o talhe acheuliano praticado pelos Heidelberguianos só produzia 40 centímetros. Em algumas regiões, a técnica vai evoluir para indústrias líticas típicas do Paleolítico Superior com seus 6 a 20 metros de gume por quilograma de rocha!

No entanto, esse desenvolvimento foi rápido e se operou, ao que parece, sem nenhum contato com os Sapiens portadores da indústria aurignaciana (típica do Paleolítico Superior) que entraram na Europa 43.000 anos atrás. Porém, não se pode excluir a possibilidade de que essa evolução tenha sido de maneira indireta uma consequência da chegada dos Sapiens. De fato, é impressionante constatar que, depois de um período de estabilidade que durou 250.000 anos, o Musteriense evoluiu na Europa e se diversificou no fim da história neandertal em diversas técnicas líticas (chatelperroniana, szeletiana...) num lapso de tempo relativamente curto de apenas 10.000 anos. A coincidência é perturbadora...

Contudo, ainda que os Neandertais tenham alterado bruscamente sua maneira de talhar por influência indireta dos Sapiens, não poderiam ter feito isso se não dispusessem de uma cognição e de capacidades de comunicação e simbolização à altura das de seu concorrente. Até então, sua atitude tinha sido conservadora, indicando um estado de espírito do tipo: não se altera uma técnica que funciona! De repente, foi preciso inovar para imitar concorrentes eficazes...

Um Neandertal mágico e arqueólogo?

Uma categoria de outras produções materiais reflete a existência de capacidades cognitivas e simbólicas importantes, e, consequentemente, de uma cultura complexa: os objetos raros. A arqueologia mostra que os Neandertais e seus predecessores não se preocupavam unicamente em sobreviver, mas também dedicavam tempo à produção de objetos não utilitários, cuja singularidade salta aos olhos. Um bom exemplo é o biface rosa e amarelo já evocado (*cf.* capítulo 2), apelidado de Excalibur, exumado no sítio de Sima de los Huesos e que acompanhava os restos de 28 Heidelberguianos cujos corpos provavelmente foram jogados num poço há mais de 350.000 anos. De acordo com a interpretação mais difundida, seria um objeto funerário: teria sido talhado numa pedra especial para ser depositado voluntariamente durante aquilo que pode ter sido uma das mais antigas cerimônias fúnebres de que se tem notícia.[8]

Outro caso é o do biface em cristal de quartzo modelado há 150.000 anos descoberto em Kulna, na República Checa. Ora, o cristal usado como matéria prima provavelmente foi trocado com um clã vizinho, já que provém de uma região a mais de 100 quilômetros de Kulna. Ele sobressai em meio às pilhas de microlitos deixadas pelos ocupantes do lugar. Sua presença e a ausência de vestígios de utilização sugerem que não tinha uma função utilitária.[9] Outro caso de objeto raro e sem utilidade aparente: o grande fragmento de silcrete (um conglomerado de pedras coladas com silício) de pontos brancos encontrado no sítio neandertal de La Combette, no departamento de Vaucluse, na França, cuja presença surpreende em meio a um conjunto de utensílios destinados à caça.[10]

Mais surpreendentes ainda são esses objetos cujo interesse foi talvez simbólico, estético, afetivo, mágico... ou mesmo ligado ao poder dentro do clã ou a atividades de sedução. O simples fato de terem sido levados até o acampamento indica uma atenção particular e reforça o que já dissemos sobre a mobilidade dos Neandertais. Citemos por exemplo os fósseis de belemnites[11] descobertos no sítio musteriense de lascado Levallois de Canalettes (datado de 60.000 anos, ele está situado nos Grands Causses, a 680 metros de altitude). Tudo indica que a forma típica em "bala de fuzil" (alongada com a ponta em ogiva) das conchas desses cefalópodes jurássicos e cretáceos foi notada pelos Neandertais. Os caçadores só podem ter catado essas conchas nas falésias situadas bem abaixo do sítio. Embora não seja longo, o caminho para subir até essas falésias dá a medida do caráter raro e não utilitário atribuído a esses objetos.

Outro exemplo: o molar superior de rinoceronte encontrado no início dos anos 1970 no sítio neandertal da caverna de Hortus[12], na França. Esse dente chama a atenção por pertencer a uma espécie – *Dicerhorinus mercki* – já extinta na época musteriense! Não se trata, pois, de um resto de caça, mas sim de um fóssil encontrado pelos Neandertais e "levado pra casa". No início dos anos 1960, André Leroi-Gourhan já tinha trazido à luz uma extraordinária "coleção de curiosidades" encontrada nos níveis do Paleolítico Médio da caverna da Hiena em Arcy-sur-Cure, na Borgonha.[13] A acumulação heteróclita compreendia gastrópodes, polipeiros esféricos e nódulos de pirita de ferro, todos de formas estranhas.

Para que serviam esses objetos raros? A que caprichos os Neandertais se renderam para recolhê-los? Desempenhariam esses objetos alguma função nas atividades interclânicas ligadas ao poder, à sedução, etc.? Não há respostas seguras para essas perguntas. Em compensação, parece claro que esses objetos trazidos de longe deviam ter um valor estético e/ou simbólico, possibilidade que os achados de ornamentos em sítios arqueológicos confirmam sem sombra de dúvida.

Os ornamentos neandertais

Em 2011, descobriu-se que os Neandertais de Fumane, perto de Verona, caçavam pássaros não comestíveis (corvídeos, falcões, águias, abutres...) a fim de utilizar suas penas.[14] Encontrados unicamente nos ossos alares, os vestígios de cortes, raspagens e desarticulações indicam que, 44.000 anos atrás, esses Neandertais tardios caçavam os referidos pássaros apenas por suas rêmiges (as grandes penas de voo da asa de uma ave). Para que as utilizavam? A observação de diversos povos sapiens, a começar pelos ameríndios das planícies da América do Norte, sugere a confecção de ornamentos, leques e outros objetos de valor simbólico.

O mesmo tipo de interpretação vem à mente quando se observa o colar constituído de oito garras de águia-rabalva, intencionalmente munidas de entalhes destinados a suspendê-las num fio, que acaba de ser identificado no material descoberto na caverna de Krapina, na Croácia.[15] A joia foi confeccionada por Neandertais há cerca de 120.000 anos.

Esses indícios espetaculares da existência de ornamentos neandertais costumam deixar perplexos os pesquisadores mais céticos quanto ao grau de desenvolvimento da cultura neandertal. Contudo, a conclusão de dois estudos, um sobre o sítio neandertal de Gibraltar e o outro sobre 1.699 sítios neandertais europeus e asiáticos[16], é clara: em várias outras localidades, Neandertais tardios[17] arrancaram as penas (as penas mais compridas) de aves de rapina e corvídeos. Assim, o uso dessas grandes penas alares parece realmente ter sido um traço cultural dos Neandertais, especialmente dos tardios (e tudo indica que sua preferência recaía sobre as aves de plumagem escura como os corvos, as gralhas, as pegas, os milhafres e os falcões francelhos). Para que finalidades? A explicação mais plausível é esta: os Neandertais empregavam uma linguagem simbólica ornamental, reflexo de uma cognição avançada.[18]

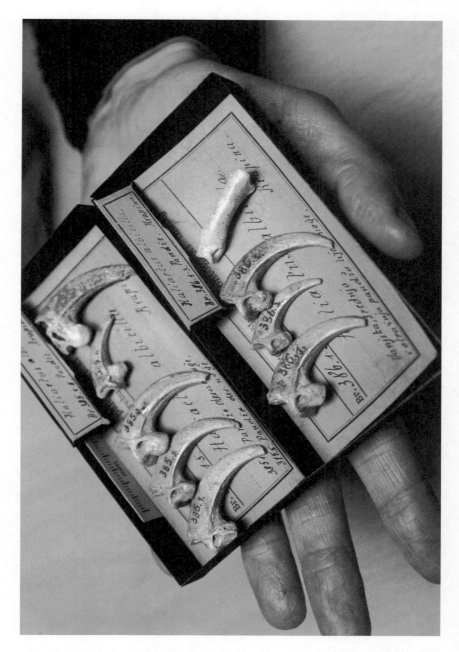

Figura 8-2: Esse colar de garras de águia habilmente perfuradas foi modelado por Neandertais 120.000 anos atrás! Eles ocupavam a caverna de Krapina, no território da atual Croácia, e praticavam uma forma de antropofagia.

Se você ainda tem dúvidas quanto à realidade desse simbolismo, examine os soberbos colares de dentes de cervídeos e outros ornamentos e utensílios encontrados por André Leroi-Gourhan na caverna do Renne em Arcy-sur-Cure, no departamento de Yonne. Esse sítio, característico da cultura chatelperroniana (contemporânea à musteriense tardia e a outras culturas ditas de "transição"), foi por muito tempo atribuído aos Sapiens, até que o osso temporal de uma criança estudado por Silvana e outros colegas, além de dentes encontrados no mesmo local, somado a uma janela temporal situada entre 41.000 e 35.000 anos atrás, demonstrasse se tratar de Neandertais tardios.[19]

Assim, os Neandertais tardios usavam ornamentos complexos e, se o faziam, é porque provavelmente tinham desenvolvido todo um vocabulário de outros símbolos ostentatórios antes mesmo de seus primeiros contatos com os Sapiens. Poderíamos com toda lógica deduzir daí que essa linguagem simbólica emergiu espontaneamente, mas sem dúvida essa seria uma interpretação imprudente. Afinal, somos obrigados a constatar a simultaneidade entre a invenção de novas culturas materiais pelos Neandertais depois de 200.000 anos da estabilidade e da irrupção dos Sapiens na Europa. A coincidência é contundente demais para ser fortuita. Essas novas culturas podem ter se desenvolvido sob a pressão competitiva dos Sapiens. Sim, as últimas culturas neandertais revelam uma complexidade comparável às dos Sapiens da mesma época! Porém, não se deve perder de vista que elas podem ter se desenvolvido por aculturação, no contato com os Sapiens, mas também por transculturação, isto é por propagação cultural a partir de um Oriente Próximo já então inteiramente sapiens.

Quem inventou o pensamento simbólico?

E então, Neandertal foi um imitador ou um criador? A questão permanece aberta: alguns pesquisadores veem o Neandertal tardio como o produto de uma aculturação; para outros, as culturas neandertais tardias resultam de hibridações com os Sapiens. No entanto, uma coisa é certa: mesmo que a pressão de Sapiens tenha desempenhado um papel importante, o pensamento simbólico de Neandertal não surgiu do nada; seu desenvolvimento final parece ter sido fulgurante, mas suas origens eram muito antigas. Como duvidar disso quando se sabe que 250.000 anos atrás, no vale do Rio Meuse, os Pré-Neandertais dos sítios C e F do Belvedere de Maastricht com toda probabilidade já usavam ocre vermelho para enfeitar seus corpos?[20]

De fato, foram encontradas nesses sítios séries de minúsculas manchas vermelhas que se destacam sobre o sedimento lodoso depositado pelo Rio Meuse que passa ali perto. A análise química provou que se trata de um material avermelhado rico em óxido de ferro, ou seja, ocre vermelho. Contudo, as jazidas de ocre mais próximas ficam a cerca de 40 quilômetros dali. As tentativas de reprodução dessas manchas sugerem que o sedimento só pôde ficar manchado da maneira observada após ter recebido gotas de um corante líquido. Assim, tudo indica que 2.500 séculos atrás, um Neandertal derramou sobre o sedimento lodoso um líquido ocráceo, preparado com um mineral trazido de longe. Por quê? Porque para pintar a superfície do seu corpo ele derramou esse corante sobre si mesmo, de maneira que algumas gotinhas respingaram no sedimento.

Para se dar conta da enormidade dessa descoberta, é preciso lembrar que, antes dela, a pista mais antiga referente ao pensamento simbólico tinha sido encontrada na África do Sul. No sítio de Blombos Cave, blocos de ocre cobertos de riscos, conchas furadas impregnadas de ocre e de pontas atestam a existência de técnicas elaboradas, de atividades artísticas e, portanto, de pensamento simbólico no *Homo sapiens* há 75.000 anos.[21] Outras conchas ocreadas e furadas datando de 82.500 anos foram encontradas na caverna dos Pombos, perto da cidadezinha marroquina de Taforalt. A presença de ocre também foi constatada no Oriente Próximo no sítio de Qafzef, ocupado por Sapiens há 100.000 anos.[22] Todas essas descobertas reforçaram a ideia de um desenvolvimento do pensamento simbólico pelo *Homo sapiens* e de sua progressão do sul da África para o norte, o Oriente Próximo e, finalmente, a Europa.

No entanto, se há mais de 200.000 anos, à beira do Meuse, os Pré-Neandertais realmente empregavam ocre para enfeitar o corpo, a ideia de um papel pioneiro do pensamento simbólico sapiens cairia por terra e seria substituída por uma anterioridade do pensamento neandertal. Correndo o risco de ferir nosso orgulho de espécie dominante do planeta, examinemos os dados mais de perto: o ocre neandertal do Meuse servia realmente para atividades simbólicas? Ou talvez os Pré-Neandertais se besuntassem de ocre para se proteger do sol ou dos mosquitos? É possível, mas pouco provável já que o uso do ocre entre os Neandertais mais tardios costuma estar associado ao culto aos mortos, prática ainda hoje em uso entre diversas culturas. Assim, parece mais verossímil que perto do Meuse os Pré-Neandertais decorassem seus corpos com pigmento vermelho por razões simbólicas.

E a tradição dos ornamentos corporais se perpetuou depois disso, como demonstra a descoberta em 2010 de conchas marinhas perfuradas e manchadas de pigmentos em sítios neandertais do município de Múrcia, na Espanha, que datam de aproximadamente 50.000 anos, isto é, precedem em 10.000 anos a chegada dos primeiros Sapiens na Europa.[23] Embora hoje em dia um desses sítios seja costeiro (Cueva de los Aviones), 50.000 anos atrás ele ficava a pelo menos cinco quilômetros do mar, e o outro a pelo menos 60 quilômetros, de maneira que é impossível que as conchas tenham sido levadas até as cavernas pelas ondas.

Os restos de vieiras, ostras e outras conchas bivalves apresentam vestígios de pigmentos e se encontram perfuradas (para serem penduradas, ou senão para quê?). Os orifícios, que parecem naturais, estão todos posicionados da mesma forma, o que leva a pensar que os Neandertais os escolheram de acordo com seus próprios critérios, com vistas a uma utilização particular. É a superfície interna que foi colorida com pigmentos cor de laranja (goethita amarela) e vermelho (hematita) provenientes de uma jazida situada a cinco quilômetros das cavernas. Os furos e o tamanho idêntico das conchas indicam que deviam ser usadas como ornamentos pelos neandertais. Como vestígios de corantes se encontram unicamente na parte oca das conchas, é possível que elas tenham servido de recipientes. Para constituir um estojo de maquiagem ou de pintura corporal?

Antes dessa descoberta, provas do mesmo teor tinham levado os paleoantropólogos a aceitar a presença do pensamento simbólico entre os Sapiens. Sendo assim, negar sua presença entre os Neandertais seria empregar dois pesos e duas medidas...

Neandertal pintava?

Chegados a esse estágio, não podemos deixar de supor que os Neandertais também tinham uma arte pictórica, como os antigos Sapiens. Já se suspeitava disso desde que foram empreendidas datações com o método urânio-tório da calcita estalagmítica que recobre as pinturas parietais de onze cavernas espanholas.[24] Esse método de datação consiste em contar o número de átomos de tório oriundos da desintegração dos átomos de urânio naturalmente presentes na calcita. Constitui uma alternativa à datação por carbono 14 (imprecisa para além de 40.000 anos), que não pode ser aplicada a pigmentos minerais. A técnica urânio-tório não fornece a idade das pinturas, mas fixa seu limite inferior. Ora, de acordo com os resultados dessas pesquisas na caverna de El Castillo, a marca de uma mão e um grande disco vermelho teriam respectivamente no mínimo 37.300 e 40.800 anos.

Como interpretar isso? Essas idades podem significar duas coisas: ou artistas sapiens já tinham chegado à península ibérica quase 41.000 anos atrás, o que parece cedo e do que não se tem nenhuma prova; ou esses pintores eram neandertais. Quanto a isso, leiamos o que escreve o especialista em arte parietal Michel Lorblanchet, para quem essa novas datações "não fazem mais que colocar o problema da origem da arte das cavernas: resta ainda resolvê-lo; resta provar que Neandertal frequentou regularmente as grutas profundas, que ele penetrou o meio subterrâneo como o fez o homem moderno".[25] No entanto, em 2016 foi dado um passo importante para essa resolução quando foi revelada a existência de estranhas estruturas construídas na caverna de Bruniquel, no vale do Aveyron, há cerca de 180.000 anos. Elas ficam a 300 metros da entrada e só podem ser alcançadas após um difícil trajeto. Sim, os Pré-Neandertais – e, portanto, com toda probabilidade seus descendentes neandertais – frequentaram "regularmente as grotas profundas".[26]

Para Lorblanchet não há dúvida: "Nada era impossível para o Homem de Neandertal, já que ao menos há dois milhões de anos, desde sua origem, o homem é um '*Homo estheticus*'. Sempre pensamos que o encontro entre o Homem de Neandertal e o homem moderno foi um período de emulação cultural e espiritual que permitiu a emergência da grande arte parietal em continuidade com as criações de dois milhões de anos da história da arte...".[27]

Assim, segundo um dos maiores especialistas em matéria de história da arte parietal, o Neandertal no mínimo esteve em contato com as artes sapiens, e pode ter sido ele próprio um artista. Seja como for, parece evidente que ele tinha potencial para as artes pictóricas já que, como os Sapiens, ele descende de ancestrais que já tinham manifestado preocupações estéticas, ao menos se aceitamos que a beleza dos bifaces apontava para isso. Para os autores deste livro, as novas datações das obras das cavernas espanholas convidam a atribuir a Neandertal conteúdos artísticos complexos. Acreditamos que os Neandertais já inovavam antes da chegada de Sapiens à Europa, e o fizeram ainda mais depois. Não podemos ter certeza, mas é mais que provável que tenham ocorrido contatos, de maneira que os Neandertais conheceram as inovações sapiens, que os incitaram a imitar e inovar ainda mais.

As sepulturas e o canibalismo

Para aqueles que ainda duvidam da similaridade da cognição neandertal e sapiens, o exame do domínio funerário acabará de convencê-los.

De maneira geral, os gestos dirigidos a um defunto só podem ser altamente simbólicos. Isso é válido tanto para nossa espécie quanto para o Neandertal. Esses gestos só adquirem sentido se existe um imaginário coletivo que justifique os esforços feitos para testemunhar respeito e afeição ao morto, ou ajudá-lo em sua passagem para o além. Ora, na Europa, o fenômeno dos sepultamentos neandertais começa cerca de 10.000 anos antes de qualquer contato com os sapiens, a partir de 50.000 anos atrás. O velho desdentado que mal podia caminhar (que devia, portanto, ser amparado por seu clã), enterrado há 50.000 anos em La Chapelle-aux-Saints, fornece um exemplo emblemático disso (ver p. 111).

Em 2013, a descoberta realizada pelos irmãos Jean e Paul Bouyssonie em 1918 foi reestudada com vistas a estabelecer com certeza se o homem de La Chapelle-aux-Saints tinha sido sepultado intencionalmente ou não.[28] Esse reexame permitiu afastar a possibilidade de que a cova em que se achava o esqueleto tivesse resultado de uma formação natural, já que o buraco que continha a ossada tinha sido feito em estratos de calcário mole e de argila verticais, enquanto nas formações naturais eles são sempre horizontais. Assim, para esse indivíduo medianamente idoso e extremamente estropiado (*cf.* capítulo 5), os membros do clã consagraram um bom tempo construindo um túmulo e amontoando terra ao redor do corpo. E efetuaram esse trabalho rapidamente, pois senão os ossos não teriam se conservado tão bem. Essa tarefa não tinha nada de essencial para a sobrevivência do grupo; mesmo assim, tudo indica que foi considerada de grande importância. De que maneira, senão espiritualmente?

Além disso, a descoberta em 1983, na caverna de Kebara, de uma sepultura neandertal de 60.000 anos confirma a ideia de que os Neandertais zelavam por alguns mortos e os enterravam. Foi, aliás, no Oriente Próximo que se encontraram as mais antigas sepulturas da humanidade. Mas estas últimas, as de Qafzeh e Skhul, eram de Sapiens; e datam de 100.000 anos atrás, ou seja, de uma época em que nenhuma sepultura neandertal foi encontrada na Europa. Em compensação, em muitos sítios foram descobertas ossadas neandertais muito fragmentadas e portadoras de numerosos vestígios de descarnadura, o que foi interpretado como prova de canibalismo...[29]

Seria tentador pensar que os Neandertais adotaram a cultura funerária dos Sapiens e que a introdução da prática das sepulturas tenha representado uma inovação simbólica e conceitual importante.

Figura 8-3: Curiosamente, os Neandertais começaram a sepultar alguns de seus mortos há cerca de 50.000 anos, coisa que não faziam antes. As tradições antropofágicas continuam sem que possamos saber se eram praticadas com elementos de outros clãs ou com os mortos do próprio grupo.

Outra direção em que é possível buscar indícios de pensamento simbólico é a do canibalismo. Os indícios indiscutíveis de canibalismo neandertal (desmembramento por corte dos tendões, fragmentação

154 Neandertal, nosso irmão

dos ossos para extração do tutano, vestígios de corte sobre a superfície dos ossos) podem ser observados em vários sítios.[30] Contudo, as escavações arqueológicas não nos dizem quais eram os laços que uniam os mortos à comunidade dos vivos.[31] Embora saibamos com certeza que os Neandertais foram canibais por milhares de anos, ignoramos se sua antropofagia era endogâmica (praticada no interior do clã) ou exogâmica (praticada com indivíduos que não pertenciam ao clã).

Todavia, entre os Sapiens, os dados etnológicos demonstram que essas duas formas de canibalismo têm significados diferentes: enquanto o canibalismo exogâmico pode ser alimentar, o canibalismo endogâmico costuma ter como finalidade oferecer ao morto a possibilidade de sobreviver no corpo de seus próximos. Assim, ainda que suponhamos que o sepultamento dos mortos pelos Neandertais resulte de uma propagação cultural a partir de um Oriente Próximo já sapiens, o provável canibalismo ritual praticado anteriormente já poderia provir de uma vida simbólica elaborada.

E então, esse Neandertal não passa de um animal? Movido unicamente por suas "funções vegetativas e bestiais", como escreviam Boule e Vallois? Sem qualquer cultura além das estratégias de predação? Sem "qualquer vestígio de preocupações de ordem estética ou de ordem moral"? Sem ornamentos? Sem pensamento simbólico?

Tomado em seu conjunto, tudo o que acabamos de passar em revista prova completamente o contrário: entre os Pré-Neandertais e os Neandertais ajudava-se o próximo (*cf.* capítulo 6), enfeitava-se o corpo de ocre, pintava-se talvez no fundo das cavernas; construíam-se estruturas, talhavam-se utensílios eficazes, agia-se em conjunto e de maneira coordenada graças à linguagem. Com a chegada de Sapiens, os Neandertais abandonaram rapidamente costumes imemoriais e logo desenvolveram novos hábitos. Mas se o Neandertal soube se reinventar foi porque já o tinha feito antes de uma forma mais imperceptível. Sim, as culturas neandertais eram ricas e complexas, por mais que uma grande parte de seu mistério ainda não tenha sido desvendada.

Figura 9-1: Os clãs neandertais e sapiens devem ter se encontrado primeiro no Oriente Próximo e na Ásia setentrional. Terão fundado ali culturas mistas antes que Sapiens chegasse à Europa?

9

A CHEGADA DO PERTURBADOR SAPIENS NA VIDA DE NEANDERTAL

> *"Tudo degenera nas mãos do homem. [...] Ele transtorna tudo [...]; não quer nada como a natureza fez, nem mesmo o homem."*
>
> Jean-Jacques Rousseau[1]

■ *Filha de Orso morreu. A noite foi fria e a anciã não despertou esta manhã apesar das cobertas e do leito de palha que seu clã lhe deu. Mulher medicina, que tentou curá-la com suas decocções, está triste. Pergunta a Orsa, a xamã dos Orsos ao final de quantos dias a Filha de bode será levada para a floresta, mas a resposta que recebe a deixa atônita.*

— Faremos como os clãs do Leste, nós a colocaremos debaixo da terra. Tio Orso e as crianças já estão cavando um buraco no vale.

— Vão colocá-la debaixo da terra?

— Sim, os clãs do Leste com quem caçamos fazem isso, pois não gostam que os animais comam os mortos. Eles nos mostraram como fazer...

Mulher medicina está completamente chocada!

— Mas, mas... mas "tu és a estepe e à estepe voltarás".

— Sim, eu sei – responde Orsa –, mas estar debaixo da terra não impede isso, dizem as xamãs do Leste...

— Mas, afinal, quem é essa gente do Leste?!? – pergunta Mulher medicina irritada.

— Você não os conhece? – retorque Orsa não sem uma ponta de orgulho malicioso. – É a gente de cabeça alta.

Abordemos agora o tema mais delicado deste livro: a questão da transição Neandertal-Sapiens na Europa. Por que e como os Neandertais desapareceram? O desaparecimento de toda uma população humana nos limbos do tempo é um fenômeno fascinante. Veremos que, embora o mais plausível seja que esse desaparecimento esteja ligado à chegada dos Sapiens, é muito difícil retraçar o roteiro do que aconteceu, já que o processo de extinção de Neandertal deixou pouquíssimos vestígios.

Contudo, antes de entrar nos detalhes desse enigma, joguemos um pouco de água fria em nossa vaidade de humanos: por mais que a extinção de nossos irmãos neandertais nos comova, de um ponto de vista ecológico trata-se de um fenômeno corriqueiro na escala da história evolutiva de nosso planeta. Algo similar, por exemplo, à extinção do esquilo ruivo europeu no Reino Unido após a chegada do esquilo cinza americano.[2] Se o esquilo ruivo europeu desapareceu, foi porque os recursos de seu habitat lhe foram roubados por um concorrente apenas um pouco mais dinâmico. Esse exemplo ilustra uma regra ecológica fundamental: uma espécie se extingue porque seu habitat desaparece ou, o que dá no mesmo, é modificado de um modo que não permite mais a seus membros assegurarem seu funcionamento biológico.

Na Europa do Pleistoceno, os resilientes Neandertais viviam graças à exploração de imensos espaços naturais, nos quais caçavam os grandes herbívoros. A chegada de Sapiens parece ter perturbado esse modo de vida. Atenção, não estamos afirmando que os Sapiens teriam desempenhado um papel ativo na extinção dos Neandertais. Pela rapidez de seus efeitos, uma violência exterminadora teria se refletido no registro fóssil por um desaparecimento dos fósseis neandertais bem mais súbito do que se pode observar.

Estamos apenas dizendo que, dada a pouca densidade demográfica neandertal e a grande rigidez de seu comportamento, a irrupção em seu ambiente de uma espécie humana tão expansiva territorial e demograficamente quanto Sapiens parece, em escala geológica, o equivalente de uma explosão. Suspeita-se, aliás, que além da dos Neandertais, os Sapiens tenham causado a extinção de várias espécies animais e de uma outra espécie humana do leste da Eurásia: os Denisovanos[3] (*cf.* box abaixo).

Neandertais, Sapiens e Denisovanos

Em 2008, na caverna de Denisova, na república russa de Altai, um pedaço de falange com 30.000 a 50.000 anos de idade foi descoberto. Esse osso, provavelmente de uma criança de sete anos, era pequeno demais para que fosse possível uma identificação morfológica. No entanto, sorte excepcional, continha material genético suficiente para que seu DNA mitocondrial fosse reconstituído e sequenciado. Publicados em 2010, os resultados deixaram a comunidade científica em polvorosa, já que se tratava do DNA de uma nova espécie humana. O DNA contido em dois molares pertence também a essa nova espécie: *Homo sapiens Altai*, mais conhecido como Denisovano.

O sequenciamento do DNA nuclear da falange de Denisova e sua comparação com o genoma de Neandertal e do Sapiens moderno confirmaram que os Denisovanos não pertencem a nenhuma dessas duas linhagens. Mas seu DNA se parece mais com o dos Neandertais. Os paleogeneticistas calcularam que seu ancestral comum mais recente deve ter vivido há cerca de 640.000 anos. Os Denisovanos e os Neandertais viveram em seguida histórias independentes, o que se reflete nos genes que repassaram às diferentes populações atuais. Assim, enquanto os Denisovanos compartilham mutações com os melanésios de Papua-Nova Guiné e os aborígenes australianos, os Neandertais as partilham com habitantes da Eurásia.

Assim, a questão científica mais pertinente nesse estágio da pesquisa não é tanto "Por que os Neandertais desapareceram?", e sim "De onde vem a explosão territorial de Sapiens que fez desaparecerem todas as outras populações autóctones?". Para retraçar o roteiro dos últimos momentos de Neandertal, devemos deixar de lado o morto e nos voltar para seu... irmão!

Sapiens, o grande rival

Quem foram os primeiros Sapiens a sair da África? Os fósseis das cavernas Qafzeh e Skhul em Israel[4] atestam a presença no Oriente Próximo[5], 100.000 anos atrás, de Sapiens arcaicos que, como os Neandertais daquela época, praticavam um lascado de tipo musteriense. De alguns anos para cá, considera-se inclusive que há mais de 100.000 anos uma leva de Sapiens tenha partido (provavelmente através da Península Arábica há cerca de 125.000 anos[6]) em direção ao leste pela costa sul da Ásia. De fato, há 100.000 anos a presença do *Homo sapiens* é atestada na China do Sul (na caverna de Zhiren) – onde ele teria se mestiçado com formas humanas locais[7].

Sabemos que esses primeiros Sapiens a sair da África não colonizaram a Europa, mas terão encontrado os Neandertais? A questão continua aberta. Para alguns, entre os quais os autores deste livro (Silvana trabalhou por anos e anos com os Neandertais do Levante[8]), a resposta é sim no que diz respeito ao corredor levantino. Não esqueçamos que o Neandertal também saiu de seu berço europeu: há cerca de 120.000 anos[9], sua presença no Oriente Próximo é bem comprovada pelo que teria sido uma sepultura, a da mulher de Tabun C, descoberta numa das cavernas do Monte Carmelo (a caverna de Tabun) em Israel (contudo, sua datação é controversa). Além disso, esqueletos neandertais quase completos de 60.000 anos foram achados nas cavernas israelenses de Kebara e Amud.[10] Há indícios ainda da presença neandertal nessa mesma época em Dederiyeh, na Síria, e em Shanidar, no Iraque.[11] No entanto, teria sido entre essas duas ocupações neandertais que a região conheceu sua mais antiga povoação por Sapiens (os fósseis provenientes das cavernas israelenses de Qafzeh e de Skhul – ver p. 116). Ao que tudo indica, Neandertal e Sapiens se cruzaram 100.000 anos atrás, ou mesmo antes, no Oriente Próximo.

Ignoramos quando exatamente uma nova leva de Sapiens, dessa vez plenamente evoluídos, sai da África, mas pode ter sido há cerca de 70.000 anos. Sua provável passagem pelo estreito de Babelmândebe, que separa a África do Leste (Djibuti) do Iêmen os leva a desdenhar o Norte, especialmente o corredor levantino povoado de Neandertais, e a prosseguir rumo ao Leste. Seja como for, várias outras levas bem mais conquistadoras sucederão a essa primeira leva sapiens. Em algumas dezenas de milhares de anos, elas cobrirão toda a Ásia, a Indonésia, a Austrália e a Europa.

Sabemos, de fato, que há cerca de 45.000 anos sítios de ocupação sapiens rodeiam a Europa pelo Leste[12] e pelo Sul[13]; 10.000 anos depois, há Sapiens modernos por toda a Europa, inclusive na Grã-Bretanha, enquanto as últimas populações neandertais ainda vivem talvez em reduzidos territórios do sul da Europa, especialmente nas penínsulas ibérica[14] e itálica.[15] O avanço dos Sapiens plenamente evoluídos é incrivelmente rápido: em apenas 40.000 anos, o Sapiens aborda todas as terras alcançáveis a pé e provavelmente já algumas que exigiam pequenas embarcações, como a Austrália (*cf.* figura 9-3).

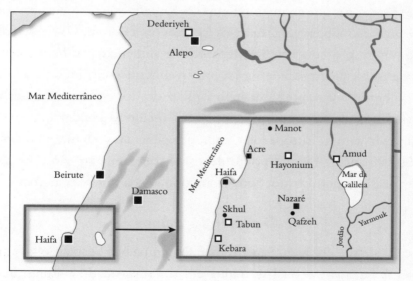

Figura 9-2: O Oriente Próximo é o lugar onde os Neandertais (□) e os Sapiens (■) se encontraram pela primeira vez, como sugere esse mapa dos fósseis descobertos na região.

Os Neandertais foram atingidos em cheio por essa explosão territorial. E parece que não conseguiram resistir a ela. A maneira como os Sapiens se espalharam e se adaptaram a tantos ambientes sugere que eram dotados de uma grande plasticidade ecológica: fosse inovando ou copiando (que também é uma maneira de inovar!), o Sapiens parece ter sido capaz de se adaptar e de se multiplicar sob todos os climas e ambientes que encontrou. A evolução de Neandertal parece, ao contrário, tê-lo dotado de uma grande rigidez ecológica, característica provavelmente necessária para a perpetuação da linhagem neandertal nos climas glaciais (*cf.* capítulo 7).

Ignoramos as densidades demográficas das primeiras populações sapiens na Eurásia, mas sua expansão territorial não poderia ter ocorrido sem um aumento importante de sua população. As datações cada vez mais precisas dos sítios musterienses tardios na Europa mostram que a chegada dos Sapiens segmentou ainda mais a já escassa população neandertal confinando-a a ilhotas de território ou a zonas marginais. É de se imaginar que ao mesmo tempo os Sapiens exerciam uma pressão de predação suplementar sobre os recursos preferidos dos Neandertais. Se por si só a concorrência territorial e alimentar não bastou para levar os Neandertais à extinção, provavelmente contribuiu para isso.

Contudo, é impressionante a rapidez do desaparecimento neandertal quando sabemos que eles e seus ancestrais Heidelberguianos sobreviveram na Europa sob céus pouco clementes durante ao menos 450.000 anos... De um ponto de vista ecológico, isso não pode ser um acaso: o perturbador Sapiens mudou a vida dos Neandertais.

O choque das culturas

Desde sua chegada, Sapiens manifesta uma boa adaptação ao ambiente europeu, a qual se traduz em sua diversidade cultural. Essa diversidade pode ser percebida no florido vocabulário empregado pelos pré-historiadores para designar as diferentes técnicas de lascado: aurignaciana, gravetiana, solutreana, epigravetiana, magdaleniana, aziliana, etc.[16] Essas técnicas se sucederam ao longo dos duzentos séculos do Paleolítico Superior.

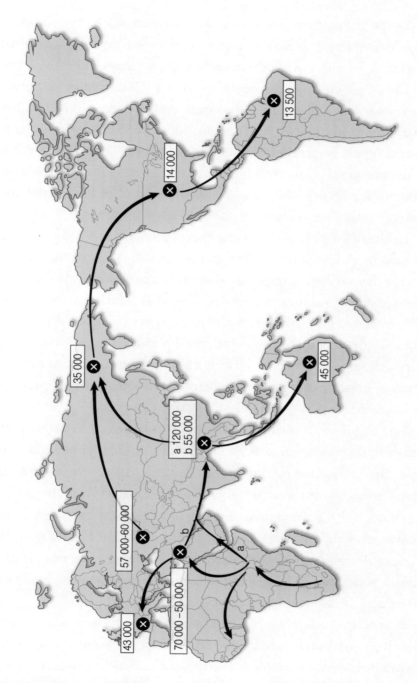

Figura 9-3: As principais datas da dispersão do *Homo sapiens* pelo planeta.

Desde o Protoaurignaciano e do Aurignaciano (entre 42.000 e 35.000 anos atrás), os Sapiens criam frequentemente objetos de osso, de chifres de rena, em marfim de mamute, etc., especialmente pontas de lanças, ganchos, joias e outras estatuetas. Com frequência, utilizam ossos para fabricar utensílios cada vez menores, como agulhas de costura com buracos, ganchos, anzóis, assim como novos objetos como propulsores de azagaias, arcos, brinquedos... Todos esses objetos facilitam a vida cotidiana de mil e uma maneiras; as roupas protegem mais; a caça e a pesca se tornam mais produtivas; os brinquedos das crianças mais instrutivos...[17]

Ignoramos o que provocou essa intensa produtividade cultural entre os Sapiens. A competição entre grupos sapiens? A divisão das tarefas dentro de seus clãs? Um prolongamento da expectativa de vida que permite cuidar e educar melhor os jovens? A influência dos xamãs? Uma evolução biológica? O mistério é ainda maior já que os primeiros Sapiens que encontramos no Oriente Próximo 100.000 anos atrás (especialmente os fósseis de Qafzeh e Skhul) praticavam uma cultura material musteriense muito semelhante à dos Neandertais, que não se caracterizava pela mesma produtividade cultural.

Seja como for, o período que vivemos atualmente ilustra particularmente duas características da vida cultural sapiens já presentes no Paleolítico: ela é feita de inovações culturais constantes, e o ritmo dessas inovações aumenta incessantemente. Quanto a isso, basta observar que a maneira como se desenvolve a vida social provavelmente mudou mais ao longo da vida dos autores destas linhas do que entre a época dos gauleses e a década em que nascemos! Impressionante hoje, a aceleração da vida social sapiens já ocorria quando a cultura neandertal ainda mantinha sua estabilidade.

A produção cultural sapiens e o mundo simbólico associado a ela devem ter constituído um enorme desafio para os Neandertais quando entraram em contato com os inquietos Sapiens. Para se convencer disso, basta observar o transtorno que representa hoje a irrupção da cultura ocidental numa sociedade tradicional. Durante séculos, os inuítes autênticos mantiveram tradições técnicas admiráveis. Suas armas, suas roupas, seus caiaques e outros utensílios incomuns de sobrevivência deixaram de boca aberta etnólogos como Paul-Émile Victor. Já os inuítes de hoje compram parcas canadenses, andam de jet-ski e caçam de carabina. Em cerca de cinquenta anos seus modos de vida tradicionais e elementos essenciais de suas culturas tão refinadas, ao menos no plano técnico, foram varridos do mapa. A mesma constatação pode ser feita em relação a quase todas as culturas indígenas da floresta amazônica uma vez estabelecido o contato com os brasileiros. Quanto à Índia, para proteger os últimos aborígenes das ilhas Andamã, ela estabeleceu uma linha divisória entre a civilização e eles, que nenhum membro da sociedade mundial tem o direito de transpor...

Quando uma pequena população marginal de vida social lenta é bruscamente confrontada a uma população mais numerosa de vida social rápida, assiste-se ao desaparecimento da primeira, acarretando muitas vezes a morte de seus membros, a menos que se misturem e consigam obter uma síntese das duas culturas.

Neandertal lerdo e estúpido X "super" Sapiens

Por mais que os Neandertais estivessem um pouco atrasados em relação a seus irmãos africanos, será que realmente sua biologia e sua cultura neandertais eram insignificantes comparadas às dos Sapiens? Não. Pensar assim foi comum por muito tempo. Os Neandertais primitivos (as técnicas refinadas dos inuítes são primitivas?) teriam sido suplantados por Sapiens mais "inteligentes", de técnicas "modernas"... Para reforçar essa impressão, buscou-se acentuar sistematicamente as particularidades anatômicas "grosseiras" dos Neandertais, de maneira a demonstrar o caráter inferior do modo de vida desses animais brutos. Estúpido demais, Neandertal teria sido incapaz de evoluir para mudar seu modo de vida.

Como já vimos, numerosas descobertas arqueológicas revelam uma realidade diferente e fornecem inclusive indícios que apontam em sentido contrário... especialmente o fato de que os Neandertais provavelmente passaram a se desenvolver muito rápido ao entrarem em contato com os Sapiens, exatamente como qualquer pequena sociedade sapiens que vive isolada na natureza ao entrar em contato com uma sociedade bem maior. Muito pouco numerosos, os Neandertais talvez tenham desaparecido exatamente como tantas pequenas culturas sapiens desaparecem quando são postas em contato com a grande sociedade mundial: seja se extinguindo pra valer, seja confundindo-se na massa, seja um pouco das duas coisas...

O misterioso desaparecimento dos Neandertais resultou, ao menos em parte, de um jogo complexo de aculturações devido ao choque de culturas gerado pelo encontro com Sapiens. Porém, a essa causa puderam se somar outros fatores externos, especialmente climáticos, ou internos, ligados à biologia. O registro fóssil é pobre demais em indícios para que seja possível determinar a partir dele que combinação de fatores resultou no inevitável. Mas podemos fazer ao menos uma coisa: passar em revista as numerosas hipóteses que já foram propostas para explicar o desaparecimento dos Neandertais. Será não apenas interessante, mas também divertido, de tanto que algumas delas parecem descabidas! Razoáveis ou não, elas se encaixam em duas categorias: as causas internas ligadas à biologia e às culturas neandertais supostamente deficientes; e as causas externas, ligadas a acontecimentos exteriores à vida da espécie *Homo neanderthalensis*. Comecemos pelas externas.

A guerra, sempre a guerra...

A primeira das hipóteses externas é um tanto quanto violenta: ela afirma que Sapiens teria erradicado Neandertal de propósito. Trata-se claramente de uma hipótese inspirada no darwinismo social. De acordo com essa doutrina, no seio de uma sociedade humana, os fortes dominam os fracos, dominação que se reflete em eliminações. Nessas teorias apocalípticas, os Sapiens teriam praticado uma espécie de "limpeza étnica paleolítica" perseguindo e matando sistematicamente os inocentes Neandertais dos territórios europeus para dispor sozinhos de um após o outro.

Se essa hipótese guerreira é concebível e poderia ter correspondido à realidade em nível local, ela não é suportada por nenhum indício sólido. Veremos no capítulo seguinte que o sequenciamento dos genomas sapiens e neandertais revelou que uma certa mistura entre neandertais e sapiens ocorreu – ao que tudo indica por razões biológicas, principalmente pela formação de casais reprodutores mulher neandertal-homem sapiens.[18] Assim, não se pode excluir que a conquista ou colonização de territórios tenha sido acompanhada de combates entre os Sapiens e os Neandertais, por exemplo pela apropriação das mulheres.

Uma hipótese que nos parece bastante plausível, pois nosso mundo atual é violento, mas ainda seria preciso provar que a violência interpessoal era recorrente entre os Neandertais. Ela existia sem sombra de dúvida, já que temos uma prova relativa por seus ancestrais. Há cerca de 423.000 anos, em Atapuerca, uma jovem mulher Heidelberguiana, ao que tudo indica, foi assassinada. Reconstituído a partir de 52 fragmentos de ossos descobertos em Sima de los Huesos, seu esqueleto apresenta duas lesões perfurantes no osso frontal. Empregando as técnicas da polícia científica, os pré-historiadores espanhóis que o estudaram concluíram ter se tratado de um homicídio. Esse caso demonstra que o assassinato já existia entre os humanos paleolíticos[19] – como, aliás, era de se imaginar... O fato é que se trata do primeiro assassinato documentado da história humana.

Contudo, não há nada que corrobore a tese de violências generalizadas entre paleolíticos e, portanto, entre Neandertal e Sapiens (em compensação, há muitos indícios relativos à sua presença entre os Sapiens do final do paleolítico). De fato, em todo o registro fóssil neandertal de que dispomos até o momento, há apenas dois fósseis neandertais que apresentam vestígios de ferimentos que podem ser interpretados como o resultado de violências interpessoais[20] (Shanidar 3 e Saint Césaire 1). Ainda que a ausência de registros fósseis não exclua a possibilidade de extermínios locais, em grande escala estes parecem um tanto improváveis. Se isso tivesse ocorrido, o desaparecimento dos Neandertais teria levado no máximo algumas centenas de anos e não os cinco milênios (no mínimo) que levou.

Alerta: vírus

A segunda grande causa externa é constituída pelas doenças endêmicas, aquelas que são permanentes numa população. Os Neandertais terão enfrentado o equivalente a um vírus Ebola trazido da África pelos Sapiens? Essa possibilidade deve ser levada a sério tendo em vista o que se sabe da contaminação dos ameríndios pelos colonizadores europeus. Segundo os historiadores atuais, antes da chegada de Colombo, a população das duas Américas chegava a um total entre 50 e 100 milhões de habitantes. Depois da chegada dos europeus, os povos ameríndios foram atingidos em cheio pelo terrível choque viral e bacteriano das doenças europeias. A reconstituição dessas epidemias é muito difícil, já que a maior parte delas se desenvolveu fora do campo de visão dos europeus; ignoram-se, portanto, seus efeitos exatos, mas os historiadores avaliam que a redução da população pode ter chegado a 90% em algumas regiões e a uma faixa entre 50 e 70% para o conjunto da população americana pré-colombiana![21]

Os Sapiens terão provocado uma catástrofe biológica comparável quando de sua chegada? Mais uma vez, nenhuma prova material sustenta essa ideia, o que não é de surpreender, já que a maior parte das doenças ou infecções letais, e portanto rápidas, não deixa vestígios nos ossos fósseis. Sendo assim, é impossível testar a hipótese de um choque bacteriológico e viral nos raros fósseis de que dispomos. Além disso, a ideia de que doenças infecciosas estivessem tão presentes entre os caçadores-coletores quanto nas sociedades densas do final do Renascimento é um anacronismo. Os europeus que chegavam à América provinham de sociedades numerosas, onde o risco pandêmico era muito alto, e entraram em contato com sociedades também elas muito densas e que mantinham entre si um intenso contato.

No entanto, como já dissemos e repetimos, a densidade populacional das sociedades neandertais era extremamente baixa – no limite inferior do necessário à sobrevivência social. Embora provavelmente um pouco mais dinâmicos demograficamente, os primeiros clãs sapiens tampouco eram muito mais numerosos, o que limitava ao extremo as chances de contaminação. Mesmo que se suponha que os Sapiens realmente trouxeram consigo uma grande quantidade de vírus e bactérias contra os quais os Neandertais não dispunham de nenhuma defesa imunitária, tudo indica que os contatos entre os clãs neandertais eram suficientemente espaçados para proteger sua população de um eventual choque viral e bacteriológico. Por fim, existe uma contradição entre a ideia de uma epidemia fulminante e um desaparecimento que se estende por mais de 5.000 anos. E se as doenças não eram fulminantes, o sistema imunitário neandertal teria tido tempo de evoluir e se adaptar. No final das contas, a teoria de que Neandertal foi dizimado por um ataque biológico parece bastante frágil.

E se a ameaça viesse do céu?

E se o flagelo que aniquilou nosso irmão europeu tiver vindo do céu? Afinal, foi um asteroide que provocou a morte dos dinossauros. No caso dos Neandertais, a ameaça teria se encarnado em perigosas radiações em vez de numa grande pedra vinda do espaço. Progressiva, a transição Neandertal-Sapiens ocorreu a partir de 43.000 e até 34.000 anos atrás. Ora, uma inversão transitória do campo magnético terrestre – conhecida como evento Laschamp – ocorreu justamente nesse período. Esse fenômeno pode ter privado a Europa de sua proteção contra os ultravioletas B, radiação solar causadora de melanomas, patologias oculares e enfraquecimento do sistema imunológico.[22]

Então Neandertal teria sido morto pelos ultravioletas? A hipótese é pouco verossímil, na verdade, uma vez que os primeiros europeus, ancestrais dos Neandertais, já tinham sofrido, 780.000 anos atrás, os efeitos de uma inversão transitória do campo magnético terrestre – e sobrevivido a eles. Por mais interessante que seja, a hipótese da influência de raios cósmicos sobre o desaparecimento dos Neandertais tem ainda o inconveniente de só poder ser verificada por um estudo epidemiológico do melanoma e das outras consequências patológicas ligadas à irradiação solar entre os Neandertais... Por enquanto, parece um tanto impossível realizar semelhante estudo!

E se o assassino do Neandertal tivesse sido simplesmente o frio? A transição Neandertal-Sapiens ocorreu num período interglacial particularmente tumultuoso: aquecimentos súbitos foram seguidos por resfriamentos súbitos – os eventos Dansgaard-Oeschger – acompanhados por elevações rápidas dos oceanos em consequência de enormes derretimentos glaciais – os eventos Heinrich. Esse verdadeiro ioiô climático deve ter sido rude para os Neandertais e os Sapiens: periodicamente, os grandes frios voltavam em algumas dezenas de anos e exigiam uma adaptação rápida à mudança de temperatura e de fauna. Os animais, e em particular os ungulados, caça preferida dos Neandertais, dispersavam-se ou migravam, de maneira que em certas regiões ocorria uma diminuição da diversidade das espécies.[23] As populações neandertais certamente sofreram com isso, já que a macrofauna representava seu principal reservatório alimentar.

Os vulcões podem ter contribuído também para o extermínio dos Neandertais? Sabemos que o período que nos interessa foi marcado por eventos vulcânicos numa área que se estende da Itália à Europa central.[24] E com certeza a poluição atmosférica que os acompanhou intensificou os efeitos do desregulamento climático. Dezenas de centímetros de cinzas vulcânicas se depositaram sobre áreas de milhares de quilômetros quadrados! Essa espécie de neve vulcânica deve ter tido por anos efeitos negativos sobre o crescimento dos vegetais e, portanto, sobre a subsistência dos grandes herbívoros.

Além disso, no interior de cada nicho ecológico, uma deterioração das condições climáticas acarreta a intensificação da concorrência entre predadores. Todavia, os Sapiens e os Neandertais ocupavam o mesmo nicho...

Será que, como já foi sugerido[25], Sapiens teria sido ajudado nessa competição pela domesticação do lobo? Esta domesticação teria dado uma vantagem decisiva para os Sapiens na caça: ajudando o homem a encontrar, buscar e transportar a caça (assim como o equipamento), o lobo/cão teria permitido ao Sapiens economizar sua energia. Além disso, o aumento da quantidade de carne obtida pelos caçadores sapiens acompanhados por seus cães (fala-se num aumento de 40%) permitia ao conjunto do clã se alimentar melhor e se tornar, assim, menos vulnerável às doenças, mais longevo e mais fértil (existe uma comprovada relação entre alimentação e fertilidade[26]). Isso teria diminuído a mortalidade infantil e adulta, de maneira que as crianças podiam tirar maior proveito da experiência dos adultos e dos anciãos... A lista das vantagens de que Sapiens teria se beneficiado graças a seu precioso aliado quadrúpede já era longa no Paleolítico...

Encarar a questão da inteligência de Neandertal

Agora que já passamos em revista uma série de causas externas, chegou a hora de considerar as possíveis causas internas, aquelas que podem ter vindo de dentro da sociedade neandertal ou mesmo de sua biologia. Muitas passagens deste livro são críticas aos velhos clichês que faziam do Neandertal um ser brutal e pouco inteligente. Mas o fato é que ainda não encaramos a questão de sua possível inferioridade cognitiva. Os Neandertais seriam mais burros que nossos ancestrais sapiens?

O cérebro de Neandertal era grande, chegando a ser às vezes maior que o de Sapiens. Porém, será que funcionava como o nosso? Não! E isso, de acordo com alguns pesquisadores, por uma simples razão fisiológica: os Neandertais enxergavam muito melhor do que nós. Favor não rir: supondo uma relação entre o tamanho das cavidades orbitais e a do cérebro de treze Neandertais, os pesquisadores bastante originais calcularam o volume cerebral ainda disponível segundo eles para as tarefas cognitivas.[27] E concluíram que os Neandertais utilizavam os recursos de seus cérebros principalmente para controlar seus corpos volumosos e seus movimentos. Ou seja, esses cabeções teriam sido burros porque tinham olhos grandes e dispunham de menos recursos cognitivos para transmitir suas experiências e se comunicar...

O ponto fraco dessas hipóteses é sempre o mesmo: elas procedem de um pensamento linear: cérebro grande significa inteligência grande, grande peso significa grande força, etc. Menor volume cerebral significaria então uma menor capacidade cognitiva e os grandes olhos agravariam a situação por diminuírem o volume cerebral disponível para pensar.

Hoje em dia, a equação "mais cérebro = mais cognição" é considerada ilusória e se sabe que é na organização do cérebro que se expressa o nível de cognição alcançado por um indivíduo (o que é comprovado pelo fato de que grandes mentes como Descartes não tinham cabeças grandes...). A propósito de organizações cerebrais, pesquisas recentes trouxeram à luz elementos interessantes: a equipe que os obteve realizou moldes endocranianos virtuais graças a escaneamentos tomográficos de alta resolução de recém-nascidos e crianças neandertais e sapiens. Eles revelaram que a rede vascular externa do cérebro do pequeno Neandertal devia ser diferente da do bebê sapiens, embora o tamanho de seus cérebros fosse praticamente o mesmo no momento do nascimento. É claro que essa interessante constatação não permite nenhuma dedução sobre o funcionamento interno do cérebro; mas tudo indica que a vascularização do cérebro neandertal seria menos elaborada que a do cérebro sapiens, e isso seria visível desde o primeiro ano de vida do bebê neandertal.[28]

Como interpretar esses poucos índices sobre as capacidades cognitivas de nosso irmão Neandertal? Lembremos que as capacidades cognitivas são o conjunto dos processos mentais como a memória, a linguagem, o raciocínio, a aprendizagem, a percepção, a compreensão, o controle das emoções necessário às tomadas de decisão... Se é possível contemplar a existência de uma linguagem e de certa aprendizagem técnica (*cf.* capítulo 8), como avaliar a memória, o raciocínio, a percepção e as emoções dos Neandertais e compará-los aos dos antigos Sapiens? É algo que está fora do nosso alcance.

Sendo assim, os estudos que, periodicamente, retomam a tese de um declínio neandertal devido à inferioridade de sua cognição estão sempre fundados num preconceito quanto aos meios de avaliar a inteligência humana. A ideia de uma inferioridade da cognição neandertal é plausível, mas pode ser comprovada? Não. Ora, as escavações revelam traços de sistemas culturais complexos e técnicas elaboradas, no mínimo comparáveis aos dos Sapiens.

É por isso que consideramos a hipótese de que a "falta de inteligência" dos Neandertais explicaria seu declínio uma hipótese especiocêntrica, ou seja, fundada no preconceito inconsciente de que nossa espécie é superior a todas as outras. Ela se funda na ideia de que se pode aplicar à pré-história as hierarquias entre as inteligências de diversos Sapiens que estabelecemos automaticamente, sem ter consciência de sua origem cultural e de sua ligação com a época.

Um Sapiens contemporâneo que vive num cotidiano saturado de telas cobertas de ícones que substituem ou limitam a um quadro as funções mais elementares da vida mental (calcular, orientar-se, olhar, etc.) é mais inteligente que um de seus contemporâneos, um pescador que conhece o mar e os peixes? É mais inteligente que um aborígene que conhece a fundo o sistema de parentesco de sua etnia, um dos mais complicados do mundo? É mais inteligente que um caçador ártico do século XIX que conseguia alimentar sua família graças a uma centena de habilidades, toda uma tecnicidade que vai muito além do que é capaz de fazer o primeiro artesão ocidental? Não, mas a escala da inteligência vigente no Ocidente atual tenderá a situar no topo o empregado de escritório acostumado com telas, ícones, SMS e todas as técnicas atuais de comunicação virtual.

Para os autores deste livro, se a inteligência é a capacidade de se adaptar a uma situação (uma das definições do dicionário *Larousse*) e de escolher os meios de ação apropriados em função das circunstâncias, não há dúvida de que nosso irmão neandertal era bastante inteligente. Além disso, nada indica que os Neandertais fossem menos inteligentes que os Sapiens de sua época. Afinal, tinham sobrevivido por muito tempo num clima e num ambiente muito mais difícil do que aqueles de onde provinham os Sapiens. O ambiente europeu, submetendo a linhagem neandertal a maiores dificuldades de sobrevivência, pode ter tornado o Neandertal extremamente inteligente. Contudo, a inteligência individual não é um fenômeno linear: ela não é proporcional ao volume cerebral, à quantidade de laços sociais que um indivíduo pode ter e nem mesmo à dificuldade de seu ambiente. A coisa não é tão simples assim!

Então, que outra causa interna pode ter precipitado a queda de nosso irmão? Sua pouca fertilidade? É uma hipótese a ser levada em conta, já que as populações neandertais sempre foram pequenas e sempre tiveram uma baixa taxa de crescimento. Nada sabemos sobre a fecundidade dos Sapiens que saíram da África, mas parece que alguma coisa aconteceu que a aumentou naquele momento ou quando ainda estavam na África (o que explicaria sua expansão). Seja como for, esse fenômeno enigmático (biológico, econômico, social...) desencadeou um progressivo crescimento demográfico desde o Aurignaciano (38.000 a 28.000 anos atrás), o que, na Europa, se refletiu num sensível crescimento populacional desde a época gravetiana, ou seja, de 28.000 anos para cá. Diante de Neandertal, Sapiens teria a seu favor a arma demográfica?[29]

Será que os Neandertais do sexo masculino eram particularmente pouco aptos à reprodução (voltaremos a isso no capítulo 10)? Por que a população neandertal nunca cresceu? Uma espécie de maldição biológica a impediu? Entre as hipóteses que vão nesse sentido, existe aquela de que o Neandertal tinha uma maturidade sexual precoce, o que acarretava um aprendizado mais breve e uma menor transmissão de conhecimentos entre as gerações.[30] Com isso, as chances de sobrevivência dos clãs diminuíam. Embora pertinente, esse raciocínio não é confirmado por nenhum dado fidedigno. Os esqueletos neandertais e a leitura desses registros de história de vida que são os dentes provaram que os Neandertais atingiam a puberdade alguns anos antes dos Sapiens atuais (as meninas aos 11,5 anos em média, os meninos aos 12,5).[31] Como a chegada da puberdade levava ao início da reprodução, é lógico que o tempo de aprendizado da criança neandertal se via reduzido. Contudo, essas deduções se aplicam *a priori* tanto ao longo período durante o qual as frágeis populações neandertais se mantiveram quanto àquele em que foram pouco a pouco desaparecendo. Portanto, esse ponto parece antes um elemento a ser levado em conta para avaliar a fragilidade dos Neandertais do que uma causa suficiente para sua extinção. De resto, esse raciocínio só faz sentido se supomos que a idade da maturidade sexual dos primeiros Sapiens europeus, que viveram durante a transição Neandertal-Sapiens, era a mesma que a dos Sapiens atuais, o que não tem nada de evidente!

Se consideramos que a idade da maturidade sexual desses Sapiens europeus era comparável à idade da maturidade sexual entre os Neandertais, parece portanto mais plausível a ocorrência de uma maior mortalidade infantil e de partos dificultados pela idade jovem das novas mães neandertais. São bem conhecidas as consequências de um nascimento precoce para a sobrevivência dos bebês. E é claro também que numa população já escassa, a multiplicação dos bebês prematuros só pode ter consequências demográficas negativas.

Contudo, embora essa hipótese seja plausível, nada no estudo dos esqueletos das Neandertais indica que tivessem dificuldade para parir. Então, por que supor que um fator desconhecido teria desencadeado uma diferença apenas para a transição Neandertal-Sapiens? E se tivesse sido o contrário? É o que aponta um estudo da bacia das mulheres neandertais[32], que sugere que elas pariam com maior facilidade que suas irmãs sapiens. Esse detalhado estudo anatômico constatou que a mecânica do parto devia ser diferente entre as Neandertais, especialmente porque a rotação do bebê no momento de nascer seria mais fácil – supondo-se que o relaxamento hormonal dos ligamentos funcionasse do mesmo jeito que entre as Sapiens... Nada de muito seguro nisso tudo, mas parece razoável que, dada a largura de sua bacia, as Neandertais parissem com maior facilidade.

Tradição x Inovação

Confessemos que as razões biológicas de extinção são pouco convincentes e mal fundadas pelo registro fóssil. Voltemo-nos então para as causas internas culturais. Diferenças notáveis devem ter existido entre as culturas neandertais e as culturas sapiens. A estrutura familiar poderia ter beneficiado os Sapiens em detrimento dos Neandertais?

A priori, os Neandertais viviam numa estrutura familiar ampliada (um clã); já os Sapiens da época da transição Neandertais-Sapiens talvez vivessem em grupos maiores. Os clãs neandertais podiam ser mais mal armados demograficamente para corresponder às necessidades de inovação exigidas pela concorrência com os grupos sapiens? Afinal, sabemos que a preservação das tradições técnicas é melhor em grupos humanos maiores, enquanto neles as inovações são muito mais frequentes (*cf.* capítulo 7). Num pequeno grupo entregue a si mesmo, as tradições são mantidas com rigidez para garantir a sobrevivência, e evitam-se as inovações pelo mesmo motivo, pois a novidade pode ser perigosa caso se revele ineficaz ou exija um aprendizado muito rápido dadas as urgências da sobrevivência. Assim, de acordo com essa tese, a fragilidade dos laços sociais neandertais teria provocado seu desaparecimento. A extinção dos Neandertais seria, antes de tudo, um fenômeno social.

No entanto, é claro que se os laços sociais tivessem sido insuficientes para a sobrevivência dos clãs, os Neandertais e seus ancestrais diretos não teriam podido atravessar mais de 450.000 anos e várias glaciações. Essa sobrevivência dos clãs pré-neandertais e neandertais pouco numerosos implica, ao contrário, em fortíssimos laços sociais dentro dos clãs, ainda que, provavelmente, esses laços diferissem dos nossos. Na época da Antiguidade romana, os predecessores dos inuítes no Ártico provavelmente tinham laços sociais menos diversificados e menos complexos que, por exemplo, Cícero ou Sêneca. O que não impediu o primeiro de morrer assassinado e o segundo de se suicidar por ordem do imperador Nero. Não se pode negar: Cícero e Sêneca morreram por causa dos seus laços sociais. É plausível que um "paleoesquimó" também tenha sido assassinado ou tenha se suicidado, mas uma coisa é certa: sem o laço que o conectava a um grupo "paleoesquimó", ele não atravessaria o inverno, problema que Cícero não tinha...

Em suma, a sobrevivência proporcional à quantidade de laços sociais — ela própria, por sua vez, proporcional ao volume cerebral necessário para mantê-los — é um tanto problemática, já que a sobrevivência também parece depender do tipo de vida social praticada. Se a quantidade de laços sociais é um parâmetro significativo, sua qualidade é mais significativa ainda — e quem sabe a qualidade dos laços familiares e afetivos que os Neandertais mantinham entre si e entre os clãs? Sabemos, por exemplo, que eles cuidavam dos idosos e portadores de deficiências (*cf.* capítulo 6); sabemos também que muitas vezes arriscavam sua vida pelo clã na caça a animais extremamente perigosos...

A mulher é o futuro do homem... de Cro-Magnon

Mas talvez estejamos nos iludindo, já que vários estudos apontam que os Neandertais não tinham as capacidades cognitivas necessárias para uma vida social rica! A organização social dos Neandertais pode tê-los prejudicado? Há quem defenda a tese de que a divisão das tarefas no interior dos clãs sapiens pode ter lhes proporcionado enormes vantagens.

Isso não deixa de ser irônico já que, neste ponto da discussão, na sociedade ocidental, a divisão do trabalho em uma série de tarefas mais particularmente femininas e uma série de tarefas mais particularmente masculinas passa, dependendo dos pontos de vista, por uma injustiça para com as mulheres (servilismo do trabalho doméstico, desperdício de talentos, papel social limitado, etc.) ou para com os homens (pouco tempo para desfrutar com a família, responsabilidades financeiras não partilhadas, obrigação de ir à guerra, etc.). E se fosse justamente nessa divisão das tarefas que residisse a força dos Sapiens?[33] O que dizer se a ideia de que as mulheres deviam ficar na caverna (na casa), realizar as tarefas de coleta (fazer as compras), de transformação dos alimentos (cozinhar), de produção das roupas (costurar, lavar), de cuidado com as crianças (hoje se exige que os pais também sejam excelentes "mães") e de proteção dos estoques (zelar pelo patrimônio familiar) fosse vista em antropologia como tão pertinente e correta quanto é considerada politicamente incorreta hoje? Adotar essa visão exigiria admitir que o papel feminino tradicional, considerado servil por nossos contemporâneos, pode ter constituído a vantagem adaptativa decisiva dos Sapiens paleolíticos...

Mas a hipótese de uma ausência de divisão das tarefas entre os Neandertais não passa de um *a priori*. A observação dos caçadores-coletores atuais sugere, ao contrário, que essas divisões deviam existir também nas sociedades neandertais, ainda que as Neandertais também caçassem. De fato, o que se costuma observar entre os caçadores-coletores sapiens atuais é que os homens caçam os grandes animais enquanto as mulheres e as crianças caçam os pequenos e cuidam da coleta de vegetais. Na maioria dos casos, as mulheres e as crianças não participam de todas as atividades de caça, sobretudo do momento em que o animal é morto.

Como sublinhou o antropólogo Alain Testart, as sociedades de caçadores-coletores parecem ter legado à humanidade um tabu quase universal: as mulheres não derramam sangue. Será que isso também caracterizava os Neandertais? Não podemos provar nada, mas também não podemos deixar de pensar que as Neandertais eram mulheres como as outras e que a cultura deve tê-las moldado tanto quanto moldou as mulheres sapiens.

Carne e mais carne... humana!

Uma outra explicação cultural para a extinção seria a excessiva dependência dos Neandertais em relação à carne. Não podendo subsistir sem consumir mamíferos, sobretudo os grandes, os clãs neandertais teriam passado fome sempre que a caça se tornava mais escassa. Já os Sapiens, comendo todo tipo de pequenos animais e se alimentando de maneira mais onívora e diversificada, teriam atravessado mais facilmente os períodos sem carne. Muito centrada na carne e, portanto, mais sujeita à escassez, menos vitaminada e menos variada, a dieta neandertal teria, além do mais, limitado seu crescimento e suas capacidades de desenvolvimento.

Assim, os Neandertais teriam desaparecido por só se alimentarem da carne de grandes animais... Não parece muito provável. Já apontamos que as pesquisas mais recentes demonstram que os Neandertais não desprezavam os pequenos animais, fossem eles pássaros, peixes ou pequenos mamíferos (os habitantes da costa comiam também mariscos). Provavelmente, também comiam lesmas e raízes. Em suma, sua alimentação variava de acordo com o lugar em que viviam (*cf.* capítulos 5 e 6)! É difícil acreditar que nos períodos de escassez de grandes animais os Neandertais não comessem rãs ou *escargots* como os franceses, cujo curioso costume talvez provenha justamente da solução encontrada por seus ancestrais num momento de penúria.

Uma curiosa variante dessa hipótese é que os Neandertais tinham um grande apetite por carne humana (*cf.* capítulo 5), de maneira que consumiriam com frequência cérebros humanos[34], um alimento altamente perigoso. De fato, semelhante iguaria pode causar uma encefalopatia espongiforme, uma doença ligada à acumulação no cérebro de certas proteínas (os príons) – doença que, nos anos 1990, descobrimos com horror que podíamos contrair através do consumo de bovinos infectados... Essa doença letal, que provoca uma lenta degeneração do sistema nervoso, seria frequente entre nossos irmãos neandertais por seus costumes antropófagos, e isso os teria tornado ainda mais vulneráveis em relação aos Sapiens. Esse raciocínio é pouco convincente na medida em que nada indica que os Sapiens arcaicos que imigraram para a Eurásia não eram tão canibais quanto os Neandertais. Afinal, também existem numerosas provas da antropofagia sapiens pré-histórica.

O que concluir desse levantamento das possíveis causas externas e internas da extinção dos Neandertais? Nada de simples, mas justamente a confirmação de que o processo que os erradicou só pode ter sido multifatorial. É claro também que esse processo se intensificou com a intrusão dos Sapiens no nicho ecológico neandertal. Mas será que ele está diretamente ligado a Sapiens? À sua presença, com certeza, mas à sua ação direta é pouco plausível. As alegadas diferenças cognitivas entre Sapiens e Neandertais não estão provadas e seus efeitos nada têm de evidente.

Quanto às causas externas, elas afetavam os Sapiens presentes na Europa tanto quanto os Neandertais. Aliás, originalmente humanos tropicais, os Sapiens provavelmente sofreram ainda mais que seus irmãos com os bruscos períodos de resfriamento do MIS 3 (57.000 a 29.000 anos atrás). As populações neandertais talvez não tenham resistido ao rareamento de suas caças prediletas? Possível, mas nada o comprova. Os efeitos perturbadores sobre o ambiente de uma eventual grande erupção vulcânica só podem ter sido os mesmos sobre as duas populações. É verdade que a seleção natural tinha dotado os Neandertais de peles brancas e olhos claros, a princípio mais suscetíveis aos efeitos dos ultravioletas B, mas nada permite concluir que isso bastou para erradicá-los.

Para os autores destas linhas, uma única coisa é clara: com a chegada de Sapiens à Europa, houve um dia humanos demais no mesmo nicho ecológico, e as interações complexas que se produziram então levaram ao desaparecimento da espécie demograficamente mais frágil. Quer dizer, se é que esse desaparecimento realmente ocorreu...

Figura 10-1: Os clãs sapiens em expansão deviam sem dúvida enviar batedores que partiam em busca de novos territórios. Será que estes encontravam clãs neandertais? Será que se misturavam a eles?

10

E SE NEANDERTAL DORMISSE EM NÓS?

"A seleção sexual depende da vantagem que certos indivíduos têm sobre outros do mesmo sexo [...], sob o aspecto exclusivo da reprodução."
Charles Darwin[1]

■ *Tio Orso olha para Tio forte e espreita sua reação. Isso o desagrada, mas tem de lhe dizer.*

— Tem um caçador errante.

Tio forte, que está retocando uma faca, levanta de um pulo.

— As crianças o viram, quando foram buscar água. Uma vez na vida não estavam fazendo barulho e o viram observando os cavalos.

— Ele deve estar com muita fome para querer matar um cavalo sozinho. Ele chegou a tentar?

— Não, depois de algum tempo, preferiu pescar lagostins no riacho.

— A água está gelada! Se está pescando lagostins apesar do frio, é porque está desesperado. Bom, vamos acolhê-lo. Vou chamá-lo e lhe dizer que aqui encontrará uma sopa quente.

Tio forte pega seus bastões trovão e vai começar a bater, mas Tio Orso segura seu braço.

— Acho que ele não compreende a língua dos caçadores.

Tio forte olha para ele, atônito.

— Sim, as crianças disseram que ele tem a testa alta. É um caçador errante dos clãs do Leste.

E se Neandertal não tivesse verdadeiramente desaparecido? E se, desde sempre, ele dormisse em nós? Por muito tempo, essa hipótese pareceu descabida, mas muitos indícios a corroboram. Vários paleoantropólogos pensam que *H. neanderthalensis* se fundiu a nós em vez de desaparecer. Essa tese parte da ideia de que os Neandertais e os Sapiens teriam sido suficientemente próximos no plano biológico para serem interfecundos. Ou seja, teriam podido se acasalar e misturar seus genes, e Neandertal teria sofrido um "desaparecimento por mestiçagem".

Essa tese não é nova e sua antiga forma merece um desvio. A primeira versão dessa ideia remonta aos anos 1940 e foi enunciada pelo grande antropólogo alemão Franz Weidenreich, que estava trabalhando nos Estados Unidos. Para Weidenreich, as diferentes "raças" humanas, ou seja, as diferentes populações de *Homo sapiens*, tinham evoluído independentemente umas das outras no mundo pré-histórico (África e Eurásia) a partir de uma mesma forma: *Homo erectus*. Várias populações existiam simultaneamente, mas mantinham sua proximidade graças a significativos fluxos de genes, de maneira que para Weidenreich – que teve de fugir do nazismo – nenhuma hierarquia existia entre elas.

Já sob a influência de Carleton Coon, a mesma ideia ganharia uma tonalidade racista. Evocamos esse discípulo de Weidenreich no capítulo 3, a propósito de sua interpretação dos traços neandertais como características de adaptação ao frio. Esse darwiniano convicto queria explicar as diferenças físicas entre as populações humanas por seleções naturais. Em seu livro de 1962, *The Origin of Races*, Coon propôs a ideia de que certas populações do mundo pré-histórico não tinham evoluído no mesmo ritmo, de maneira que algumas tinham atingido o "estágio" *Homo sapiens* antes das outras, o que para ele confirmava a existência de hierarquias raciais...

Foi só nos anos 1980 que uma teoria "à la Weidenreich", mas liberada de qualquer vestígio racista – a teoria multirregional – reintroduziu a ideia de uma mistura entre as diferentes populações do mundo pré-histórico, e especialmente entre Neandertal e Sapiens.[2]

Ardentemente defendida pelo paleoantropólogo Milford Wolpoff da Universidade de Michigan, ela supõe a existência de uma única espécie humana, que teria evoluído rumo ao *Homo sapiens* por toda parte no mundo. Assim, há mais de dois milhões de anos, *Homo* teria saído da África para gerar os Neandertais na Europa, *Homo erectus* na Ásia (o homem de Java e o homem de Pequim) e, provavelmente, outras formas locais no subcontinente indiano ou alhures; na África, a evolução desse *Homo* teria resultado nos Sapiens arcaicos. Todas essas formas humanas, ligadas entre si por fluxos genéticos, teriam evoluído a seguir, cada uma em sua região, para gerar os Sapiens modernos.

A aliança nos grossos dedos de Neandertal

Depois, ao longo dos anos 1980 e 1990, quando os dados paleoantropológicos se tornaram mais numerosos, as datações mais precisas e se fizeram os primeiros levantamentos da diversidade do DNA mitocondrial dos humanos atuais[3], a teoria multirregional evoluiu e se tornou o "modelo de assimilação". A partir de então, Wolpoff e seus discípulos passaram a considerar que Sapiens, ao sair da África e se espalhar na Eurásia, encontrou populações humanas em todas as partes do mundo pré-histórico.[4] Estas teriam sido próximas o bastante dos imigrantes sapiens para se misturar com eles. Nesse modelo de assimilação, os diferentes tipos de humanos modernos seriam os produtos da união de Sapiens saídos da África com as formas humanas encontradas no caminho. Na Europa, essa versão do modelo de assimilação implica que os europeus seriam o resultado da mistura dos Neandertais e dos Sapiens. O fenômeno se manifestaria nas formas fósseis de Sapiens pela presença residual de um grande número de traços neandertais, especialmente a presença de sua típica protuberância occipital chamada de "coque neandertal".

Nos anos 1980 e 1990, essa visão da evolução do ramo humano foi contestada pela maioria dos paleoantropólogos europeus[5] que acreditavam mais numa substituição brutal das formas antigas por Sapiens em todo o mundo pré-histórico e especialmente na Europa. Sapiens teria simplesmente ejetado Neandertal de seu nicho ecológico sem sequer misturar seus genes com o dele. Em 2008, o sequenciamento da totalidade do genoma mitocondrial neandertal[6] reforçou essa opinião, parecendo inclusive confirmá-la completamente. Contrariamente ao DNA nuclear, o DNA mitocondrial é composto de um único filamento de DNA. Transmitido apenas pelas mulheres, constitui um marcador importante nas reconstituições filogenéticas, já que a presença num grupo humano de diversas linhagens mitocondriais significa a presença de diversas linhagens femininas.

No entanto, depois de sequenciarem o DNA mitocondrial dos Neandertais, os paleogeneticistas constataram que ele era muito diferente do nosso. As linhagens mitocondriais de Sapiens eram diferentes das de Neandertal. Como nenhum parentesco por parte das mulheres nos ligava a ancestrais neandertais, a hipótese da substituição total de Neandertal por Sapiens pareceu se impor.

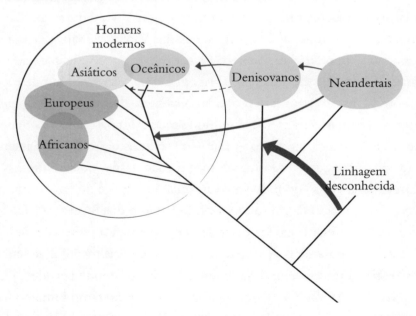

Figura 10-2: Os humanos atuais possuem em seus genomas contribuições de várias linhagens fósseis, entre as quais encontram-se pelo menos os Neandertais e os Denisovanos.

Todos temos algo de neandertal

Para a grande estupefação dos paleoantropólogos, tudo mudou em 2010 quando foi sequenciado 60% do genoma nuclear neandertal.[7] Por sua parte, o DNA que está dentro do núcleo celular é metade formado por uma contribuição da mãe e metade por uma contribuição do pai. Ele permite também retraçar linhagens masculinas, já que o cromossomo sexual masculino, o cromossomo Y, só é transmitido pelos homens. Contudo, comparando 60% do primeiro genoma neandertal sequenciado com as partes correspondentes dos genomas completos de cinco sapiens contemporâneos oriundos de diferentes partes do mundo, os paleogeneticistas chegaram à conclusão de que os europeus e os asiáticos compartilham entre 1 e 4% de seu DNA nuclear com os Neandertais. Já os africanos não compartilham nenhum DNA nuclear com Neandertal. Esses primeiros estudos foram confirmados por outros, mais recentes[8], que indicam que os habitantes da Eurásia compartilham não menos de 20% de seu DNA nuclear com Neandertal, embora cada indivíduo tenha menos de 3% dele em seus genes (*cf.* figura 10-2). Ou seja, a mestiçagem entre Sapiens e Neandertais realmente ocorreu!

Um amor passageiro

Quando e onde Neandertal e Sapiens se encontraram? Um primeiro contingente pouco numeroso de Sapiens teria se misturado aos Neandertais uma primeira vez após ter deixado a África. Segundo os cálculos dos paleogeneticistas, essa primeira mistura poderia ter ocorrido no Oriente Próximo cerca de 100.000 anos atrás (*cf.* capítulo 9). Essa hipótese é corroborada pelas descobertas fósseis no corredor levantino, já que a presença sapiens é atestada nessa época nos sítios de Skhul e de Qafzeh, em Israel, associada a conjuntos líticos musterienses. Esses homens modernos ocuparam um território onde viviam Neandertais havia dezenas de milhares de anos, já que na caverna de Tabun foi encontrado um fóssil neandertal de 120.000 anos. Os resultados de um estudo genético também apontam para isso. Pesquisadores do Instituto Max Planck de Antropologia Evolutiva de Leipzig e de outras instituições demonstraram que os Neandertais de Altai (na Sibéria e na Mongólia) se mestiçaram, há mais de 100.000 anos, com Sapiens arcaicos.[9]

De onde vêm os primeiros Sapiens do Oriente Próximo? Se temos registros de fósseis sapiens na África do Leste e do Sul (Florisbad, Rio Klasies, Omo...), alguns deles com mais de 280.000 anos[10], sabemos também que não praticavam o talhe musteriense. Em compensação, os raros fósseis conhecidos da África do Norte – os de Djebel Irhoud (280.000 anos)[11], no Marrocos, e de Haua Fteah (50.000 anos), na Líbia – foram encontrados com utensílios musterienses. Para conhecermos melhor os primeiros Sapiens do Oriente Próximo parece então que devemos pesquisar acima de tudo sítios sapiens antigos (de idade comparável aos de Qafzeh e Skhul) na África do Norte, especialmente na Líbia e no Egito. A menos que, por propagação cultural, Sapiens originários da África do Leste tenham entrado na moda musteriense ao chegarem ao Oriente Próximo...

Contudo, o leste do Mediterrâneo não foi o único lugar de mistura das espécies irmãs neandertal e sapiens. Em 2014, o sequenciamento de dois fósseis de Sapiens antigos sugeriu que outra mestiçagem pode ter ocorrido no norte da Ásia. Um dos genomas pertencia ao "Homem de Ust'-Ishim", um indivíduo que viveu há 45.000 anos na Sibéria ocidental, conhecido unicamente através de um fragmento de seu fêmur encontrado por acaso em 2008 nas margens de um rio. O sequenciamento[12] do DNA desse contemporâneo dos últimos Neandertais europeus revelou se tratar de um mestiço, pois cerca de 2% de seus genes são neandertais. Os paleogeneticistas estimaram que essa mestiçagem tinha ocorrido entre 7.000 e 13.000 anos antes da morte do Homem de Ust'-Ishim, ou seja, de 58.000 a 52.000 anos atrás.

No entanto, é justamente a essa faixa de tempo que pertence o fóssil de Manot[13], descoberto, também por acaso, em 2008 na caverna de mesmo nome em Israel. Indubitavelmente sapiens, esse crânio tem os traços anatômicos que se pode imaginar num híbrido Neandertal-Sapiens.

De fato, sua forma é muito próxima da observada em fósseis de Sapiens – como Mladeč 1 ou Předmostí 4 descobertos na República Checa – que viveram na Europa entre 30.000 e 20.000 anos atrás (no MIS 2, 29.000 a 14.000 anos atrás) e que servem de base para o modelo de assimilação. Como estes, o fóssil de Manot exibe um "coque neandertal".

Daí a ideia de que Neandertal e Sapiens se encontraram não apenas no Oriente Próximo 100.000 anos atrás, mas também na Eurásia à medida que os Sapiens avançavam para o Norte. Essa segunda fase de mestiçagem teria durado até 45.000 anos atrás. Mais enraizada no genoma sapiens, porque mais duradoura, ela teria engendrado especialmente populações que depois entraram na Europa pelo Norte.

Essa provável segunda mestiçagem das duas espécies é visível no genoma fóssil de Kostenki 14, um Sapiens que viveu no que hoje é a Rússia 37.000 anos atrás. Depois do de Ust'-Ishim, o DNA que foi encontrado em sua tíbia esquerda[14] é o mais antigo DNA sapiens já sequenciado. Ora, ele também contém uma pequena porcentagem de DNA neandertal, o que confirma que na Ásia de 54.000 anos atrás um cruzamento entre Sapiens e Neandertal já tinha ocorrido. Sublinhemos que a pequena porcentagem de genes neandertais indica a fraqueza da mistura Neandertal-Sapiens, o que nada tem de surpreendente, dada a escassez da população neandertal, especialmente nas áreas periféricas de sua ocupação.

Irmão de sangue?

Sapiens e Neandertal misturaram seus genes no Oriente Próximo e na Eurásia. E na Europa? Ao que tudo indica, essa mistura também ocorreu ali no momento da chegada de Sapiens ao solo europeu há cerca de 43.500 anos.[15] Os vestígios conhecidos confirmam isso? Existem nos registros fósseis indivíduos que possuam morfologias híbridas? É o que os defensores da teoria multirregional tentam provar há décadas, procurando características neandertais nos mais antigos fósseis sapiens encontrados em solo europeu.

Esses paleoantropólogos[16] se concentraram principalmente no estudo da região da nuca e do rosto. Infelizmente para eles, nenhuma de suas minuciosas pesquisas permitiu estabelecer um laço de filiação indiscutível entre Neandertais e Sapiens, seja porque os fósseis examinados estavam mal datados, seja porque eram fragmentários demais. É o caso, por exemplo, dos Neandertais tardios de Vindija, na Croácia.[17] Em 1999, foi descoberto em Portugal, no abrigo de Lagar Velho, o esqueleto de uma criança morta aos 4 anos de idade que teria sido sepultada há 25.000 anos, isto é, muito tempo depois do desaparecimento dos Neandertais.[18] Ora, a mistura de características sapiens e neandertais que ele apresentava sugere que tenha sido descendente de uma população de híbridos Neandertal-Sapiens. Essa hipótese foi violentamente criticada[19], o que gerou longas polêmicas.[20]

Figura 10-3: Leva após leva, os Sapiens se tornam cada vez mais numerosos, de maneira que já não se contentam em ocupar territórios vazios e penetram nos dos Neandertais. As condições de vida do habitat europeu se transformam então, e os Neandertais passam a ter cada vez mais dificuldade em praticar seu modo de vida tradicional.

Do mesmo modo, o fóssil Oase 1, descoberto por acaso em 2002 quando espeleólogos investigavam o sistema karstico de Peştera cu Oase, na Romênia, apresentava uma mistura de traços sapiens e neandertais.[21] Esse fóssil, datado de cerca de 37.800 anos, poderia ser um híbrido Neandertal-Sapiens, mas na ausência de pedras talhadas ou de outros elementos de contexto cultural, não foi possível chegar a nenhuma conclusão.

Em 2013, a realidade de uma mestiçagem Neandertal-Sapiens tardio no solo europeu pôde finalmente ser quase comprovada por uma equipe de que Silvana fazia parte. Os especialistas em datação, paleogeneticistas e pré-historiadores que a compunham retomaram o estudo de um fragmento de mandíbula encontrado no abrigo de Mezzena, no Vêneto. Esse fóssil, encontrado em camadas datadas de maneira bastante precisa em 42.000 anos[22], era considerado neandertal, pois foi descoberto em 1957 num estrato cheio de utensílios musterienses. O indivíduo de Mezzena era mesmo um Neandertal tardio, contemporâneo dos primeiros Sapiens na Europa, especialmente na Itália?[23] O fato é que, na Europa, os níveis musterienses são sempre associados aos Neandertais... Sim, era, pois o DNA mitocondrial pôde ser extraído e se revelou realmente neandertal, o que confirma essa atribuição.[24]

Se a mãe do indivíduo de Mezzena era neandertal, e quanto ao seu pai? Os pesquisadores estavam desconfiados, pois a forma do fragmento de mandíbula os deixara surpresos. Lembremos que os Neandertais tinham o queixo retraído. Ora, o indivíduo de quem um fragmento de mandíbula foi encontrado em Mezzena parecia ter um queixo ósseo tipicamente sapiens. Esse fato teria podido passar por uma anomalia sem significação particular se a mesma protuberância no queixo não tivesse sido encontrada em outros fósseis de Neandertais tardios europeus (especialmente os de Spy na Bélgica, de La Ferrassie em Dordogne, de Las Palomas na Espanha e de Saint-Césaire em Charente). Para tentar obter uma quase certeza da mistura, Silvana e seus colegas procederam a uma comparação estatística dos traços morfológicos da mandíbula de Mezzena com os das mandíbulas de grupos representativos dos Neandertais e dos Sapiens. A conclusão foi que, de um ponto de vista estatístico, o queixo da mandíbula de Mezzena só pode ser sapiens.

Duas interpretações eram possíveis: ou o indivíduo de Mezzena provinha de uma linhagem neandertal "com queixo"; ou seu pai ou outro ascendente masculino seu era Sapiens. A primeira interpretação parece falsa já que nenhuma linhagem arcaica ou neandertal com queixo jamais foi identificada no oeste da Europa. A segunda interpretação parece mais plausível, ainda mais que o abrigo de Mezzena ficava próximo de sítios sapiens da região. Conclusão? O indivíduo de Mezzena devia ser mesmo um híbrido Neandertal-Sapiens.

Fato surpreendente, um recente trabalho de genética[25] demonstra que o cromossomo Y dos Sapiens permite hibridações mulheres neandertais-homens sapiens, mas que o cromossomo Y neandertal parece impedir que a hibridação ocorra entre homens neandertais e mulheres sapiens. Em outras palavras, as uniões homem neandertal-mulher sapiens deviam ser infecundas ao contrário das uniões mulher neandertal-homem sapiens. O caso do fóssil de Mezzena, com seu DNA mitocondrial neandertal e seu queixo sapiens, confirma essa surpreendente lei da hibridação Neandertal-Sapiens (*cf.* box "A união homem neandertal-mulher sapiens provavelmente era estéril").

Hoje, a hipótese de que os Neandertais e os Sapiens se misturaram no solo europeu se tornou uma certeza. Em 2015, o DNA ainda contido na mandíbula Oase 1 de que falamos mais acima pôde ser sequenciado, revelando se tratar realmente de um mestiço Neandertal-Sapiens. Mais ainda, Oase 1 tinha de 6 a 8% de genes neandertais, o que é uma enormidade! Era descendente de um neandertal que viveu quatro a seis gerações antes dele e que pode ter sido seu trisavô... Ou seja, houve mesmo mestiçagem entre Neandertais tardios e Sapiens em solo europeu.

Além disso, o fato de os Neandertais musterienses terem desaparecido tardiamente na Europa é confirmado pelas datas de 26 sítios arqueológicos europeus publicadas em agosto de 2014.[26] Liderados por Tom Higham, da Universidade de Oxford, cinquenta pesquisadores aplicaram os métodos de datação mais avançados atualmente – a datação radiocarbono por espectrometria de massa por acelerador com correção por modelização bayesiana – aos fósseis descobertos em sítios neandertais situados entre a Espanha e a Rússia. Essas datações, que podem ser consideradas as mais precisas de que dispomos hoje, sugerem que a extinção dos Neandertais que talhavam a pedra com as técnicas musterienses se completou há 42.000 anos. Segundo esses pesquisadores, o encontro entre Neandertal e Sapiens teria ocorrido numa janela temporal de 2.500 a 5.000 anos durante a qual um mosaico de populações teria existido na Europa. Parece, portanto, cada vez mais provável que o encontro e a mestiçagem entre Sapiens e Neandertais – e o desaparecimento destes últimos – aconteceram em menos de 20.000 anos, entre 60.000 e 40.000 anos atrás. Os Sapiens que penetraram na Europa 43.500 anos atrás já eram fruto, por sua vez, de diversas hibridações Neandertal-Sapiens no Oriente Próximo e na Ásia ocidental.

Mas, afinal, por que Neandertal desapareceu?

Então nossos irmãos neandertais desapareceram fundindo-se à massa sapiens? No atual estágio das pesquisas, essa explicação é no mínimo plausível, já que sabemos que os Neandertais estão entre os ancestrais dos habitantes da Eurásia. Os primeiros Sapiens da Europa de 40.000 anos atrás já resultavam de várias hibridações Neandertal-Sapiens no Oriente Próximo e na Ásia ocidental. Para os autores deste livro, a questão do desaparecimento dos Neandertais está, portanto, praticamente resolvida, embora o debate continue aberto: para nós, os Neandertais desapareceram por diversas razões, entre as quais uma, essencial, é que eles simplesmente se dissolveram progressivamente na massa sapiens misturando-se com ela. Enfatizemos que essa mistura não era favorável a Neandertal, pois parece que seu cromossomo Y provocava rejeições imunitárias dos fetos gestados por mulheres sapiens; já os cromossomos Y sapiens não provocavam rejeições semelhantes dos bebês gestados por mulheres neandertais.[27] Resultado: os homens neandertais não podiam reforçar seu clã incorporando a ele mulheres sapiens, enquanto os homens sapiens podiam reforçar o seu acasalando-se com mulheres neandertais! (*cf.* box da página 205). Evidentemente, ficaremos sabendo mais sobre isso cada vez que um novo híbrido Neandertal-Sapiens for descoberto e análises cada vez mais finas de genes sobre o cromossomo Y neandertal forem efetuadas.

Então resumamos uma última vez a problemática do desaparecimento do nosso irmão neandertal tal como a compreendemos hoje. Já evocamos a fragmentação do território neandertal, a escassez de sua população e as prováveis repercussões dessa escassez sobre a sobrevivência e as capacidades de inovação dos Neandertais. É muito provável que os Sapiens que chegaram ao território europeu tenham ocupado inicialmente os espaços deixados vagos pelos Neandertais. A seguir, quando se encontraram, embora episódios violentos não possam ser nem excluídos nem provados, é muito plausível que de maneira geral interações benéficas para ambos tenham ocorrido. Essas trocas biológicas e culturais podem ser percebidas pelas mudanças que descrevemos concernentes aos Neandertais musterienses tardios. O que desapareceu não foi realmente Neandertal, mas seu fenótipo (sua aparência física) e sua cultura.

Por que Sapiens foi bem-sucedido?

Sendo assim, devemos nos perguntar o que explica o sucesso do *Homo sapiens*, isto é, o fato de que em apenas alguns milênios (em 5.000 anos no máximo) ele tomou o lugar dos Neandertais na Europa. Desde 1989, os pré-historiadores sugeriram que uma vantagem reprodutiva, por menor que fosse, dos Sapiens podia ter bastado para levar ao desaparecimento dos Neandertais[28] num curto período de tempo. A multiplicação dos Sapiens nunca mais se deteve desde então... Assim, se uma diferença fundamental entre Neandertais e

Sapiens deve ser enfatizada é essa, já que todos os dados paleogenéticos e paleodemográficos sugerem populações neandertais muito pequenas. De fato, sua densidade nunca excedeu 0,02 habitantes por quilômetro quadrado. Em contrapartida, embora não tenhamos dados concretos, a densidade da primeira cultura sapiens na Europa – a cultura aurignaciana (43.000 a 28.000 anos atrás) – leva a crer que sua população era bem mais numerosa que a população neandertal musteriense que a precedeu. E o aumento demográfico iniciado no Aurignaciano vai se intensificar. Cerca de 15.000 anos depois da chegada dos primeiros Sapiens ao solo europeu, os gravetianos – uma cultura posterior aos Neandertais surgida no oeste da Europa por volta de 31.000 anos atrás e desaparecida há cerca de 22.000 anos – já eram pelo menos dez vezes mais numerosos do que os Neandertais jamais tinham sido. A partir do recenseamento dos sítios gravetianos, estima-se que a Europa ocidental e central contava nessa época com 0,5 habitante por quilômetro quadrado.

Embora ignoremos as densidades demográficas das primeiras populações sapiens fora da Europa, está claro que sua expansão territorial não foi possível sem dinâmicas demográficas e econômicas consideráveis na escala temporal dos registros fósseis. O sequenciamento dos genes de dois antigos *H. sapiens* confirma que uma mistura Neandertal-Sapiens ocorreu fora da Europa bem antes da chegada ao território europeu.

A substituição dos Neandertais pelos Sapiens seria na verdade uma substituição progressiva dos Neandertais por Sapiens que já haviam tido contato com outros Neandertais, originários da Eurásia. Pode-se supor que, num primeiro momento, a população neandertal europeia, sempre fragmentada e já em declínio, tenha sido simplesmente abalada pela chegada de Sapiens, e depois tenha começado a diminuir sob o efeito da seleção sexual e da hibridação Neandertal-Sapiens. Pode-se imaginar a seguir que essa substituição progressiva dos últimos Neandertais por Sapiens já mestiçados tenha se concluído por absorção biológica e cultural numa espécie de frente de colonização estabelecida por numerosos "pioneiros" sapiens. Lento na escala humana, esse processo foi fulgurante na escala dos registros fósseis: de maneira semelhante à das populações ameríndias reduzidas e fundidas numa massa europeia em três séculos, os Neandertais teriam sido progressivamente sitiados e então fundidos no seio de uma vasta população territorialmente conquistadora. Finalmente, depois da penetração dos Sapiens na Europa, a substituição e a absorção/extinção dos últimos Neandertais teriam ocorrido rapidamente, num período de 5.000 anos no máximo.

Insistamos no fato de que é provável que essa hibridação tenha "revitalizado" a população europeia sapiens. Alguns dados genéticos indicam que Sapiens se beneficiou dos genes implicados na adaptação ao frio. Nada nos impede de pensar, aliás, que os Sapiens aprenderam diversas técnicas de sobrevivência no frio do Norte em seu contato com os Neandertais, que, assim, também teriam "vitalizado" as culturas sapiens... Em suma, a mestiçagem biológica e cultural só pode ter ocorrido em ambos os sentidos...

A união homem neandertal-mulher sapiens provavelmente era estéril

O homem neandertal e a mulher sapiens parecem ter sido incapazes de se reproduzir. Contudo, entre 2 e 4% dos nossos genes provêm dos Neandertais. Como? Graças às uniões homem sapiens-mulher neandertal, pois o que se observa é que não há nenhum DNA neandertal presente no cromossomo Y de nossos contemporâneos!

Há duas teorias para explicar o desaparecimento do DNA neandertal do cromossomo Y. A primeira, que não deixa de ser plausível, é a de que simplesmente os genes do cromossomo Y foram transmitidos aos Sapiens, mas se perderam com a passagem dos milênios. Para confirmá-la, será preciso aprofundar o estudo do cromossomo Y dos mais antigos híbridos Neandertal-Sapiens.

A segunda, que precisa ser confirmada, é a de que o cromossomo Y neandertal seria altamente incompatível com a gravidez de uma mulher sapiens.

De fato, os paleogeneticistas descobriram nos Neandertais três grandes variações dos antígenos menores de histocompatibilidade. Tradução: quando uma mulher sapiens engravidava de um homem neandertal, a presença desses antígenos devidos ao pai podia provocar uma reação imunitária contra o feto e levar ao aborto. Isso explicaria a ausência de genes provenientes do cromossomo Y neandertal, já que nenhum feto híbrido Neandertal-Sapiens do sexo masculino teria vingado.

Essa teoria é corroborada pelo fato de que mesmo hoje em dia ocorrem abortos espontâneos de fetos masculinos por razões similares. As uniões homens neandertais-mulheres sapiens serviam mais para o deleite do que para a reprodução.

E se o cão tivesse mudado tudo?

Recentemente, surgiu a ideia de uma superioridade do caçador sapiens devida à sua aliança com o lobo.[29] Para o etólogo Pierre Jouventin, que se debruçou sobre a questão[30], tudo indica que a domesticação do lobo constituiu uma vantagem considerável para os caçadores sapiens, já que "a observação dos caçadores-coletores atuais demonstra que um caçador acompanhado de um cão obtém três vezes mais caça"[31] em média.

Tudo indica que essa inovação pode ter sido muito vantajosa demograficamente para os Sapiens já que existe uma relação entre a quantidade de alimento disponível e a fertilidade humana. Mais comida e a possibilidade de uma estocagem implicam que mais pessoas podem se alimentar e viver em boa saúde. Isso se reflete no aumento da expectativa de vida, na diminuição da mortalidade infantil e, consequentemente, num maior número de indivíduos atingindo a fase reprodutiva. O aumento da expectativa de vida acarreta também uma melhor transmissão do saber pelos adultos e anciãos, além de permitir aos pais darem mais atenção às crianças frágeis.[32] Por sua vez, o aumento dos conhecimentos recebidos pelas novas gerações favorece o sucesso na sobrevivência e a inovação.

O fato é que, tenha o cão favorecido o sucesso dos Sapiens ou não, a evolução das culturas sapiens expressa outra coisa com uma força espantosa: a tendência sapiens a sempre crescer, tanto territorial quanto demograficamente. No final das contas, a "superioridade" de Sapiens sobre Neandertal, buscada por tantos pré-historiadores, pode não ser técnica nem cultural, mas estar simplesmente ligada ao psiquismo coletivo sapiens e aos comportamentos sociais que decorrem dele. É bem provável que seja isso o que diferencia a linhagem neandertal da linhagem sapiens, já que a primeira nunca destruiu nem alterou o ecossistema eurasiano, onde permaneceu em equilíbrio com a natureza por mais de 300.000 anos.

Centrados na partilha e na comunidade, os Neandertais não deviam ter necessidade de estender seu domínio, dada sua escassez demográfica. Sobreviver lhes bastava. Então, já que a obsessão pelo crescimento está nos levando a um colapso ecológico e demográfico, talvez esteja na hora de nos voltarmos para os nossos ancestrais que souberam sobreviver sem crescer nem destruir por centenas de milhares de anos – e de nos inspirarmos neles...

O TESTAMENTO DE NEANDERTAL

■ Deu para compreender no final das contas quem era o *Homo neanderthalensis*? Era uma mulher, a neandertal, e um homem, o neandertal. Ao longo das eras, sua resiliência ao frio e às mudanças climáticas, mesmo muito bruscas, é impressionante. Ele, hábil modelador de utensílios, caçava grandes animais enfrentando enormes riscos, pois partilhar "carne de verdade" era mais importante que comer um coelho sozinho... e, para fazer isso, Neandertal arriscava sua vida! Sobre ela, decerto uma boa coletora e talvez caçadora também, sabemos muito pouco, exceto que provavelmente tinha mais facilidade de parir que suas irmãs sapiens e preferia ter relações com homens de outros clãs a procriar com os tios, irmãos e primos que compunham o seu. Mas é claro que, quando uma crise climática ou uma distância muito grande isolava o clã por uma geração ou mais, era obrigada a se unir a um parente próximo...

Os Neandertais eram também homens e mulheres de cultura, mas de uma cultura rude, feita para durar, ou ao menos para fazer o clã durar, resistir ao frio e às alterações. Isso explica por que em 2.500 séculos a cultura neandertal quase não mudou de técnica de talhe... O que mais sabemos? Antes de tudo, que era complexa, embora permaneça enigmática; o fato é que essa cultura permitia aos feridos e velhos sobreviver e, graças a ela, os Neandertais e seus ancestrais resistiram a três glaciações. Teriam atravessado outras se a concorrência sapiens não tivesse destruído um equilíbrio ecológico de centenas de milhares de anos, a ponto de que, hoje, a humanidade já não luta contra o retorno periódico do frio e sim contra a instalação a longo prazo do calor... Como ele reagiu à irrupção de seu irmão sapiens? Sempre por meio da resiliência e tentando com todos os meios se adaptar; inclusive, no final, imitando seu irmão, ou seja, lançando-se na inovação técnica que parecia incomodá-lo anteriormente. Até que a pressão se tornou muito forte, especialmente porque a seleção sexual parece ter privilegiado as uniões homem sapiens-mulher neandertal em detrimento das uniões homem neandertal-mulher sapiens, que poderiam ter reforçado seus clãs de culturas patrilocais. Foi então que Neandertal, o último homem verdadeiramente animal, ou seja, capaz de viver verdadeiramente em equilíbrio com seu ambiente, teve de ceder seu habitat a uma espécie irmã tão conquistadora territorialmente quanto demograficamente. Contudo, graças a ela, graças à mulher neandertal, ele subsiste em nós sob a forma dos 1 a 4% de genes que os Sapiens da Eurásia carregam em si.

Então, sim, *Homo neanderthalensis* era mesmo o irmão pré-histórico de *Homo sapiens*. Surgido na Europa quando *Homo sapiens* surgia na África, acabou por se fundir com ele no "homem anatomicamente moderno", como dizem os pré-historiadores. Seja como for, Neandertal, ao desaparecer, legou a seu irmão Sapiens uma mensagem essencial:

Eu sobrevivi sem crescer
Desapareci por ser incapaz de crescer
Tu sobreviveste porque sempre cresces
Desaparecerás porque nunca decresces?

Crescer sempre! Nunca decrescer! Está aí, de fato, o traço psíquico essencial dos Sapiens, que só consentem em coexistir para "partilhar os frutos do 'crescimento'".[1] O sábio Sapiens – *sapiens* é um adjetivo latino que pode significar inteligente, sábio, razoável ou prudente – quer crescer em tudo aquilo que empreende, inclusive a Sapiens cientista e o Sapiens jornalista que são os autores deste livro. Então, porque somos nós, porque são vocês, porque vocês são sábios Sapiens como nós, eis alguns exemplos de como a pesquisa sobre Neandertal pode prosseguir a fim de fazer o conhecimento crescer...

Para começar, certamente, vocês se preocupam, como nós, com o que poderia apoiar as teses apresentadas neste livro, que são ainda muito frágeis já que representam apenas o produto de 160 anos de pesquisa. Então?

Em primeiro lugar, precisamos de novos sítios arqueológicos e de novos fósseis neandertais e sapiens antigos, sobretudo fora da África. Esses preciosos testemunhos ósseos esclarecerão por onde passavam as rotas do crescimento territorial sapiens, e assim nos informarão sobre as possíveis zonas de mistura entre as duas espécies irmãs, a sábia e a que não queria crescer... Nesse espírito, a prioridade seria aprofundar as pesquisas no corredor levantino, especialmente na Síria (!), e a seguir na Península Arábica, no Iêmen, nos países do Golfo e ainda mais longe, nas regiões inexploradas mas muito promissoras do Irã, do Iraque e do Afeganistão. Logo se veem as dificuldades desse trabalho no momento presente, já que as circunstâncias impedem os Sapiens que querem fazer a ciência crescer para retornar livremente a vários desses países, de circular neles sem medo e de fazer prospecções arqueológicas e empreender escavações com os Sapiens cientistas da região. Desde que Sapiens está sozinho no mundo, a geopolítica sempre limitou o crescimento das ideias, isso quando não as matou. Esperemos que a próxima geração de Sapiens — por certo ainda mais sábia que a nossa — possa ousar essa exploração...

Além disso, é claro que o crescimento da técnica vai continuar trazendo sua permanente contribuição de descobertas inesperadas sobre Neandertal e seu modo de vida. Resumamos essa tendência assinalando uma enormidade: alguns já propõem usar DNA neandertal reconstituído para clonar nosso irmão neandertal, ou seja, para ressuscitá-lo. De fato, o sequenciamento do DNA neandertal foi uma proeza tão inesperada que, em comparação, sua síntese química parece fácil... Então, alguns Sapiens já pensam nisso, o que deixa chocados os autores deste livro – retrógrados! – que consideram Neandertal como um ser humano completo, que goza, portanto, do direito do homem (de Neandertal) de permanecer morto uma vez morto.

Mesmo que Neandertal fosse também, em alguns pontos, verdadeiramente diferente de nós, ele não é humano o suficiente para ter esse direito reconhecido? Se por ventura algum cientista maluco (ou seja, um cientista sapiens, "sábio" mas louco), como o doutor Mabuse, executar esse projeto insensato, o que faremos do nosso clone de Neandertal? Vamos obrigá-lo a ter relações sexuais com mulheres sapiens para verificar que o cromossomo Y neandertal é realmente incompatível com a gestação, como deduzimos dos genes legados aos Sapiens? Aliás, parece que seria fácil, já que lemos na imprensa que mulheres sapiens em perfeitas condições se ofereceram como voluntárias. Sendo assim, não seria preciso apelar a "mulheres perdidas", como, dizem, foi feito no século XIX para "verificar" que as uniões chipanzés-Sapiens eram mesmo infecundas.[2]

Assim que nossos conhecimentos tiverem crescido dessa maneira e nossa curiosidade tiver sido saciada, o que faremos do nosso irmão clonado? Não há dúvida, tentaremos por todos os meios "sapientizar" o coitado, exatamente como os ingleses vitorianos tentaram "vitorianizar" Jeremy Button.[3] Ou, ainda pior, nós o trataremos como um animal selvagem colocando-o num parque de diversões, como se fazia em Paris nas "aldeias negras" das exposições coloniais... Nossos antepassados que fizeram isso acreditavam estar expondo homens arcaicos, quando o que estavam mostrando eram Sapiens sem genes... neandertais – eles que pensavam que Neandertal, cujo sangue ignoravam circular em suas veias, era uma fera bruta... Muito sábio tudo isso! É claro que, se Neandertal for clonado, algumas vozes caridosas e politicamente corretas se elevarão, como na Inglaterra do século XIX, para que ele seja inscrito na previdência social e receba um seguro-desemprego até conseguir se adaptar ao complexo habitat de seu irmão sapiens...

Mais interessante e bem mais sábio: poderemos estender aos homens fósseis e em particular a Neandertal os resultados das pesquisas sobre o microbioma? É assim que é designado o metagenoma dos organismos que constituem o microbiota humano, isto é, o conjunto dos microganismos que vivem no nosso corpo e constituem, entre outras coisas, nossa flora intestinal.[4] Essas bactérias, fungos e outros microrganismos nos são legados em parte por nossos pais, mas também são determinados em grande parte pela alimentação e pelo ambiente. Na medida em que o microbioma é a expressão das condições do meio interno (temperatura, acidez, teores hormonais, gorduras, proteínas, tipos de mucosa, etc.), pesquisas sobre os microbiomas dos homens fósseis prometem numerosas informações, pois, hoje em dia, para realmente conhecer a história de nossa evolução, é preciso também conhecer a da biodiversidade microbiana do microbiota e de sua coevolução com os humanos. Quando enfim será realizada a grande exploração dos coprólitos neandertais?[5] Afinal, precisamos abordá-los para confirmar ou invalidar a partir do bioma neandertal nossas hipóteses sobre a alimentação, o metabolismo e os hormônios do nosso irmão neandertal.

Isso parece utópico? Dada a aceleração e o crescimento ininterrupto de nossos conhecimentos sobre Neandertal, desde a época em que Silvana começou a estudar ou mesmo desde 1856, quando teve origem a "questão neandertal", temos certeza de que as próximas décadas serão cheias de surpresas, especialmente graças à análise genética, que não para de progredir. Possa esse crescimento ininterrupto e maravilhoso dos nossos conhecimentos não nos fazer esquecer uma verdade muito simples atestada por nosso irmão neandertal através dos tempos: uma espécie desaparece quando seu habitat desaparece.

QUADRO DOS MIS

MIS	Início	Fim	Clima	Fatos marcantes ocorridos
MIS 2	-29.000	-14.000	Clima muito rigoroso, comparável a certos períodos do MIS 6.	As culturas sapiens se multiplicam e se diversificam.
MIS 3	-57.000	-29.000	Período interglacial muito instável: "eventos Heinrich" com momentos bastante frios.	Chegada de Sapiens à Europa e desaparecimento de Neandertal.
MIS 4	-71.000	-57.000	Período glacial curto, mas que teve consequências sobre o tamanho da população neandertal.	Aparecimento na Europa de sepulturas neandertais individuais, algumas contendo oferendas.
MIS 5	-130.000	-71.000	Período interglacial em geral um pouco mais quente que o nosso, mas com numerosas flutuações.	Extensão territorial de Neandertal ao Oriente Próximo e à Ásia central.
MIS 6	-191.000	-130.000	Período glacial longo e extremamente rigoroso.	Os Pré-Neandertais penetram nas profundezas das cavernas (pelo menos na de Bruniquel).
MIS 7	-243.000	-191.000	Período interglacial não muito quente.	Os Pré-Neandertais exploram o sítio de Biache-Saint-Vaast por dezenas de milhares de anos.
MIS 8	-300.000	-243.000	Período glacial extremamente rigoroso.	Os Pré-Neandertais sobrevivem a esse longuíssimo período frio.
MIS 9	-337.000	-300.000	Período interglacial quente.	A neandertalização está em marcha. Primeiras modelagens musterienses.

MIS 10	-374.000	-337.000	Período glacial curto, mas extremamente rigoroso.	Redução da diversidade da população europeia.
MIS 11	-424.000	-374.000	Período interglacial comparável ao nosso.	*H. heidelbergensis* modela utensílios compósitos (lanças de madeira armadas de lâminas de pedra de Schöningen).
MIS 12	-478.000	-424.000	Período glacial extremamente rigoroso.	*H. heidelbergensis* resiste a esse período frio provavelmente por já dominar o fogo.
MIS 13	-533.000	-478.000	Período interglacial	Os *H. heidelbergensis* lançam mortos e um biface como oferenda no poço de Sima de los Huesos.
MIS 14	-563.000	-533.000	Período glacial	*H. heidelbergensis* talha bifaces muito elaborados em várias partes da Europa (como o vale do Rio Somme).
MIS 15	-621.000	-563.000	Período interglacial	Chegada de uma forma humana africana na Europa; o maxilar de Mauer lhe valerá seu nome de espécie: *Homo heidelbergensis*.
MIS 16	-676.000	-621.000	Período glacial	*H. antecessor*, que vive na Espanha há centenas de milhares de anos, deixa um testemunho fóssil na Gran Dolina de Atapuerca.
MIS 17	-712.000	-676.000	Período interglacial	
MIS 18	-761.000	-712.000	Período glacial	
MIS 19	-790.000	-761.000	Curto período interglacial não muito quente	Pegadas são deixadas numa praia fóssil em Happisburgh, na Inglaterra.

Quadro dos estágios isotópicos marinhos do oxigênio ou MIS

NOTAS

1. NEANDERTAL, FILHO DA EUROPA E DO FRIO

1. Tales foi um filósofo e estudioso grego nascido em Mileto por volta de 625 a.C. e morto por volta de 547 a.C. na mesma cidade. Foi um dos "Sete Sábios" da Grécia antiga.
2. B. Vandermeersch, *Les Hommes fossiles de Qafzeh* [Os homens fósseis de Qafzeh], Les Éditions du CNRS, 1981; R.E. Green *et al.*, "A draft sequence of the Neandertal genome" [Um esboço de sequência do genoma neandertal], *Science*, n. 328, 2010, p. 710-722.
3. F. Savatier, "Expansion de l'homme moderne: la voie árabe" [Expansão do homem moderno: a via árabe], [http://www.pourlascience.fr] www.pourlascience.fr, 08/02/2011; S. J. Armitage *et al.*, "The southern route 'Out of Africa': Evidence for an early expansion of modern humans into Arabia" [A rota sul "para fora da África": evidência de uma antiga expansão dos humanos modernos para a Arábia], *Science*, n. 331, 2011, p. 453-456; A. Lawler, "Did Modern Human travel 'Out of Africa' via Arabia?" [Será que o homem moderno viajou "para fora da África" pela Arábia?], *Science*, n. 331, 2011, p. 387.
4. MIS 5.
5. Condemi S., *Les Hommes fossiles de Saccopastore* [Os homens fósseis de Saccopastore], CNRS Éditions, 1992.
6. Milutin Milankovitch, considerado hoje o pai da paleoclimatologia, usou sua imensa descoberta (a existência dos ciclos de insolação) para conceber o primeiro calendário isotópico. Embora tenha sido aprimorada depois, essa escala cronológica é utilizada até hoje.
7. G. Ménot G *et al.*, "Early reactivation of European rivers during the last deglaciation" [A antiga reativação dos rios europeus durante a última desglaciação], *Science*, vol. 313, 2006, p. 1623-1625; S. Toucanne *et al.*, "The first estimation of Fleuve Manche palaeoriver discharge during the last deglaciation : Evidence for Fennoscandian ice sheet meltwater flow in the English Channel ca 20 – 18 ka ago" [A primeira estimativa da vazão do paleo Rio Mancha durante a última

desglaciação: evidência do fluxo de gelo fino-escandinavo derretido no Canal Inglês cerca de 20 a 18 milênios atrás], *Earth and Planetary Science Letters*, n. 290, 2010, p. 459-473.

2. A EMERGÊNCIA DA LINHAGEM NEANDERTAL

1. Platão, *Le Politique*, traduction Luc Brisson, Paris, Flammarion, 2011, p. 46 [edição brasileira: "Político" in *Platão – diálogos*. Trad. José Cavalcante de Souza, Jorge Paleikat e João Cruz Costa. São Paulo: Nova Cultural, 1991].

2. L. Gabunia & A. Vekua, "A Plio-Pleistocene hominid from Dmanisi, East Georgia, Caucasus" [Um hominídeo plio-pleistocênico de Dmanisi, oeste da Geórgia, Cáucaso], *Nature*, n. 373, 1995, p. 509-512; L. Gabunia *et al.*, "Earliest Pleistocene Hominid Cranial Remains from Dmanisi, Republic of Georgia: Taxonomy, Geological Setting, and Age" [Primeiros resquícios craniais do hominídeo pleistocênico de Dmanisi, República da Geórgia: Taxonomia, configuração geológica e idade], *Science*, n. 288, 2000, p. 1019–1025.

3. O. Bar-Yosef & E. Tchernov, *On the Palaeo-Ecological History of the Site of 'Ubeidiya* [Sobre a história paleo-ecológica do sítio de Ubeidiya]. Jerusalem: The Israel Academy of Science and Humanities, 1972; O. Bar-Yosef. & N. Goren-Inbar, *The Lithic Assemblages of 'Ubeidiya, a Lower Paleolithic Site in the Jordan Valley* [Os conjuntos líticos de Ubeidiya, um sítio do Paleolítico Inferior no vale do Jordão], Jerusalem: The Institute of Archaeology, The Hebrew University of Jerusalem, *Qedem* n. 34, 1973; M. Belmaker *et al.*, "New evidence for hominid presence in the Lower Pleistocene of the Southern Levant" [Novas evidências da presença de hominídeos na parte sul do Levante durante o Pleistoceno Inferior], *Jour. of Hum. Evol.*, n. 43/1, 2002, p. 43-56.

4. A. Vialet *et al.*, "*Homo erectus* found still further west: reconstruction of the Kocabaş cranium (Denizli, Turkey)" [*Homo erectus* encontrado ainda mais ao oeste: reconstrução do crânio de Kocabas, Denizli, Turquia], *Comptes Rendus Palevol.*, n. 11, 2012, p.89-95; "Dating the *Homo erectus* bearing travertine from Kocabaş , (Denizli, Turkey) at at least 1.1 Ma." [Datando o travertino com *Homo erectus* incrustado de pelo menos 1,1 milhão de anos" A.E. Lebatard *et al.*, *Earth and Planetary Science Letters*, n. 390, 2014, p. 8-18.

5. N. Ashton N *et al.*, "Hominin Footprints from Early Pleistocene Deposits at Happisburgh, UK" [Pegadas de homininos em camadas do Pleistoceno Inferior em Happisburgh, no Reino Unido], *PLoS ONE*, n. 9/2, 2014.

6. J.-M. Bermúdez de Castro *et al.*, "A Hominid from the Lower Pleistocene of Atapuerca, Spain: Possible Ancestor to Neanderthals and Modern Humans" [Um hominídeo do Pleistoceno Inferior encontrado em Atapuerca, Espanha: possível ancestral dos Neandertais e humanos modernos], *Science*, n. 276, 1997, p. 1392-1395.

7. C. J. Lepre *et al.*, "An earlier origin for the Acheulian" [Uma origem anterior para o acheuliano], *Nature*, n. 477, 2011, p. 82-85.

8. A. Leroi-Gourhan, *Le Geste et la Parole*, 1. : *Technique et langage*, 2 : *Mémoire et les Rythmes* [O gesto e a palavra, 1. Técnica e linguagem, 2. Memória e os ritmos], Paris, Albin Michel, 1964-1965.

9. E. Carbonell E. *et al.*, "Les premiers comportements funéraires auraient-ils pris place à Atapuerca, il y a 350 000 ans?" [Os primeiros comportamentos funerários teriam ocorrido em Atapuerca 350.000 anos atrás], *L'Anthropologie*, n. 107/1, 2003, p. 1-14.

10. M.B. Roberts & S.A. Parfitt, *Boxgrove. A Middle Pleistocene Hominid Site at Eartham Quarry, Boxgrove, West Sussex* [Boxgrove. Um sítio hominídeo do Pleistoceno Médio em Eartham Quarry, Boxgrove, West Sussex], London, English Heritage Archaeological Report n. 17, 1999.

11. J.L. Arsuaga *et al.*, "Three new human skulls from the Sima de los Huesos Middle Pleistocene site in Sierra de Atapuerca, Spain" [Três novos esqueletos humanos do sítio do Pleistoceno Médio Sima de los Huesos em Sierra de Atapuerca, Espanha], *Nature*, n. 362, 1993, p. 534-537; J.L. Arsuaga J.L. *et al.*, "Sima de los Huesos (Sierra de Atapuerca, Spain). The site " [Sima de los Huesos (Sierra de Atapuerca, Espanha). O sítio], *Jour. of Hum. Evol.*, n. 33, 1997, p. 109-127.

12. A. Mounier *et al.*, "Is *Homo heidelbergensis* a distinct species? New insight on the Mauer mandible" [O *Homo heidelebergensis* é uma espécie distinta? Nova luz sobre a mandíbula de Mauer], *Journal of Human Evolution*, n. 56/3, 2009, p. 219-246.

13. D. Richter et al., "The age of the hominin fossils from Jebel Irhoud, Morocco, and the origins of the Middle Stone Age" [A era dos fósseis de homininos de Jebel Irhoud, Marrocos, e as origens da Idade da Pedra Média], Nature, n. 546, 2017, p. 293-296.

14. C.B. Stringer *et al.,* "The middle Pleistocene human tibia from Boxgrove" [A tibia humana do Pleistoceno Médio de Boxgrove], *Jour. of Hum. Evol.*, n. 34, 1998, p. 509-547; M. Wolpoff, *Human Evolution* [Evolução humana], The McGraw-Hill Companies, Inc., College Custom Series, 1996.

15. M. Meyer *et al.*, "A mitochondrial genome sequence of a hominin from Sima de los Huesos" [Uma sequência de genoma mitocondrial de um hominino de Sima de los Huesos], *Nature*, n. 505, 2014, p. 403-406.

16. M. Meyer *et al.*, "Nuclear DNA sequences from the Middle Pleistocene Sima de los Huesos hominins" [Sequências de DNA nuclear de homininos do Peistoceno Médio de Sima de los Huesos], *Nature*, n. 531, 2016, p. 504-507.

17. A.L. Price *et al.*, "The Impact of Divergence Time on the Nature of Population Structure: An Example from Iceland" [O impacto do tempo de divergência sobre a natureza da estrutura da população: um exemplo da Islândia], *Plos-One*, n. 5/6, junho 2009, e1000505.

18. H. Lumley (de) & M.A. Lumley (org.), 1982. *L'Homo erectus et la place de l'homme de Tautavel parmi les hominidés fossiles* [O *Homo erectus* e o lugar do homem de Tautavel entre os hominídeos fósseis], préactes du 1er Congrès de paléontologie humaine, Nice.

19. S. Condemi, *Les Néandertaliens de La Chaise* [Os Neandertais de La Chaise], Éditions du CTHS, n. 15, 2001.

20. J.L. Voisin, "A preliminary approach to the neanderthal speciation by distance hypothesis: a view from the shoulder complex" [Uma abordagem preliminar da especiação neandertal pela hipótese da distância: uma visão do complexo do ombro], in *Continuity and discontinuity in the peopling of Europe: One hundred fifty years of Neanderthal* [Continuidade e descontinuidade no povoamento da Europa: cento e cinquenta anos de Neandertal], S. Condemi & G.C. Weniger (orgs.), Springer, *Vertebrate paleobiology and paleoanthropology series*, 2011, p. 127-138.

21. No MIS 5.

22. S. Condemi, *Les Hommes fossiles de Saccopastore* [Os homens fósseis de Saccopastore], CNRS Éditions, 1992.

23. M. Urbanowsk *et al.*, "The first Neanderthal tooth found North of the Carpathian Mountains" [O primeiro dente neandertal encontrado ao norte das montanhas dos Cárpatos], *Naturwissenschaften*, n. 97, 2012, p. 411-415.

24. J. Krause *et al.*, "Neanderthals in central Asia and Siberia" [Neandertais na Ásia central e na Sibéria], *Nature*, n. 449, 2007, p. 902-904.

3. UM ATLETA ATARRACADO DE PUNHOS PODEROSOS

1. Lucrécio (poeta e filósofo latino do primeiro século a.C.) *De la Nature* (livre V : 1), traduction d'A. Ernout, CUF, 1960, p. 84 [edição brasileira: "Da natureza" in *Epicuro, Lucrécio, Cícero, Sêneca, Marco Aurélio*. Trad. Agostinho da Silva. São Paulo: Nova Cultural, 1985].

2. R.E. Green *et al.*, 2010. "A draft sequence of the Neandertal genome" [Um esboço de sequência do genoma neandertal], *Science*, n. 328, 2010, p. 710-722. K. Prüfer *et al.*, "The complete genome sequence of a Neanderthal from the Altai Mountains" [A sequência completa do genoma de um neandertal das Montanhas Altai], *Nature*, n. 505, 2014, p. 43-49.

3. H. Schaaffhausen, "Zur Kenntniss der ältesten Rassenschädel" [Para o conhecimento do mais velho crânio racial], *Archiv für Anatomie, Physiologie und wissenschaftliche Medicin, in Verbindung mit mehreren Gelehrten herausgegeben* [Arquivo de anatomia, fisiologia um medicina científica, publicado em colaboração com vários estudiosos], 1858, p. 453-488 ; C. J. Fuhlrott, "Menschliche Ueberreste aus einer Felsengrotte des Düsselthals. Ein Beitrag zur Frage über die Existenz fossiler Menschen" [Restos humanos de uma caverna rochosa de Düsselthal.

Uma contribuição para a questão da existência de homens fósseis], *Verhandl. Naturhist. Ver. Preuss. Rheinlande Westphalen*, 16, 1859, p. 131-153.

4. R. Virchow, "Untersuchung des Neanderthal-schädels" [Exame do crânio do Neandertal], *Zeitsch. Ethnol.*, n. 4, 1872, p. 157.

5. J. Fraipont & M. Lohest, "La race humaine de Néandertal ou de Canstadt en Belgique" [A raça humana de Neandertal ou de Canstadt na Bélgica], *Archives de biologie*, VII, 1887, p. 587-757.

6. M. Boule M., *L'Homme fossile de La Chapelle-aux-Saints* [O homem fóssil de La Chapelle-aux-Saints], *Annales de paléontologie*, t. VI-VII-VIII, 1911-1913.

7. M. Boule, *Les Hommes fossiles: éléments de paléontologie Humaine* [Os homens fósseis: elementos de paleontologia humana], Masson, 1921; ele irá ainda mais longe na edição de 1941 preparada em colaboração com o antropólogo raciólogo H. V. Vallois.

8. A. Hrdlicka, *Some Results of Recent Anthropological Exploration in Peru* [Alguns resultados de recentes pesquisas antropológicas no Peru], Smithsonian Miscellaneous Collections, n. 56/16, 1911.

9. Marie-Antoinette de Lumley e seu marido, Henry de Lumley, escavaram a Caune de l'Arago perto da cidade de Tautavel nos Pirineus orientais e a caverna do Hortus no departamento de Gard. Ela estudou os vários fósseis de Heidelberguianos e Neandertais ali descobertos.

10. B. Vandermeersch, *Les Hommes fossiles de Qafzeh* [Os homens fósseis de Qafzeh], CNRS éditions, 1991.

11. B. Vandermeersch, « Les Néandertaliens de Charente » [Os Neandertais de Charente], *in* H. de Lumley, *La Préhistoire française* [A pré-história francesa], t. I.1, Paris, Éditions du CNRS, 1976, p. 584-587.

12. W. Henning, *Grundzüge einer Theorie der phylogenetischen Systematik* [Fundamentos de uma teoria da sistemática filogenética], Deutscher Zentralverlag, 1950; traduzido para o inglês em 1966, *Phylogenetic Systematics*, Illinois University Press.

13. C.L., Brace, "Refocusing on the Neanderthal problem" [Refocando o problema neandertal], *American Anthropologist*, n. 64/4, 1962, p. 729-741; C.L. Brace, "A non-racial approach towards the understanding of human diversity" [Uma abordagem não racial para a compreensão da diversidade humana], *in* M. F. A. Montagu (org.), *The Concept of Race* [O conceito de raça], Free Press of Glencoe, 1964, p. 103-152; C.L.Brace, "Biological parameters and Pleistocene hominid life-ways" [Parâmetros biológicos e modos de vida dos hominídeos do Pleistoceno], in *Primate Ecology and Human Origins* [Ecologia primata e origens humanas], I. S. Bernstein e E. O. Smith (orgs.), Garland Press, 1979, p. 263-289; C.L. Brace, "Krapina, 'classic' Neanderthals, and the evolution of the European face" [Krapina, neandertais "clássicos" e a evolução da face europeia],

Jour. of Hum. Evol., n. 8/5, 1979, p. 527-550; D.W. Frayer, "Evolution at the European edge: Neandertal and Upper Paleolithic relationships" [Evolução no limiar da Europa: Neandertal as relações do Paleolítico Superior], *Préhistoire européenne*, n. 2, 1993, p. 9-69.

14. Por exemplo o de La Ferrasie 1, proveniente de um sítio em Dordogne, ou o de Shanidar 1, no Curdistão iraquiano.

15. T.D. Weaver *et al.*, "Neonatal postcrania from Mezmaiskaya, Russia, and Le Moustier, France, and the development of Neandertal body form" [Pós-crânios de recém-nascidos de Mezmaiskaya, na Rússia, e de Le Moustier, na França, e o desenvolvimento da forma do corpo neandertal], *PNAS*, n. 13/23, 2016, p. 6472-6477.

16. M. Ben-Dor *et al.*, "Neandertals' large lower thorax may represent adaptation to high protein diet" [O largo tórax inferior de Neandertal pode representar uma adaptação a uma dieta de alto teor proteico], *Amer. Jour. of Phys. Anthr.*, n. 160/3, 2016, p. 367-378.

17. S. E. Churchill, *Thin on the Ground: Neandertal Biology, Archeology and Ecology* [Escasso que só: biologia, arqueologia e ecologia neandertal], Wiley-Blackwell, 2014; J.L. Voisin, "Krapina and other neanderthal clavicles: a peculiar morphology?" [Krapina e outras clavículas neandertais: uma morfologia peculiar?], *Periodicum Biologorum*, n. 108/3, 2006, p. 331-339.

18. S. Levy S *et al.*, "The Diploid Genome Sequence of an individual Human" [A sequência do genoma diploide de um indivíduo humano]. *PLoS Biol.*, n. 4-5/10, 2007, e254.

19. M. Krings *et al.*, "Neanderthal DNA sequences and the origin of modern humans" [Sequências de DNA neandertal e a origem dos humanos modernos], *Cell*, n. 90, 1997, p. 19-30.

20. R. E. Green *et al.*, "A complete Neanderthal mitochondrial genome sequence determined by high-throughput sequencing" [Uma sequência completa de genoma mitocondrial neandertal determinada por sequenciação de alto rendimento], *Cell*, n. 134/3, 2008, p. 416-426; A.W. Briggs *et al.*, "Targeted retrieval and analysis of five Neanderthal mtDNA genomes" [Recuperação segmentada e análise de cinco genomas de DNA mitocondrial neandertal], *Science*, n. 5938, 2009, p. 318-321.

21. R.E. Green *et al.*, "A draft sequence of the Neandertal genome" [Um esboço de sequência do genoma neandertal], *Science,* n. 328/5979, 2010, p. 710-722; K. Prüfer, *et al.*, "The complete genome sequence of a Neanderthal from the Altai Mountains" [A sequência completa do genoma de um Neandertal das Montanhas Altai], *Nature*, n. 505, 2014, p. 43-49.

22. M. Kuhlwilm *et al.*, "Identification of putative target genes of the transcription factor RUNX2" [Identificação de genes-alvo pressupostos do fator de transcrição RUNX2], *PLoS One,* n. 12/8, 2013, e83218.

23. C. Lalueza-Fox, et al., "A melanocortin 1 receptor allele suggests varying pigmentation among Neanderthals" [Um alelo de receptor de melanocortina 1 sugere pigmentação variável entre Neandertais], *Science*, n. 318/5855, 2007, p. 1453-1455.
24. C. Lalueza-Fox, et al., "Bitter-taste perception in Neanderthals through the analysis of TAS2R38 gene" [Percepção do gosto amargo en Neandertais através da análise do gene TAS2R38], *Biol. Lett.*, n. 5, 2009, p. 809-811.

4. NEANDERTAL: UM CORPO ADAPTADO AO FRIO?

1. T. Dobzhansky (1900-1975), biólogo e geneticista, um dos pais da teoria sintética da evolução.
2. J. Jaubert, "Que faisait Néandertal dans la grotte de Bruniquel?" [O que Neandertal fazia na caverna de Bruniquel?], *Pour la science*, n. 465, juillet 2016.
3. F.C. Howell, "The Place of Neanderthal Man in Human Evolution" [O lugar do Homem de Neandertal na evolução humana], *Am. Jour. Phys. Anthrop.*, n. 9, 1951, p. 379-416.
4. J.A. Allen, "The influence of physical conditions in the genesis of species" [A influência das condições físicas na gênese das espécies], *Radical Review*, n. 1, 1877, p. 108-140; K. Bergmann, "Über die Verhältnisse der wärmeökonomie der Thiere zu ihrer Grösse" [Sobre as relações da economia do calor dos animais com seu tamanho], *Göttinger Studien*, n. 3/1, 1847, p. 595-708.
5. J. Fraipont & M. Lohest, "La race humaine de Néandertal ou de Canstadt en Belgique" [A raça humana de Neandertal ou de Canstadt na Bélgica], *Archives de biologie*, VII, 1887, p. 587-757.
6. E. Trinkaus, "Neanderthal limb proportions and cold adaptation" [As proporções dos membros neandertais e a adaptação ao frio], in C.B.Stringer (org.), *Aspects of Human Evolution*, Taylor and Francis London, 1981, p. 187-224.
7. De lá para cá foi demonstrado também que os Neandertais tinham a clavícula muito comprida em relação ao úmero (o primeiro osso longo do braço] – o que é chamado de índice clavico-umeral. Isso pode ser explicado tanto por um maior volume torácico (adaptação ao frio) quanto por um úmero mais curto em relação a Sapiens (regra de Allen). Entretanto, a correlação entre o valor desse índice nos neandertais e a adaptação a um clima frio continua sendo controversa. S.E. Churchill, "Medial clavicular length and upper thoracic shape in Neandertals and European early modern humans" [Comprimento clavicular medial e forma do tórax superior nos Neandertais e nos primeiros humanos modernos europeus], *Am J. Phys Anthropol*, S18, 1994, p. 67-68; S.E. Churchill, *Thin on the Ground: Neandertal Biology, Archeology and Ecology* [Escasso que só: biologia, arqueologia e ecologia neandertal], Wiley-Blackwell, 2014.

8. T.W. Holliday, "Body proportions in Late Pleistocene Europe and modern human origins" [Proporções do corpo na Europa do Pleistoceno tardio e as origens do humano moderno], *Jour. of Hum. Evol.*, n. 32, 1997, p. 423-447.
9. C.S. Coon, *The Origin of Races* [A origem das raças], A.A. Knopf, 1962.
10. S. Márquez *et al.*, "The Nasal Complex of Neanderthals: An Entry Portal to their Place in Human Ancestry" [O complexo nasal dos Neandertais: um portal de entrada para situá-los na ancestralidade humana], *The Anatomical Record*, no 297/11, 2014, p. 2121-2137.
11. E. Vlcek, "Die sinus frontalis bei europeischen Neanderthalern" [O sínus frontal dos Neandertais europeus], *Anthr. Anzeig.*, n. 28, 1965, p. 166-189.
12. A.M. Tillier, "La pneumatisation du massif cranio-facial chez les hommes actuels et fossiles" [A pneumatização do maciço crânio-facial nos homens atuais e fósseis], *Bull. et mém. de la Soc. d'anthrop. de Paris*, n. 4/XIII, 1977, p. 177-189 et p. 287-316.
13. R. Todd *et al.*, "Neanderthal face is not cold adapted" [A face neandertal não é adptada ao frio], *Jour. of Hum. Evol.*, n. 60, 2011, p. 234-239.
14. B. Vernot & J.M.Akey, "Resurrecting Surviving Neandertal Lineages from Modern Human Genomes" [Ressucitando linhagens neandertais dos genomas do humano moderno], *Science*, 29 janeiro de 2014, p. 1017-1021; S. Sankararaman *et al.*, "The genomic landscape of Neanderthal ancestry in present-day humans" [A paisagem genômica da ancestralidade neandertal nos humanos atuais], *Nature*, no 507/ 7492, 2014, p. 354-357. F. Savatier, "Des gènes néandertaliens inégalement repartis" [Genes neandertais desigualmente distribuídos], *Pour la science (actualités)*, 12 fevereiro de 2014.

5. NEANDERTAL: COMEDOR DE CARNIÇA, CAÇADOR E CANIBAL

1. Michel de Montaigne (1533-1592), *Essais: Des cannibales*, chapitre XXX livre I, édition en français moderne d'André Lanly, Quarto Gallimard, 2002 [edição brasileira: *Dos canibais*. Trad. Brito Broca e Wilson Lousada. Rio de Janeiro, Clássicos Jackson, s/d].
2. A. Arcelin, "Solutré, ou les chasseurs de rennes de la France centrale" [Solutré, ou os caçadores de renas da França central], 1872, Nabu Press (22 de abril de 2010), disponível em <https://archive.org/details/solutrouleschas00arcegoog>.
3. Para salvar esses verdadeiros "arquivos" o INRAP conta com mais de dois mil pesquisadores, especializados em diferentes disciplinas, que intervêm antes do início dos trabalhos, e em caráter de urgência quando necessário, a fim de preservar, analisar e estudar o patrimônio que os subsolos do território francês podem conter.
4. F. Savatier, "Le mammouth de Changis-sur-Marne" [O mamute de Changis-sur-Marne], *Pour la science*, 15 de dezembro de 2012.

5. L. Binford, *Bones – Ancient Men and Modern Myths* [Ossos – homens antigos e mitos modernos], Academic Press Inc, 1981.
6. Referência do box: "Quem vamos comer hoje à noite?", Gorganovic-Kramberger, *Der Diluviale Mensch von Krapina in Kroatien* [Os homens diluvianos de Krapina na Croácia], C. W Kreidel, Verlag, 1906.
7. A. Defleur *et al.*, "Neanderthal Cannibalism at Moula-Guercy, Ardèche, France" [Canibalismo neandertal em Moula-Guercy, Ardèche, França], *Science*, n. 286, 1999, p. 128-131; A. Rosas *et al.*, "Paleobiology and comparative morphology of a late Neandertal sample from El Sidrón, Asturias, Spain" [Paleobiologia e morfologia comparada de uma amostra de Neandertal tardio de El Sidrón, Asturias, Espanha], *PNAS*, n. 103/51, 2006, p. 19266-19271; C. Mussini, *Les Restes humains moustériens des Pradelles (Marillac-le-Franc, Charente, France): étude morphométrique et réflexions sur un aspect comportemental des Néandertaliens* [Os restos humanos musterienses de Pradelle (Marillac-le-Franc, Charente, France): estudo morfométrico e reflexões sobre um aspecto comportamental dos Neandertais], tese univ. Bordeaux, 2011; H Rougier *et al.*, "Neandertal cannibalism and Neandertal bones used as tools in Northern Europe" [Canibalismo neandertal e ossos neandertais usados como utensílios no norte da Europa], *Scientific Reports*, n. 6/29005, 2016.
8. E Carbonell *et al.*, "Cultural cannibalism as a paleoeconomic system in the European Lower Pleistocene" [Canibalismo cultural como um sistema paleoeconômico no Pleistoceno Inferior europeu], *Current Anthropology*, n. 51/4, 2010, p. 539-549.
9. N. Goren-Inbar *et al.*, "Evidence of Hominin Control of Fire at Gesher Benot Ya'aqov, Israel" [Evidência de controle do fogo por homininos em Gesher Benot Ya'aqov, Israel], *Science*, n. 304/5671, 2004, p. 725-727; N. Alperson-Afil & N. Goren-Inbar, "Out of Africa and into Eurasia with controlled use of fire: evidence from Gesher Benot Ya'aqov, Israel", [Para fora da África e para dentro da Eurásia com o uso do fogo controlado: evidência de Gesher Benot Ya'aqov, Israel] *Archaeology, Ethnology and Anthropology of Eurasia*, n. 4, 2006, p. 63-78; N. Alperson-Afil *et al.*, "Phantom hearths and the use of fire at Gesher Benot Ya'aqov, Israel" [Vestígios de fogueiras e o uso do fogo em Gesher Benot Ya'aqov, Israel], *Paleo-Anthropology*, 2007, p. 1-15; W. Roebroeks & P. Villa, "On the Earliest Evidence for Habitual Use of Fire in Europe" [Sobre a mais antiga evidência do uso habitual do fogo na Europa], *PNAS*, n. 108/13, 2011, p. 5209-5214.
10. A. Tuffreau, "Les débuts du Paléolithique moyen dans la France septentrionale" [Os inícios do Paleolítico Médio na França setentrional], *Bull. de la Soc. préh. française*, n. 76/5, 1999, p. 140-142.
11. P. Auguste, "Chasse et charognage au Paléolithique moyen: l'apport du gisement de Biache-Saint-Vaast (Pas-de-Calais)" [Caça e aproveitamento de carniças no Paleolítico Médio: a contribuição da jazida de Biache-

Saint-Vasst (Pas-de-Calais)], *Bull. de la Soc. préh. française*, n. 92/2, 1995, p. 155-168.

12. No MIS 11 e no MIS 9.

13. H. Thieme, "Schöningen Lower Palaeolithic hunting spears from Germany" [As lanças de caça do Paleolítico Inferior de Schöningen, na Alemanha], *Nature*, n. 385, 1997, p. 807-810.

14. J. Speth, *The Paleoanthropology and Archaeology of Big-Game Hunting, Interdisciplinary Contributions to Archaeology* [Paleoantropologia e arqueologia da caça grossa, contribuições interdisciplinares à arqueologia], Springer 2010; J. Speth, "Thoughts about hunting: Some things we know and some things we don't know" [Pensamentos sobre a caça: algumas coisas que sabemos e algumas que não sabemos], *Quaternary International*, n. 297,2013, p. 176-185; J. Shea, "Neandertals and Early *Homo sapiens* in the Near East" [Neandertais e primeiros *Homo sapiens* no Oriente Próximo], *in* E. Garcea (org), *South-Eastern Mediterranean Peoples Between 130 000-10 000 Years Ago* [Povos do sudeste do Mediterrâneo entre 130.000 e 10.000 anos atrás], Oxbow Books, 2010, p. 126-143.

15. Box: "De la colle sur des lances au Proche-Orient" [Cola em lanças no Oriente Próximo]: E Boëda *et al.*, "A Levallois point imbedded in the vertebra of a wild ass *(Equus Africanus)*: hafting, projectile, mousterian hunting weapon" [Uma ponta Levallois inserida na vértebra de um asno selvagem (*Equus Africanus*): arma de caça musteriense com lâmina e projétil], *Antiquity*, n. 73, 1999, p. 394-402.

6. CARNE, CARNE, CARNE E... TÂMARAS

1. Luis Sepúlveda (Ovalle, Chile, 1949), *Le vieux qui lisait des romans d'amour*, traduction F. Maspero, 1997, éditions Métailié [edição brasileira: *Um velho que lia romances de amor*. Trad. Josely Vianna Baptista. São Paulo: Ática, 1995].

2. Holliday T.W., "Body proportions in Late Pleistocene Europe and modern human origins" [Proporções do corpo na Europa do Pleistoceno tardio e as origens do humano moderno], *Journal of Human Evolution*, n. 32, 1997, p. 423-447; C.B. Ruff *et al.*, "Body mass and encephalization in Pleistocene *Homo*" [Massa corpórea e encefalização no *Homo* pleistocênico], *Nature*, n. 387, 1997, p. 173-176.

3. J. Jaubert *et al.*, *Les Chasseurs d'Aurochs de La Borde – un site du Paléolithique moyen (Livernon, Lot)* [Os caçadores de auroques de La Borde – um sítio do Paleolítico Médio (Livernon, Lot)], MSH, *Documents d'archéologie française* n. 27, 1990.

4. J. Jaubert J. *et al.*, "Coudoulous I (Tour-de-Faure, Lot), site du Pléistocène moyen en Quercy. Bilan pluridisciplinaire" [Coudoulous I (Tour de Faure, Lot], sítio do Pleistoceno Médio em Quercy. Balanço pluridisciplinar], in *Données récentes sur les modalités de peuplement et sur le cadre chronostratigraphique*,

géologique et paléogéographique des industries du Paléolithique inférieur et moyen en Europe [Dados recentes sobre as modalidades de povoamento e sobre o quadro cronostratigráfico, geológico e paleogeográfico das indústrias do Paleolítico Inferior e Médio na Europa], Molines *et al.* (orgs), *BAR International Series*, n. 1364, 2005, p. 227-251.

5. A caçada ocorreu num período de clima temperado do MIS 5 (de 123 000 a 71 000 anos atrás).

6. A ocupação dessa caverna situada no Curdistão iraquiano, hoje inacessível para os pesquisadores, assim como os fósseis que se encontravam no Museu Nacional do Iraque em Bagdá, data do MIS 4 (71 000 a 57 000 anos atrás).

7. T.D. Berger & E. Trinkaus, "Patterns of Trauma among the Neandertals" [Padrões de traumatismos entre os Neandertais], *Journal of Archaeological Science*, n. 22, 1995, p. 841-852.

8. S.E. Churchill, *Thin on the Ground: Neandertal Biology, Archeology and Ecology* [Escasso que só: biologia, arqueologia e ecologia neandertal], Wiley-Blackwell, 2014.

9. M.V. Sorensen & W de Leonard, "Neandertal energetics and foraging efficiency" [A eficiência energética e alimentar de Neandertal], *Jour. of Hum. Evol.*, n. 40/6, 2001, p. 483-495.

10. J.J. Snograss *et al.*, "The energetics of encephalisation in early Hominids" [A energética da encefalização nos primeiros hominídeos], in J.-J. Hublin & M.P. Richards (org.), *The Evolution of Hominin Diets: Integrating Approaches to the Study of Palaeolithic Subsistence* [A evolução das dietas dos homininos: integrando abordagens para o estudo da subsistência paleolítica], Springer, 2009, p. 15-29.

11. H. Bocherens *et al.*, "New isotopic evidence for dietary habits of Neandertals from Belgium" [Nova evidência isotópica sobre os hábitos alimentares de Neandertais da Bélgica], *Jour. of Hum. Evol.*, n. 40, 2001, p. 497-505; H. Bocherens *et al.*, "Isotopic evidence for diet and subsistence pattern of the Saint-Césaire I Neanderthal : review and use of a multi-source mixing model" [Evidência isotópica sobre a dieta e o padrão de subsistência do Neandertal de Saint-Cesaire: revisão e aplicação de um modelo de mistura multi-fonte,] *Jour. of Hum. Evol.*, n. 49, 2005, p. 71-87; M.P. Richards & E. Trinkaus, "Isotopic evidence for the diets of European Neanderthals and early modern humans" [Evidência isotópica sobre as dietas dos Neandertais europeus e primeiros humanos modernos], *Proceedings of the National Academy of Sciences of the United States of America*, n. 1064/38, 2009, p. 16034-16039.

12. Datados do MIS 5c (por volta de 100.000 anos atrás) ao MIS 3 (57.000 a 29.000 anos atrás).

13. M. Pathou-Mathis, *Pour la Science*, n. 76 (dossier *L'Homme de Néandertal et l'invention de la culture* [dossiê: O Homem de Neandertal e a invenção da cultura]), julho-setembro de 2012; M. Pathou-Mathis M., *Mangeurs de viande. De la préhistoire à nos jours* [Comedores de carne. Da pré-história aos dias de hoje], Edition Perrin, 2009.

14. A atividade em Bajondillo se estendeu desde o período frio do MIS 6 (191.000 a 130.000 anos atrás) até o temperado do MIS 3 (57.000 a 29.000 anos atrás). M. Cortés-Sanchez *et al.*, "Earliest Known Use of Marine Resources by Neanderthals" [Mais antigo uso conhecido de recursos marinhos por Neandertais], *Plos-One*, n. 6/9, 2011, e24026.

15. B.L. Hardy & M.H. Moncel, "Neanderthal Use of Fish, Mammals, Birds, Starchy Plants and Wood 125-250,000 Years Ago" [O uso por parte dos Neandertais de peixes, mamíferos, aves, plantas amiláceas e madeira], *PloS one*, n. 6/8, 2011, e23768. Pré-Neandertais viveram em Payre entre o fim do MIS 8 (300.000 a 243.000 anos atrás) e o fim do MIS 6 (191.000 a 130.000 anos atrás).

16. N. Höbig *et al.*, "60 ka lacustrine record from Lake Banyoles (NE Spain): Environmental change with respect to human occupation" [Registro lacustre de 60.000 anos do lago Banyoles (nordeste da Espanha) : mudança ambiental relacionada à ocupação humana], *Geophysical Research Abstracts*, n. 14, 2012, p. 7625; esses Neandertais viveram no início do MIS 3 (57.000 a 29.000 anos atrás).

17. C.B. Stringer *et al.*, "Neanderthal exploitation of marine mammals in Gibraltar" [Exploração neandertal de mamífero marinhos em Gibraltar], *Proc.Nat. Acad.Sc.USA*, n. 105/38, 2008, p. 14319-14324.

18. A. Testart, *Les Chasseurs-cueilleurs ou l'Origine des inégalités* [Os caçadores-coletores ou a origem das desiguladades], Paris: Société d'Ethnographie (Université Paris X-Nanterre), 1982.

19. M. Madella *et al.*, "The exploitation of plant resources in Amud Cave, Israel: the evidence from phytolith Studies" [A exploração de recursos vegetais na Caverna de Amud, Israel: a evidência dos estudos de fitólitos], *Jour. Arch. Sci.*, n. 29, 2002, p. 703-719; E. Lev *et al.*, "Mousterian vegetal food in Kebara Cave. Mt. Carmel" [Alimentação vegetal musteriense na caverna de Kebara, Monte Carmelo], *Jour. Arch. Sci.*, n. 32, 2005, p. 475-484.

20. C. Lalueza *et al.*, "Microscopic study of the Banyoles mandible (Girona, Spain): diet, cultural activity and tooth pick use" [Estudo microscópico da mandíbula de Banyoles (Girona, Espanha): dieta, atividade cultural e uso dos dentes], *Jour. of Hum. Evol.*, n. 24, 1993, p. 281-300.

21. B.L. Hardy & M.H. Moncel, "Neanderthal Use of Fish, Mammals, Birds, Starchy Plants and Wood 125-250 000 Years Ago" [O uso neandertal de peixes, mamíferos, aves, plantas amiláceas e madeira entre 125.000 e 250.000 anos atrás], *PloS one*, n. 6/8, 2011, e23768.

22. A.G. Henry *et al.*, "Microfossils in calculus demonstrate consumption of plants and cooked foods in Neanderthal diets (Shanidar II, Iraq ; Spy I and II, Belgium)" [Microfósseis em cálculos demonstram o consumo de plantas e comidas cozidas na dieta dos Neandertais (Shanidar II, Iraque; Spy I e II, Bélgica), *PNAS*, 108/2, 2011, p. 486-491.

23. P.J. Heyes. *et al.*, "Selection and Use of Manganese Dioxide by Neanderthals" [Seleção e uso do dióxido de manganês pelos Neandertais], *Sci. Rep.*, n. 6, 2016, 22159.

24. Sabe-se hoje que a ingestão de alimentos cozidos reduz consideravelmente a energia necessária à digestão em comparação com os alimentos crus. Ora, um crescimento do cérebro proporcionalmente à massa corporal é observado nos fósseis a partir de 500.000 anos atrás. Os pesquisadores acreditam que esse fenômeno pode estar ligado à diminuição dos gastos energéticos com a digestão, o que sugere que o domínio do fogo desempenhou um papel importante em nossa evolução, já que liberou energia para o funcionamento do cérebro. Hipótese bem resumida em R.W. Wrangham & R.N. Carmody, "Human adaptation to the control of fire" [Adaptação humana ao domínio do fogo], *Evolutionary Anthropology*, n. 19/5, 2010, p. 187-199.

25. K. Hardy *et al.*, "Neanderthal medics? Evidence for food, cooking, and medicinal plants entrapped in dental calculus" [Médicos neandertais? Evidência de alimentos, cozimento e plantas medicinais incrustados em cálculos dentários], *Naturwissenschaften*, 99/8, 2012, p. 617-626.

26. S.L. Kuhn & M. C. Stiner, "What's a Mother to Do? The Division of Labor among Neandertals and Modern Humans in Eurasia" [O que uma mãe deve fazer? Divisão de tarefas entre Neandertais e humanos modernos na Eurásia], *Current Anthropology*, n. 47/6, 2006, p. 953-980.

7. NEANDERTAL NÃO DEVIA NEM TER SOBREVIVIDO

1. François-René de Chateaubriand (1768-1848), *Mémoires d'outretombe* [Memórias de além-túmulo], tome I, Garnier, 1940, p. 417.

2. L. Orlando *et al.*, "Revisiting neandertal diversity with a 100 000 year old mtDNA sequence" [Revisitando a diversidade neandertal a partir de uma sequência de DNA mitocondrial de 100.000 anos], *Current Biology*, n. 16/11, 2006, p. 400-402.

3. A do interglacial MIS 3 (57.000 a 29.000 anos atrás).

4. J.P. Bocquet Appel & A., Degioanni, "Neanderthal demographic estimates" [Estimativas demográficas de Neandertal], Wenner-Gren Symposium, *Alternative Pathways to Complexity: Evolutionary Trajectories in the Middle Paleolithic* [Caminhos alternativos para a complexidade: trajetórias evolutivas no Paleolítico Médio e na Idade da Pedra Média], *Current Anthropology* n. 54, Supplement 8, 2013, p. 202-221.

5. A.W. Briggs et al., "Targeted retrieval and analysis of multiple Neandertal mt DNA genomes" [Recuperação segmentada e análise de genomas múltiplos de DNA mitocondrial neandertal], Science, n. 325, 2009, p. 218-321; F. Savatier, "Peu de diversité génétique chez les Néandertaliens" [Pouca diversidade genética entre os Neandertais], Pour la science (actualités), 31 julho de 2009.

6. B. Vandermeersch, "Le peuplement du Poitou-Charentes au Paléolithique inférieur et moyen" [O povoamento de Poitou-Charentes no Paleolítico Inferior e Médio], in H. Laville (org.) Préhistoire du Poitou-Charentes - Problèmes actuels [Pré-história de Poitou-Charentes – problemas atuais], Edition du CTHS, 1987, p. 7-17; S. Condemi, Les Néandertaliens de La Chaise [Os neandertais de La Chaise], Éditions du CTHS (Documents préhistoire : 15), 2001; S. Condemi, "The Neanderthal from Le Moustier and European Neanderthal Variability" [O Neandertal de Le Moustier e a variabilidade neandertal europeia], in H. Ullrich (org.) The Neandertal Adolescent Le Moustier 1 New Aspects, New Results [O adolescente neandertal Le Moustier 1. Novos aspectos, novos resultados], Berliner Beiträge zur Vor- und Frühgeschichte, n. 12, 2005, p. 317-327; C. Verna et al., "Two new hominin cranial fragments from the Mousterian levels at La Quina (Charente, France)" [Dois novos fragmentos de crânios de homininos dos níveis musterienses em La Quina (Charente, França)], Jour. of Human Evolution, n. 58, 2010, p. 273-278; A. Hambucken, "La variabilité géographique des néandertaliens: apport de l'étude du membre supérieur" [A variabilidade geográfica dos neandertais: contribuição do estudo do membro superior], Anthropologie et Préhistoire, n. 108, 1997, p.109-120.

7. S. Sergi, Saccopastore 1. Palaeontolografia italica, 42/25, 1948; M.A. Lumley (de), Les Néandertaliens de l'Hortus, Études Quaternaires 3 [Os Neandertais do Hortus, estudos quaternários 3], Université de Provence, 1978; G. Giacobini & M.A. Lumley (de), "Les Néandertaliens de la Caverna delle Fate (Finale, Ligurie italienne)" [Os neandertais da Caverna delle Fate (Finale, Ligúria, Itália)], Jour. of Hum. Evol., n. 13, 1984, p. 687-707; B. Maureille & F. Houet, "Variabilité au sein de la population néandertalienne : existe-t-il un groupe géographique méditerranéen ?" [Variabilidade entre a população neandertal: existe um grupo geográfico mediterrâneo?]. in: J. Jaubert & J. Barbaza (orgs.), Territoires, déplacements, mobilités, échanges durant la préhistoire [Territórios, deslocamentos, mobilidades e trocas durante a pré-história] Éditions du CTHS, 2005, p. 85-94; S. Condemi et al., "Revisiting the Question of Neanderthal Variability. A view from the Rhone Valley Corridor" [Revisitando a questão da variabilidade neandertal. Uma visão do corredor do vale do Ródano], Collegium Anthropologium, n. 34/3, 2010, p. 787-796.

8. M. Jarry et al., "Introduction – Cultures et environnements paléolithiques: mobilité et gestion des chasseurs-cueilleurs en Quercy" [Introdução – Culturas e ambientes paleolíticos: mobilidade e gestão dos caçadores-coletores em Quer-

cy], in *Modalité d'occupation et exploitation des milieux au Paléolithique dans le Sud-Ouest de la France: l'exemple du Quercy* [Modalidade de ocupação e exploração dos meios durante o Paleolítico no sudoeste da França: o exemplo de Quercy], *PALEO*, sup. n. 4, 2013, p. 13-19.

9. K. Ruebens, "Regional behaviour among late Neanderthal groups in Western Europe: A comparative assessment of late Middle Palaeolithic bifacial tool variability" [Comportamento regional entre grupos neandertais tardios no oeste da Europa: uma avaliação comparativa da variabilidade do utensílio biface no fim do Paleolítico Médio], *Jour. of Hum. Evol.*, n. 65/4, 2013, p. 341-362.

10. V. Fabre *et al.*, "Genetic Evidence of Geographical Groups among Neanderthals" [Evidência genética de grupos geográficos entre os Neandertais], *Plos One*, n. 4/4, 2009, e5151.

11. Dois exemplos disso: Alfonso III da Espanha (1886-1941), avô de Juan Carlos, o atual rei, não tinha, onze gerações após seu antepassado Saint Louis (1214-1270) mais que 111 antepassados, quando o máximo possível é 1024 (2^{10}). Outro caso, Luís XIV, que esposou Maria Teresa da Áustria (1638-1683), a sobrinha de seu pai que era também a filha de sua tia (eles eram primos duplos) – e cujo pai (Luís XIII, 1601-1643) e mãe (Isabel de França, 1602-1644) também tinham nascido de uniões consanguíneas – teve sete filhos com ela dos quais só um sobreviveu e procriou. Ora, seus descendentes morreram em tão grande número que o único descendente direto de Luís XIV, seu sucessor, era seu bisneto Luís XV (1710-1774).

12. C. Lévi-Strauss, *Les Structures élémentaires de la parenté*, PUF, 1949 [edição brasileira: *Estruturas elementares do parentesco*. Trad. Mariano Ferreira. Rio de Janeiro, Vozes, 2012].

13. C. Lalueza-Fox C. *et al.*, "Genetic evidence for patrilocal mating behavior among Neanderthal groups" [Evidência genética de comportamento patrilocal de acasalamento entre grupos neandertais], *PNAS*, n. 108, 2011, p. 250-253.

14. K. Prüfer *et al.*, "The complete genome sequence of a Neanderthal from the Altai Mountains" [A sequência completa do genoma de um neandertal das Montanhas Altai], *Nature*, n. 505, 2014, p. 43-49.

15. J. Henrich, "Demography and Cultural Evolution: How adaptive cultural processes can produce maladaptive losses: the Tasmanian case" [Demografia e evolução cultural: Como processos culturais adaptativos podem produzir perdas de adaptação: o caso da Tasmânia], *American Antiquity*, n. 69/2, 2004, p. 197-121.

16. Vale notar que esse modelo foi contestado: K. Vaesen *et al.*, "Population size does not explain past changes in cultural complexity" [O tamanho da população não explica mudanças passadas na complexidade cultural], *PNAS*, n. 113/16, 2016, p. 2241-2247.

17. M. Barton & J. Riel-Salvatore, "Agents of change: Modeling biocultural

evolution in Late Pleistocene Western Eurasia" [Agentes de mudança: modelando a evolução biocultural no oeste da Eurásia no fim do Pleistoceno], *Advances in Complex Systems*, n. 15/1-2, 2012, p. 115003-1-115003-24; M. Barton & J. Riel-Salvatore, "Perception, interaction, and extinction: A reply to Premo" [Percepção, interação e extinção: uma resposta a Premo], *Human Ecology*, n. 40/5, 2012, p. 797-801.

18. K. Prüfer *et al.*, *op. cit*.

19. K. Prüfer *et al.*, "A high-coverage Neandertal genome from Vindija Cave in Croatia" [Um genoma neandertal de alta cobertura da caverna de Vindija na Croácia], *Science*, n. 358, 2017.

20. J. Jaubert *et al.*, "Early Neanderthal constructions deep in Bruniquel Cave in southwestern France" [Construções neandertais primevas na caverna de Bruniquel no sudoeste da França], *Nature*, n. 534, 2016, p. 111-114; J. Jaubert, "Que faisait Néandertal dans la grotte de Bruniquel?" [O que Neandertal fazia na caverna de Bruniquel], *Pour la Science*, n. 465, julho de 2016. F. Savatier, "D'étranges structures néandertaliennes découvertes dans la grotte de Bruniquel" [Estranhas estruturas neandertais descobertas na caverna de Bruniquel], *Pour la Science* (actualités), 25 maio de 2016.

8. UMA VIDA CULTURAL COMPLEXA

1. M. Boule e H. Victor Vallois, *Les Hommes fossiles* [Os homens fósseis], Masson, 1946, p. 262.

2. O. Bar Osef & B. Vandermeersch (orgs.), *Le Squelette moustérien de Kébara 2. Cahiers de Paléoanthropologie* [O esqueleto musteriense de Kebara 2. Cadernos de Paleoantropologia], Editions du CNRS, 1991.

3. R. D'Anastasio *et al.*, "Micro-Biomechanics of the Kebara 2 Hyoid and Its Implications for Speech in Neanderthals" [Microbiomecânica do hioide do Kebara 2 e suas implicações para a fala em Neandertais], *PLoS ONE* 8/12, 2013, e82261.

4. J. Krause *et al.*, "The Derived FOXP2 Variant of Modern Humans was Shared with Neandertals" [A variante derivada FOXP2 dos humanos modernos era partilhada com os Neandertais], *Current Biology*, n. 17/21, 2007, p. 1908-1912.

5. J. A. Hurst *et al.*, "An extended family with a dominantly inherited speech disorder" [Uma família estendida com um distúrbio de fala predominantemente herdado], *Dev Med Child Neurol.*, n. 32/4, 1990, p. 352-355.

6. E. Spiteri *et al.*, "Identification of the transcriptional targets of FOXP2, a gene linked to speech and language, in developing human brain" [Identificação dos alvos de transcrição do FOXP2, um gene ligado à fala e à linguagem, no cérebro humano em desenvolvimento], *Am. J. Hum. Genet.*, n. 81/6, 2007, p. 1144-1157; S.C. Vernes *et al.*, "High-throughput analysis of promoter occupancy

reveals direct neural targets of FOXP2, a gene mutated in speech and language disorders" [Análise de alto rendimento da ocupação do promotor revela alvos neurais diretos do FOXP2, um gene que apresenta mutação em distúrbios de fala e de linguagem], *Am. J. Hum. Genet.*, 81/6, 2007, p. 1232-1250.

7. A. Leroi-Gourhan, *Le Geste et la Parole* [O gesto e a fala], 2 vols., Albin Michel, 1964-1965.

8. <http://www.sciencephoto.com/media/454206/view>.

9. K. Valoch, "La variabilité typologique du Paléolithique moyen de la grotte de Kulna en Moravie" [A variabilidade tipológica do Paleolítico Médio da caverna de Kulna na Morávia], *Paléo*, sup. 1, 1995, p. 73-77.

10. P.J. Texier *et al.*, "La Combette (Bonnieux, Vaucluse, France) : a Mousterian sequence in the Luberon mountain chain, between the plains of the Durance and Calavon rivers" [La Combette (Bonnieux, Vaucluse, France): uma sequência musteriense na cadeia de montanhas de Luberon, entre as planícies dos rios Durance e Calavon], *Preistoria Alpina*, n. 39, 2003, p. 77-90.

11. L. Meignen (org.), *L'Abri des Canalettes: un habitat moustérien sur les Grands Causses, Nant (Aveyron)* [O abrigo de Canalettes: um habitat musteriense nos Grands Causses, Nant (Aveyron)], Éditions du CNRS, 1993.

12. H. Lumley (de) [org.], *La Grotte moustérienne de l'Hortus (Valflaunès, Hérault)* [A caverna musteriense do Hortus (Valflaunès, Hérault)] Université de Provence, *Études quaternaires*, mémoire n. 1, 1972.

13. Datada do MIS 4 e 3, isto é entre 71.000 e 29.000 anos atrás. A. Leroi-Gourhan, "Étude des restes humains fossiles provenant des Grottes d'Arcy-sur-Cure" [Estudo dos restos humanos fósseis provenientes das cavernas de Arcy-sur-Cure], *Annales de paléontologie*, n. 44, 1958, p. 87-146.

14. M. Peresani *et al.*, "Late Neanderthals and the intentional removal of feathers as evidenced from bird bone taphonomy at Fumane cave 44ky BP, Italy" [Neandertais tardios e a remoção intencional de penas como evidenciada pela tafonomia de ossos de aves na caverna Fumane 44ky BP, Itália], *PNAS*, n. 108, 2011, p. 3888-3893.

15. D. Radovčić *et al.*, "Evidence for Neandertal jewelry: modified white-tailed eagle claws at Krapina" [Evidência de ornamentos neandertais: garras de águia-rabalva modificadas em Krapina], *PloS one*, n. 10/3, 2015, e0119802.

16. C. Finlayson *et al.*, "Correction: Birds of a Feather: Neanderthal Exploitation of Raptors and Corvids" [Correção: aves de uma pena: exploração neandertal de aves de rapina e corvídeos], *PLoS ONE*, n. 10, 2012, e45927.

17. No MIS 3 (57.000 a 29,000 anos atrás).

18. T.W. Deacon, *The Symbolic Species – the Co-evolution Language and the Brain* [As espécies simbólicas – a linguagem de coevolução e o cérebro], Norton &

Company, 1997.

19. J.J. Hublin et al., "A late Neanderthal associated with Upper Palaeolithic artefacts" [Um Neandertal tardio associado com artefatos do Paleolítico Superior], Nature, n. 381, 1996, p. 224-226. S. Bailey & J.-J. Hublin, "Dental remains from the Grotte du Renne at Arcy-sur-Cure (Yonne)" [Restos dentais da Grotte du Renne em Arcy-sur-Cure (Yonne)], Jour. of Hum. Evol., n. 50, 2006, p. 485-508.

20. W. Roebroeks et al., "Use of red ochre by early Neandertals" [Uso do ocre vermelho pelos primeiros Neandertais], PNAS, n. 109/6, 2012, p.1889-1894; F. Savatier, "L'ocre rouge des premiers Néandertaliens" [O ocre vermelho dos primeiros Neandertais], Pour la science (Actualité), 8 de fevereiro de 2012.

21. C. Henshilwood et al., "A 100,000-Year-Old Ochre-Processing Workshop at Blombos Cave, South Africa" [Um workshop de processamento de ocre de 100.000 anos de idade na caverna Blombos, África do Sul], Science, n. 334, 2011, p. 219-222.

22. E. Hovers et al., "An Early Case of Color Symbolism: Ochre Use by Modern Humans in Qafzeh Cave" [Um caso precoce de simbolismo das cores: o uso do ocre por humanos modernos na caverna Qafzeh], Current Anthropology, n. 44/4, 2003, p. 491-522.

23. J. Zilhão et al., "Symbolic use of marine shells and mineral pigments by Iberian Neandertals" [Uso simbólico de conchas marinhas e pigmentos minerais por Neandertais ibéricos], PNAS, n. 107/3, 2010, p. 1023-1028.

24. M. Garcia-Diez et al., "Uranium series dating reveals a long sequence of rock art at Altamira Cave (Santillana del Mar, Cantabria)" [Datação por series de urânio revela uma longa sequência de arte rupestre na Caverna de Altamira (Santillana del Mar, Cantabria)], Jour. of Archaeol. Sc., n. 40/11, 2013, p. 4098-4106.

25. <http://www.hominides.com/html/actualites/nouvelles-datations-art-rupestre-parietal-lorblanchet-0624.php>.

26. J. Jaubert et al., "Early Neanderthal constructions deep in Bruniquel Cave in southwestern France" [Construções neandertais precoces na caverna de Bruniquel no sudoeste da França], Nature, n. 534, 2016, p. 111-114; J. Jaubert, "Que faisait Néandertal dans la grotte de Bruniquel?" [O que Neandertal fazia na caverna de Bruniquel?], Pour la science, n. 465, julho de 2016; F. Savatier, "D'étranges structures néandertaliennes découvertes dans la grotte de Bruniquel" [Estranhas estruturas neandertais descobertas na caverna de Bruniquel], Pour la science (actualité), 25 de maio de 2016.

27. <http://www.hominides.com/html/actualites/nouvelles-datations-art-rupestre-parietal-lorblanchet-0624.php>.

28. W. Rendu et al., "Evidence supporting an intentional Neandertal burial at La

Chapelle-aux-Saints" [Evidência que corrobora a hipótese de um sepultamento neandertal intencional em La Chapelle-aux-Saints], *PNAS*, n. 111/1, 2013, p. 81-86.

29. Na verdade, no Oriente Próximo, existem vestígios de uma sepultura neandertal datada de 120.000 anos em Tabun. No entanto, para alguns (especialmente O. Bar Yosef), essa sepultura seria intrusiva: ou seja, a sepultura seria mesmo neandertal, porém mais recente (como a de Kebara), cavada em sedimentos que datam de 120.000 anos.

30. No MIS 5 (de 130.000 a 71.000 anos atrás), encontram-se evidências de canibalismo em vários sítios, especialmente no abrigo Moula em Ardèche e na caverna de Krapina na Croácia. No MIS 4 (71.000 a 57.000 anos atrás), encontram-se vestígios dessa prática no sítio de Marillac-les-Pradelles, na França, e no de El Sidron, na Espanha, que data do fim do MIS 4 (os fósseis teriam entre 45.200 e 51.600 anos). Recentemente, o exame de ossos de Neandertais datados de 40.500 anos da caverna Goyet na Bélgica, descoberta no século XIX, mostra que a prática do canibalismo era bastante difundida. Nesse sítio, utensílios de ossos "humanos" foram inclusive modelados! *Cf.* capítulo 5, notas 6 e 7, assim como o box "Quem vamos comer hoje à noite".

31. A.M. Tillier, *L'Homme et la Mort. L'émergence du geste funéraire durant la préhistoire* [O homem e a morte. A emergência do gesto funerário durante a pré-história], CNRS Éditions, 2013.

9. A CHEGADA DO PERTURBADOR SAPIENS NA VIDA DE NEANDERTAL

1. Jean-Jacques Rousseau, *Émile ou De l'éducation*, livre I, Flammarion, Grands Philosophes, n. 1428, 2009, p. 1 [edição brasileira: *Emílio ou da educação*. Trad. Roberto Leal Ferreira. São Paulo, Martins Fontes, 2004].

2. H. Moller, "Foods and foraging behaviour of Red (Sciurus vulgaris) and Grey (Sciurus carolinensis) squirrels" [Alimentos e comportamento alimentar dos esquilos vermelhos (Sciurus vulgaris) e cinza (Sciurus carolinensis)], *Mammal Review*, n. 13/2-4, 1983, p. 81-98.

3. Box: J. Krause *et al.*, "The complete mitochondrial DNA genome of an unknown hominin from southern Siberia" [O genoma completo do DNA mitocondrial de um hominino desconhecido do sul da Sibéria], *Nature*, n. 464/7290, 2010, p. 894-897.

4. B. Vandermeersch, *Les Hommes fossiles de Qafzeh* [Os homens fósseis de Qafzeh], Éditions du CNRS, 1981.

5. H. Valladas *et al.*, "Thermoluminescence dating of Mousterian Proto-Cro--Magnon remains from Israël and the Origin of modern man" [Datação por termoluminescência de vestígios musterienses Proto-Cro-Magnon de Israel e a

origem do homem moderno], *Nature*, n. 331, 1988, p. 614-616; C.B. Stringer *et al.*, "ESR dates for the hominid burial of Skhul in Israël" [Datas obtidas por ressonância magnética eletrônica para o enterro de hominídeos de Skhul em Israel], *Nature*, n. 338, 1989, p. 756-758.

6. F. Savatier, "Expansion de l'homme moderne: la voie arabe" [Expansão do homem moderno : a via árabe], [http://www.pourlascience.fr] www.pourlascience.fr, 8 de fevereiro de 2011; S. J. Armitage *et al.*, "The southern route 'Out of Africa': Evidence for an early expansion of modern humans into Arabia" [A rota sul "para fora da África": evidência de uma primeira expansão dos humanos modernos na Arábia], *Science*, n. 331, 2011, p. 453-456; A. Lawler, "Did Modern Human travel Out of Africa via Arabia?" [Os humanos modernos viajaram para fora da África pela Arábia?], *Science*, n. 331, 2011, p. 387.

7. L. Wu *et al.*, "Human remains from Zhirendong, South China, and modern human emergence in East Asia" [Restos humanos de Zhirendong, sul da China, e a emergência do humano moderno no leste da Ásia], *PNAS*, n. 107/45, 2010, p. 19201-19206; X. Song *et al.*, "Hominin Teeth From the Early Late Pleistocene Site of Xujiayao, Northern China" [Dentes de hominídeos do sítio do início do Pleistoceno tardio de Xujiayao, norte da China], *AJPA*, 156, 2015, p. 224-240.

8. S. Condemi, "Le peuplement moustérien du Proche-Orient. À propos de la présence de Néandertaliens au Proche-Orient" [O povoamento musteriense do Oriente Próximo. Sobre a presença de Neandertais no Oriente Próximo], *Bull. du CRFJ*, n. 5, 1999, p. 10-20.

9. No MIS 5 (123.000 a 109.000 anos atrás). H. Valladas *et al.*, "Thermoluminescence dates for the Neanderthal burial site at Kebara in Israël" [[Datação por termoluminescência de vestígios musterienses Proto-Cro-Magnon de Israel e a origem do homem moderno], *Nature*, n. 330, 1997, p. 159-160; R. Grün *et al.*, "ESR dating of teeth from Garrod's Tabun cave collection" [Datação por ressonância magnética eletrônica de dentes da coleção de Garrod da caverna de Tabun], *Jour. of Hum. Evol.*, n. 20, 1991, p. 231-248; N. Mercier *et al.*, "TL Dates of Burnt Flints from Jelineks Excavations at Tabun and their Implications" [Datas obtidas por termoluminescência de sílex das escavações de Jelinek em Tabun e suas implicações], *Jour. l of Arch. Sc.*, n. 12, 1995, p. 495-509.

10. O. Bar Osef & B. Vandermeersch (orgs.), *Le Squelette moustérien de Kébara 2* [O esqueleto musteriense de Kebara 2], Éditions du CNRS, 1991; H. Suzuki & F. Takai, *The Amud Man and his Cave Site* [O homem de Amud e sua caverna]. The University of Tokyo, 1970.

11. Y. Dodo *et al.*, "Anatomy of the Neandertal Infant Skeleton from Dederiyeh Cave, Syria" [Anatomia do esqueleto de criança neandertal da caverna Dederiyeh, na Sìria], in T. Akasawa *et al.* (orgs.), *Neandertals and Modern Humans*

in Western Asia [Neandertais e humanos modernos no oeste da Ásia], Plenum Press, 1998, p. 323-338; E. Trinkaus, *The Shanidar Neandertals* [Os Neandertais de Shanidar], Academic Press, 1993.

12. N. Teyssandier, *Les débuts de l'Aurignacien en Europe. Discussion à partir des sites de Geissenklösterle, Willendorf II, Krems-Hundssteig et Bacho Kiro* [Os inícios do Aurignaciano na Europa. Discussão a partir dos sítios de Geissenklösterle, Willendorf II, Krems-Hundssteig et Bacho Kiro], Universidade de Paris X-Nanterre, tese de doutorado, 2003; T. Tsanova, *Les Débuts du Paléolithique supérieur dans l'est des Balkans. Réflexion à partir de l'étude taphonomique et techno-économique des ensembles lithiques des sites de Bacho Kiro (couche 11), Temnata (couches 6 et 4) et Kozarnika (niveau VII)* [O início do Paleolítico Superior no leste dos Balcãs. Reflexão a partir do estudo tafonômico e tecnoeconômico dos sítios de Bacho Kiro (camada 11), Temnata (camadas 6 e 4) et Kozarnika (nível VII)], Universidade de Bordeaux 1, tese de doutorado, 2006.

13. S. Benazzi *et al.*, "Early dispersal of modern humans in Europe and implications for Neanderthal behavior" [Dispersão primeva de humanos modernos na Europa e suas implicações no comportamento neandertal], *Nature*, n. 479, 2011, p. 525-528.

14. C. Finlayson *et al.*, "Late survival of Neanderthals at the southern most extreme of Europe" [Sobrevivência tardia de Neandertais no extremo sul da Europa], *Nature*, n. 443, 2006, p. 850-853.

15. L. Longo *et al.*, "Did Neandertals and Anatomically Modern Humans coexist in Northern Italy during the late Oxigen Isotope Stage 3?" [Neandertais e homens anatomicamente modernos coexistiram no norte da Itália no final do MIS 3?], *Quaternary International*, n. 259, 2012, p. 102-112.

16. O talhe protoaurignaciano predomina entre -40.000 e -35.000 anos, depois dá lugar ao talhe aurignaciano; por volta de -28.000 anos, o talhe gravetiano se difunde e é praticado até por volta de -20.000 anos – na verdade, -10.000 anos, já que no leste da Europa ele é prolongado pelo talhe epigravetiano; já no oeste, o talhe solutreano se difunde durante o auge glacial entre -22.000 e -17.000 anos, antes de ser substituído pelo talhe magdaleniano no tardiglacial, ou seja, a partir de -17.000 anos, na época da caverna de Lascaux. Essas culturas não se sucedem de maneira abrupta e súbita. As datações demonstram que, na verdade, elas se sobrepõem e foram muitas vezes contemporâneas, coexistindo em lugares geograficamente próximos ou muito distantes.

17. S. Baune (de), *Chasseurs-cueilleurs. Comment vivaient nos ancêtres du Paléolithique supérieur* [Caçadores-coletores. Como viviam nossos ancestrais do Paleolítico Superior], CNRS Éditions, 2013.

18. L. Fernando *et al.*, "The Divergence of Neandertal and Modern Human Y Chromosomes" [A divergência entre os cromossomos Y dos Neandertais e dos

humanos modernos], *AJHE*, n. 98/4, 2016, p. 728-734.

19. N. Sala *et al.*, "Lethal Interpersonal Violence in the Middle Pleistocene" [Violência interpessoal letal no Pleistoceno Médio], *PLoS ONE*, n. 10/5, 2015, e0126589.

20. S. Churchill *et al.*, "Shanidar 3 Neandertal rib puncture wound and paleolithic weaponry" [A perfuração na costela do Neandertal Shanidar 3 e o armamento paleolítico], *Jour. of Hum. Evol.*, n. 57/2, 2009, p. 163-178; C. P. E. Zollikofer *et al.*, "Evidence for interpersonal violence in the St. Césaire Neanderthal" [Evidência de violência interpessoal no Neandertal de St. Césaire], *PNAS*, n. 99/9, 2002, p. 6444-6448.

21. N. Pinjon Brown, *Choc et échange épidémiologique: Espagnols et Indiens au Mexique (1520-1596)* [Choque e troca epidemiológica: espanhóis e índios no México (1520-1596), tese Universidade Paris IV-Sorbonne, 2006.

22. J.P. Valet & L. Valladas, "The Laschamp-Mono lake geomagnetic events and the extinction of Neanderthal: a causal link or a coincidence?" [Os eventos geomagnéticos de Laschamp e do lago Mono e a extinção de Neandertal: uma ligação causal ou uma coincidência?], *Quatern. Sci. Rev*, n. 29, 2010, p. 3887-3893.

23. E. Morin, *Reassessing Paleolithic Subsistence. The Neandertal and Modern Human Foragers of Saint-Césaire* [Reavaliando a subsistência paleolítica. Os forrageadores neandertais e humanos modernos de Saint-Césaire], Cambridge Academic Press, 2012.

24. B. Giaccio *et al.*, "The Campanian Ignimbrite and Codola tephra layers: two temporal/stratigraphic markers for the Early Upper Palaeolithic in southern Italy and eastern Europe" [As camadas de Ignimbrito de Campânia e de tefra de Codola: dois marcadores temporais/estratigráficos para o início do Paleolítico Superior no sul da Itália e no leste da Europa], *Journal of Volcanology and Geothermal Research*, n. 177, 2008, p. 208-226; L.V. Golovanova *et al.*, "Significance of Ecological Factors in the Middle to Upper Paleolithic Transition" [Importância de fatores ecológicos na transição do Paleolítico Médio para o Paleolítico Superior], *Current Anthropology*, n. 51/5, 2010, p. 655-691.

25. P. Shipman, "Do the Eyes Have It ?" [Os olhos têm isso?], *American Scientist*, n. 100/3, 2012, p. 198; P. Shipman, *The Invaders – How Humans and Their Dogs Drove Neanderthals to Extinction* [Os invasores – como os humanos e seus cães levaram os Neandertais à extinção], Belknap Press, 2015.

26. R.E. Frisch, "The right weight: body fat, menarche and ovulation" [O peso certo: gordura corporal, menarca e ovulação], *Baillière's Clinical Obstetrics and Gynaecology*, n. 4/3, 1990, p. 419-439.

27. P. Eiluned *et al.*, "New insights into differences in brain organization between Neanderthals and anatomically modern humans" [Novas revelações sobre as diferenças de organização cerebral entre Neandertais e homens anatomicamente modernos], *Proc. R. Soc.*, n. 280, 2013, p. 1758.

28. P. Gunz *et al.*, "Virtual Reconstruction of the Le Moustier 2 newborn. Implications for Neandertal ontogeny" [Reconstrução virtual do recém-nascido de Le Moustier 2. Implicações na ontogenia neandertal], *Paleo*, n. 22, 2011, p. 155-172; P. Gunz *et al.*, "A uniquely modern human pattern of endocranial development. Insights from a new cranial reconstruction of the Neandertal newborn from Mezmaiskaya" [Um padrão de desenvolvimento endocranial exclusivo do humano moderno. Revelações de uma nova reconstrução cranial do recém-nascido neandertal de Mezmaiskaya], *J. Hum. Evol.*, n. 62/2, 2012, p. 300-313.

29. P. Mellars & J.C. French, "Tenfold Population Increase in Western Europe at the Neandertal-to-Modern Human Transition" [Decuplicação da população do oeste da Europa na transição de Neandertal para o humano moderno], *Science*, n. 333, 2011, p. 623-627.

30. R. Caspari & S.H. Lee, "Older age becomes common late in human evolution" [A idade avançada se torna comum tardiamente na evolução humana], *PNAS*, n. 101/30, 2014, p. 10895-10900; R. Caspari and S.H. Lee, "Are OY Ratios Invariant? A Reply to Hawkes and O'Connell" [As proporções entre velhos e jovens são invariantes? Uma resposta a Hawkes e O'Connel], *Jour. of Hum. Evol.*, n. 49, 2005, p. 654-659; R. Caspari and S.H. Lee, "Taxonomy and Longevity: A Reply to Minichillo" [Taxonomia e longevidade: uma resposta a Minichillo], *Jour. of Hum. Evol.*, n. 49, 2005, p. 646-649.

31. F. Ramirez Rossi *et al.*, "Surprisingly rapid growth in Neanderthals" [Crescimento surpreendentemente rápido entre os Neandertais], *Nature*, n. 428, 2004, p. 936-939; A. Mann *et al.*, "Décomptes de périkymaties chez les enfants néandertaliens de Krapina" [Contagens de periquimatas nas crianças neandertais de Krapina], *Bull. et Mém de la SAP*, n. 2, 1990, p. 213-220.

32. T.D.Weaver & J.J. Hublin, "Neandertal birth canal shape and the evolution of human childbirth" [Forma do canal de nascimento de Neandertal e a evolução do parto humano], *PNAS*, 106/20, 2009, p. 8151-8156.

33. R. Caspari R & S.H. Lee, "Is human longevity a consequence of cultural change or modern biology ?" [A longevidade humana é uma consequência da mudança cultural ou da biologia moderna?], *Am. J. Phys. Anthropol*, n. 129/4, 2006, p. 512-517.

34. B. Chiarelli *et al.*, *I Neandertaliani. Comparsa e scomparsa di una specie* [Os Neandertais. Surgimento e desaparecimento de uma espécie], Editioni Altra Vista (Systema Naturae), 2009.

10. E SE NEANDERTAL DORMISSE EM NÓS?

1. C. Darwin, *La Filiation de l'homme et la Sélection liée au sexe*, chapitre VIII, traduction Patrick Tort, Champion Classiques, 2013 [edição brasileira: *A origem do homem e a seleção sexual*. Trad. Attilio Cancian e Eduardo Nunes Fonseca. São

Paulo, Hemus, 1974].

2. M.H., Wolpoff et al., "Modern *Homo sapiens* Origins: A General Theory of Hominid Evolution Involving the Fossil Evidence from East Asia" [Origens do *Homo sapiens* moderno: uma teoria geral da evolução dos hominídeos incluindo a evidência fóssil do leste da Ásia], in *The Origins of Modern Humans: A World Survey of the Fossil Evidence* [As origens dos humanos modernos: um exame mundial da evidência fóssil], F.H. Smith & F. Spencer (orgs.), Liss, 1994, p. 411-483; M.H. Wolpoff, "Modern Human Origins" [Origens do humano moderno], *Science*, n. 241/4867, 1988, p. 772-774; M.H. Wolpoff, "Multiregional evolution: The fossil alternative to Eden" [Evolução multirregional: a alternativa fossil ao Éden], *in* P. Mellars & C.B. Stringer (orgs.), *The Human Revolution: Behavioural and Biological Perspectives on the Origins of Modern Humans* [A revolução humana: perspectivas comportamentais e biológicas sobre as origens dos humanos modernos], Edinburgh University Press, 1989, p. 62-108; M.H. Wolpoff, "Theories of Modern human origins" [Teorias das origens do humano moderno], in *Continuity and Replacement, Controversies in Homo sapiens Evolution* [Continuidade e substituição, controvérsias sobre a evolução do *Homo sapiens*], G. Brauër & F.H. Smith (orgs.), Rotterdam Balkema, 1992, p. 65-74; M.H. Wolpoff, *Human Evolution* [Evolução humana] (1996-1997 edition), The McGraw-Hill Companies, College Custom Series, 1997.

3. R.L. Cann et al., "Evolution of human mitochondrial DNA: a preliminary report" [Evolução do DNA mitochondrial humano: um relatório preliminar], *Prog. Clin. Biol. Res.,* n. 103, 1982, p. 157-165; R.L. Cann RL &A.C. Wilson, "Length mutations in human mitochondrial DNA" [Mutações de comprimento no DNA mitocondrial humano], *Genetics,* n. 104/4, 1983, p. 699-711.

4. M.H. Wolpoff et al., "Multiregional, not multiple origins" [Origens multirregionais, não múltiplas], *American Journal of Physical Anthropology*, n. 112/1, 2000, p. 129-136.

5. C.B. Stringer et al., "The origin of anatomically modern humans in western Europe" [A origem dos humanos anatomicamente modernos no oeste da Europa], in *The Origin of Modern Humans* [A origem dos humanos modernos], F.H. Smith & F. Spencer (orgs.), New York, Alan Liss, 1984, p. 51-135; P. Mellars, "The impossible coincidence: a single-species model for the origins of modern human behavior in Europe" [A coincidência impossível: um modelo de uma única espécie para as origens do comportamento do humano moderno na Europa], *Evolutionary Anthropology,* n. 14, 2005, p. 12-27; P. Mellars, "Archeology and the dispersal of modern humans in Europe: Deconstructing the 'Aurignacian'" [Arqueologia e a dispersão dos humanos modernos na Europa: desconstruindo o "Aurignaciano"], *Evolutionary Anthropology,* n. 15, 2006, p. 167-182; P. Mellars, "Why did modern human populations disperse from

Africa ca 60 000 year ago? A new model" [Por que populações humanas modernas se dispersaram da África cerca de 60.000 anos atrás?], *PNAS*, n. 103, 2006, p. 9381-9386.

6. R.E. Green *et al.*, "A complete Neanderthal mitochondrial genome sequence determined by high-throughput sequencing" [Uma sequência completa de genoma mitocondrial neandertal determinada por sequenciação de alto rendimento], *Cell.*, n. 134, 2008, p. 416-426.

7. R.E. Green *et al.*, "A draft sequence of the Neandertal genome" [Um esboço de sequência do genoma neandertal], *Science*, n. 328, 2010, p. 710-722.

8. B. Vernot & J.-M. Akey, "Resurrecting Surviving Neandertal Lineages from Modern Human Genomes" [Ressuscitando linhagens neandertais sobreviventes a partir dos genomas humanos modernos] , *Science*, n. 343, 2014, p. 1017-1021; S. Sankararaman *et al.*, "The genomic landscape of Neanderthal ancestry in present-day humans" [A paisagem genômica da ascendência neandertal nos seres humanos atuais], *Nature*, n. 507/7492, 2014, p. 354-357.

9. M. Kuhlwilm *et al.*, "Ancient gene flow from early modern humans into Eastern Neanderthals" [O antigo fluxo de genes dos primeiros humanos modernos para os Neandertais do leste], *Nature*, n. 530, 2016, p. 429-433; F. Savatier, "Le très vieux métissage des néandertaliens de l'Altaï" [A antiquíssima mestiçagem dos Neandertais de Altai], *Pour la science (SciLogs)*, 6 de março de 2016.

10. M. Mirazon & R. Foley, "Human Evolution in Late Quaternary Eastern Africa" [Evolução humana no Quaternário tardio da África Oriental], in *Africa from MIS 6-2: Population Dynamics and Paleoenvironnments* [A África do MIS 6 ao MIS 2: dinâmicas populacionais e paleoambientes], S.C. Jones & B.A. Stewart (orgs.), *Vertebrate Paleobiology and Paleoanthhropology series*, Springer, 2016, p. 215-231.

11. J.-J. Hublin et al., "New fossils from Jebel Irhoud, Morocco and the pan-African origin of Homo sapiens" [Novos fósseis de Jebel Irhoud, Marrocos, e a origem pan-africana do Homo sapiens], Nature, n. 546, 2017, p. 289-292.

12. Q. Fu *et al.*, "Genome sequence of a 45 000-year-old modern human from western Siberia" [Sequência do genoma de um humano moderno de 45.000 anos da Sibéria Ocidental], *Nature*, n. 514, 2014, 445-449; F. Savatier, "L'ADN de l'homme d'Ust'-Ishim livre date le métissage Néandertal-Sapiens" [O DNA do homem de Ust'-Ishim fornece a data da mestiçagem Neandertal-Sapiens], *Pour la science* (Actualités), 7 de março de 2014.

13. A datação é de 54.700 ± 5.500 BP e foi realizada por urânio-tório a partir da fina película de calcita que recobre o crânio; I. Hershkovitz *et al.*, "Levantine cranium from Manot Cave (Israel) foreshadows the first European modern humans" [Crânio levantino da caverna de Manot (Israel) prefigura os primeiros humanos modernos europeus], *Nature*, n. 520/7546, 2015, p. 216-219.

14. Seguin-Orlando *et al.*, "Genomic structure in Europeans dating back at least 36 200 years" [Estrutura genômica em europeus que remontam a pelo menos 36.200 anos atrás], *Science*, n. 346/6213, 2014, p. 1113-1118.

15. S. Benazzi *et al.*, "Early dispersal of modern humans in Europe and implications for Neanderthal behavior" [Dispersão primeva de humanos modernos na Europa e suas implicações no comportamento neandertal], *Nature*, n. 479, 2011, p. 525-528.

16. F. H. Smith *et al.*, "The assimilation model, modern human origins in Europe, and the extinction of Neandertals" [O modelo de assimilação, origens do humano moderno na Europa e a extinção dos Neandertais], *Quaternary International*, n. 137, 2005, p. 7-19; D. Frayer & M.H. Wolpoff, "Neanderthal dates debated" [Datas neandertais debatidas], *Nature*, n. 356, 1992, p. 200-201; D. Frayer, "The persistence of Neanderthal features in post-Neanderthal Europeans" [A persistência de características neandertais em europeus pós-neandertais], in *Continuity or Replacement: Controversies in Homo sapiens Evolution* [Continuidade ou substituição: controvérsias sobre a evolução do *Homo sapiens*], G. Bräuer & F.H. Smith (orgs.), Rotterdam, Balkema, 1992, p. 179-188; D. Frayer *et al.*, "Multiregional evolution: A world-wide source for modern human populations" [Evolução multirregional: uma fonte mundial para as populações humanas modernas], in *Origins of Anatomically Modern Humans* [Origens dos humanos anatomicamente modernos], M.H. Nitecki & D.V. Nitecki (orgs.), New York, Plenum. 1994, p. 176-200; D. Frayer, "Perspectives on Neanderthals as ancestors" [Perspectivas sobre os Neandertais como ancestrais], in *Conceptual Issues in Modern Human Origins Research* [Questões conceituais na pesquisa das origens do humano moderno], G.A. Clark & C.M. Willermet (orgs.) New York, Aldine de Gruyter, 1997, p. 220-235; D. Frayer & D.L. Martin, *Troubled Times: Violence and Warfare in the Past* [Tempos difíceis: violência e Guerra no passado], Amsterdam, Gordon and Breach, 1997; D. Frayer *et al.*, "Modern human ancestry at the peripheries: A test of the replacement theory" [Ancestralidade do humano moderno nas periferias: um teste da teoria da substituição], *Science*, n. 291, 2001, p. 293-297; D.Frayer, "Testing theories and hypotheses about modern human origins" [Testando teorias e hipóteses sobre as origens do humano moderno], in *Physical Anthropology. Original Readings in Method and Practice* [Antropologia física. Interpretações originais em método e prática], P.N. Peregrine *et al.* (orgs.), Englewood Cliffs: Prentice-Hall, 2002, p. 174-189.

17. F.H. Smith, "Additional Upper Pleistocene human remains from Vindija Cave, Croatia, Yugoslavia" [Novos vestígios humanos do Pleistoceno Superior da caverna Vindija, Croácia, Ioguslávia], *Am. J. Phys. Anthrop.*, n. 68, 1985, p. 375-383; F.H. Smith, "The role of continuity in modern human origins" [O papel da continuidade nas origens do humano moderno], in

Continuity or Replacement: Controversies in Homo sapiens Evolution [Continuidade ou substituição: controvérsias sobre a evolução do *Homo sapiens*], G. Bräuer & F.H. Smith (orgs.), Rotterdam, Balkema, 1992, p. 145-155; J.C.M. Ahern, "The late Neandertal supraorbital fossils from Vindija Cave, Croatia: a biased sample?" [Os fósseis supraorbitais de Neandertais tardios da caverna Vindija, Croácia: uma amostra tendenciosa?], *Journal of Human Evolution*, n. 43, 2002, p. 419-432.

18. C. Duarte *et al.*, "The early upper Paleolithic human skeleton from the Abrigo do Lagar Velho (Portugal) and modern human emergence in Iberia" [O esqueleto humano do início do Paleolítico Superior do Abrigo do Lagar Velho (Portugal) e a emergência do humano moderno na Península Ibérica], *PNAS*, n. 96, 1999, p. 7604-7609.

19. I. Tattersall & J.H. Schwartz, "Hominids and hybrids: the place of Neanderthals in human evolution" [Hominídeos e híbridos: o lugar dos Neandertais na evolução humana], *PNAS*, n. 96, 1999, p. 7117-7119.

20. E. Trinkaus E. & J. Zilhão, "A Correction to the Commentary of Tattersall and Schwartz Concerning the Interpretation of the Lagar Velho 1 Child" [Uma correção ao comentário de Tattersall e Schwartz sobre a interpretação da criança 1 de Lagar Velho], 1999, <http://www.ipa.mincultura.pt/docs/eventos/lapedo/lvfaq_corr.htm>.

21. E. Trinkaus *et al.*, "An early modern human from the Peştera cu Oase, Romania" [Um primevo humano moderno de Peştera cu Oase, Romênia] *PNAS*, n. 100/20, 2003, p. 11231-11236.

22. L. Longo *et al.*, "Did Neandertals and Anatomically Modern Humans coexist in Northern Italy during the late Oxigen Isotope Stage 3?" [Neandertais e homens anatomicamente modernos coexistiram no norte da Itália no final do MIS 3?], *Quater. Int.*, n. 259, 2012, p. 102-112; S. Condemi *et al.*, "Possible interbreeding in late Italian Neanderthals? New data from the Mezzena Jaw Monte Lessini, Verona, Italy" [Possível cruzamento com espécies diferentes entre os Neandertais italianos tardios? Novos dados a respeito da mandíbula de Mezzena, Monte Lessini, Verona, Itália], *Plos-One*, 8/3, 2013, e59781.

23. S. Benazzi *et al.*, "Early dispersal of modern humans in Europe and implications for Neanderthal behavior" [Dispersão primeva de humanos modernos na Europa e suas implicações no comportamento neandertal], *Nature*, n. 479, 2011, p. 525-528. O pertencimento desses dentes humanos sapiens aos níveis uluzianos (uma indústria de "transição" própria das penínsulas itálica e balcânica) foi contestado, assim como a datação das conchas encontradas nos mesmos estratos. W.E. Banks *et al.*, "Human-climate interaction during the Early Upper Palaeolithic: testing the hypothesis of an adaptive shift between

the Proto-Aurignacian and the Early Aurignacian" [Interação humano-clima durante o início do Paleolítico Superior: testando a hipótese de uma mudança adaptativa entre o Protoaurignaciano e o início do Aurignaciano], *J. Hum Evol*, n. 64, 2013, p. 39-55; A. Ronchitelli *et al.*, "Comments on 'human-climate interaction during the Early Upper Paleolithic: testing the hypothesis of an adaptive shift between the Proto-Aurignacian and the Early Aurignacian' by William E. Banks *et al.*" [Comentários sobre "Interação humano-clima durante o início do Paleolítico Superior: testando a hipótese de uma mudança adaptativa entre o Protoaurignaciano e o início do Aurignaciano" de William E. Banks *et al.*], *J. Hum. Evol.*, n. 73, 2014, p. 107-111; J. Zilhão *et al.*, "Analysis of site formation and assemblage integrity does not support attribution of the Uluzzian to modern humans at Grotta del Cavallo" [A análise da formação sítio e da integridade do conjunto não confirma a atribuição do uluziano aos humanos modernos na Grotta del Cavallo], *Plos-One*, 2015, e0131181; J. Zilhão *et al.*, "*Cogito, Ergo agenda Actionis sum*, philosophical (and other) transactions on the grotta del Cavallo, the science of Archeology, and the Ethics of Publication" [*Cogito, Ergo agenda Actionis sum*, transações filosóficas (e outras mais) sobre a Grotta del Cavallo, a ciência da arqueologia e a ética da publicação], 2015, blog post. Mesmo após anos de debates, os pré-historiadores continuam sem saber em que camada esses dentes estavam, e portanto sua idade. Isso ilustra a dificuldade da interpretação dos resultados de escavações em cavernas quando os estratos foram alterados, o que acontece com frequência... A coisa fica ainda mais difícil quando as escavações foram iniciadas várias décadas antes.

24. A atribuição neandertal a partir da sequência HV1 do DNA mitocondrial realizada por PCR foi contestada por um estudo feito a partir da análise de DNA de nova geração (denominada NGS). Contudo, isso não invalida nosso raciocínio aplicado a esse fóssil num sítio musteriense de Neandertais tardios e a hipótese de mestiçagem defendida neste livro, confirmada pelo sítio europeu de Oase. Q. Fu *et al.*, "An early modern human from Roumania with a recent Neanderthal ancestor" [Um primevo humano moderno da Romênia com um ancestral neandertal recente], *Nature*, n. 524, 2015, p. 216-219.

25. F.L. Mendez *et al.*, "The Divergence of Neandertal and Modern Human Y Chromosomes" [[A divergência entre os cromossomos Y dos Neandertais e dos humanos modernos], *The American Journal of Human Genetics*, n. 98/4, 2016, p. 728-734.

26. T. Higham *et al.*, "The timing and spatiotemporal patterning of Neanderthal disappearance" [O *timing* e o padrão espaciotemporal do desaparecimento de Neandertal], *Nature*, n. 512, 2014, p. 306-309.

27. F.L. Mendez et al., op. cit.
28. E. Zubrow, "The demographic modelling of Neanderthal extinction" [A modelagem demográfica da extinção neandertal], in *The Human Revolution: Behavioral and Biological Perspectives on the Origin of Modern Humans* [A revolução humana: perspectivas comportamentais e biológicas sobre a origem dos humanos modernos], P. Mellars & C.B. Stringer (orgs.), 1989, p. 212-231.
29. P. Shipman, *The Invaders* [Os invasores], Harvard University Press, 2014.
30. P. Jouventin, "La domestication du loup" [A domesticação do lobo], *Pour la Science*, n. 423, 2013.
31. Comunicado oralmente a F. Savatier.
32. R. Caspari & S.H. Lee, "Older age becomes common late in human evolution" [A idade avançada se torna comum tardiamente na evolução humana], *PNAS*, n. 101/30, 2004, p. 10895-10900.

O TESTAMENTO DE NEANDERTAL

1. A ilustração do fato de que essa noção de crescimento está no centro de nossas preocupações de Sapiens se encontra, por exemplo, nesta página do Instituto Nacional da Estatística e dos Estudos Econômicos: http://www.insee.fr/fr/themes/document.asp?reg_id=0&ref_id=ECOFRA09c, ou ainda neste relatório do Conselho de Análise Econômica http://www.cae-eco.fr/Le-partage-des--fruitsde-la-croissance-en-France.html
2. Para demonstrar a impossibilidade da interfecundidade, profissionais foram pagas para manterem relações sexuais com chimpanzés!
3. Jeremy Button era um garoto de 14 anos da Terra do Fogo que, após ter sido comprado por um botão de madrepérola, foi levado para a Inglaterra em 1830 pelo capitão Robert FitzRoy, a bordo do *HMS Beagle* (o barco que levou Darwin para sua volta ao mundo), com três outros membros de sua etnia (Yámana). Durante cinco anos, ele e dois outros companheiros sobreviventes foram "educados" e evangelizados. Ensinaram-lhe especialmente inglês e "boas maneiras". Ele encontrou o rei Guilherme IV e a rainha Adelaide. Finalmente, após cinco anos, o capitão FitzRoy voltou ao mar no *HMS Beagle* e levou os três yámana para casa. Jeremy logo se desvencilhou de suas roupas e de seus hábitos europeus. Alguns meses após sua volta, bem mais magro, foi visto usando uma tanga e de cabelos compridos, e recusou a oferta de voltar para a Inglaterra, embora tenha sempre conservado um bom nível de inglês. Acredita-se que tenha participado do massacre de um grupo de missionários na baía de Wulaia em 1859. Morreu em 1866, e um de seus filhos, conhecido como Threeboy, foi levado para a Inglaterra por um missionário.

4. Desde 2007, um grande projeto científico denominado *Human Microbiome Project* visa sequenciar todos os genes ou genomas dos microrganismos que costumam viver no homem a partir de amostras recolhidas na boca, garganta, nariz, pele, tubo digestivo e trato urogenital feminino e masculino: Human Microbiome Jumpstart Reference Strains Consortium, "A catalog of reference genomes from the human microbiome" [Um catálogo de genomas de referência do microbioma humano], *Science*, n. 328, 2010, p. 994-999.

5. Os coprólitos neandertais são muito raros, o que sugere que os Neandertais evitavam sujar seus acampamentos; embora alguns tenham sido identificados, é preciso ainda, para fins de análise, que contenham restos do DNA dos organismos que viviam dentro dos intestinos neandertais.

CRÉDITOS ILUSTRAÇÕES

Illustrações © Benoit Clarys sauf: p. 12 © Benoit Clarys/Service public de Wallonie; p. 26 © Benoit Clarys/Éditions Casterman; p. 70 © Benoit Clarys/Cedarc, Musée du Malgré-Tout; p. 74 © Benoit Clarys/Éditions Fleurus; p. 84 © Benoit Clarys/Musée national d'histoire et d'art Luxembourg; p. 88 © Benoit Clarys/Espace de l'homme de Spy; p. 98 © Benoit Clarys/Musée national d'histoire naturelle, Luxembourg; p. 136 © Benoit Clarys/Éditions Fleurus; p. 147 © STR/AFP; p. 154 © Benoit Clarys/Musée national d'histoire et d'art, Luxembourg; p. 156 © Benoit Clarys/Cité de la Préhistoire, Aven d'Orgnac; p. 182 Benoit Clarys/Musée national d'histoire, Luxembourg; p. 190 © Benoit Clarys/SPM 1, La Suisse du Paléolithique à l'aube du Moyen Âge, Éditions de la Société suisse de préhistoire et d'archéologie.

Infográficos: Laurent Blondel/Corédoc.

Este livro foi composto com tipografia Bembo e impresso
em papel Cff-White 90 g/m² na Formato Artes Gráficas.